Fondateur
André ROBINET

Directeur
Gilbert HOTTOIS

Entre modernité et postmodernité, cette collection d'essais a pour vocation première d'encourager des réflexions originales sur l'avenir d'une civilisation caractérisée par les interactions entre traditions et technosciences.

SUR LES CHEMINS DE LA NON-VIOLENCE

DANS LA MÊME COLLECTION

CHABOT P., *La philosophie de Simondon*, 2003.
– et HOTTOIS G. (dir.), *Les philosophes et la technique*, 2003.
COURTINE-DENAMY S., *Le souci du monde. Dialogue entre Hannah Arendt et quelques-uns de ses contemporains*, 1999.
DALED P.F., *Le matérialisme occulté et la genèse du sensualisme. Écrire l'histoire de la philosophie en France*, 2005.
FISETTE D. et POIRIER P., *Philosophie de l'esprit. État des lieux*, 2002.
GATEAU V., *Pour une philosophie du don d'organes*, 2009.
GOFFETTE J., *Naissance de l'anthropotechnie. De la médecine au modelage de l'humain*, 2006.
GOFFI J.-Y., *Regards sur les technosciences*, 2007.
HOTTOIS G., *Essais de philosophie bioéthique et biopolitique*, 1999.
– *Pour une métaphilosophie du langage*, 2000.
– *Species technica*, suivi de *Dialogue philosophique autour de* Species technica *vingt ans plus tard*, 2002.
– *Dignité et diversité des hommes*, 2009.
KAPP E., *Principes d'une philosophie de la technique*, traduit de l'allemand et présenté par G. Chamayou, 2007.
KERMISCH C. et HOTTOIS G. (éd.), *Techniques et philosophies des risques*, 2007.
MARCIANO A. et TOURRÈS B. (éd.), *Principe de précaution... ou précaution par principe. Réflexions philosophique, économique et juridique à partir du cas des OGM*, 2010.
PINSART M.-G., *Hans Jonas et la liberté. Dimensions théologiques, ontologiques, éthiques et politiques*, 2002.
– (éd.), *Narration et identité. De la philosophie à la bioéthique*, 2008.
ROBINET A., *La justice et la terreur. Leibniz et le principe de raison*, 2001.
– *Le sera. Existiturientia* (G.W. Leibniz), 2004.
– *Les signes et l'insignifiant*, 2005.
– *L'il a été. Destin et liberté*, 2006.
Socrate pour tous. Enseigner la philosophie aux non-philosophes, J. Ferrari, P. Kemp, D. Evans (dir.), 2003.
VAN-SEVENANT A., *Philosophie de la sollicitude*, 2001.

Pour Demain

SUR LES CHEMINS DE LA NON-VIOLENCE

ÉTUDES DE PHILOSOPHIE MORALE ET POLITIQUE

par

Bernard QUELQUEJEU

PARIS
LIBRAIRIE PHILOSOPHIQUE J. VRIN
6 place de la Sorbonne, V[e]

2010

Imprimé en France

ISSN 0180-4847
ISBN 978-2-7116-2289-4

www.vrin.fr

PRÉSENTATION

Le recueil des études que j'ai réunies dans ce volume ne constitue pas un livre au sens plein du terme. Il n'a ni la linéarité du discours, ni les articulations d'un développement délibéré, ni l'unité de ton que l'on peut attendre d'un livre digne de ce nom. Il témoigne cependant de l'unité que lui confère un thème unique : la non-violence. Les chapitres qu'on va lire [1] proposent au lecteur des approches diverses, des itinéraires de pensée dont la convergence, peut-être postulée plus que confirmée, convient à une notion qui n'a pas acquis, dans la culture et la langue françaises, la rigueur d'un concept.

Le lecteur s'apercevra vite que ce recueil résulte de l'alliage de deux éléments : l'obstination et le hasard. L'obstination : depuis plus de vingt ans, j'entends bruire en moi, émanant des sources vives de mon être, un appel, discret autant que tenace, que je ne sais trop nommer autrement. Soit que je reprenne réflexivement, après coup, le déroulement de mes relations avec autrui, proche ou lointain, pleines d'impatiences, d'irrespect, de colères ; soit que j'observe les comportements et les conduites des humains dans leurs institutions, la famille, l'école, l'entreprise, l'association, le village, l'Église, le terrain de jeux, le transport en commun, etc. ; soit que j'ouvre le journal relatant la brutalité des faits divers, l'exacerbation des rapports sociaux ou la véhémence des relations internationales ; soit que j'enseigne à divers publics, jeunes ou adultes, les bases ou le développement de la philosophie morale et de sa parente, la philosophie politique : au moment où je vois sourdre de partout l'insondable violence, j'entends monter en moi, obstinée, l'évidence d'une certitude : la violence n'est pas digne de l'homme.

1. Plusieurs ont fait l'objet d'une première publication, principalement dans la revue *Alternatives Non-Violentes*. Nous remercions les éditeurs d'en autoriser la présente réédition.

Le hasard ? Depuis plus de vingt ans, je participe au travail d'une équipe d'ami(e)s attelée à la publication trimestrielle d'une revue de recherche, de réflexion et d'enseignement sur la non-violence. Elle est la seule revue française ayant cet objectif : faire connaître et approfondir les expériences de celles et de ceux qui s'efforcent de vivre et de conduire les inévitables conflits de l'existence en mettant en œuvre, autant qu'il est possible, les méthodes et les stratégies de l'action non-violente. Son comité d'orientation a donc la charge, chaque trimestre, de choisir le thème d'un dossier, de le problématiser et de l'articuler en plusieurs articles. Ainsi sont-ce les péripéties et le hasard de cette interrogation collective qui m'ont orienté dans le choix des itinéraires de pensée parcourus dans les chapitres qui suivent. Les hasards d'une publication régulière sont devenus pour moi les chances d'une diversification des chemins d'approche.

Dans quel ordre fallait-il ranger les quatorze chapitres qui composent ce recueil ? Les ordonner chronologiquement, selon les dates de leur composition, aurait sans doute présenté le mince avantage de faire apparaître la lente maturation des idées et le renforcement progressif des convictions. Mais cette ordonnance aurait fait la part trop belle au hasard et offert au lecteur la promenade désorientée et lassante à travers un atelier plein de désordre.

À considérer ces textes dans leur ensemble, il m'est apparu qu'ils se rangeaient, presque d'eux-mêmes, selon l'enchaînement de quatre parties dont les titres dessinent quelque chose de l'articulation interne de la notion. La *première partie* tente la difficile élucidation du sens des mots violence et non-violence, réfléchit sur leurs usages et mésusages, et s'achève, à l'école d'Éric Weil, sur une question de confiance : la parole peut-elle quelque chose contre la violence ? La *deuxième partie* confronte la violence à une réalité sociale fondamentale : le droit. Dans quelle mesure les institutions du droit offrent-elles un recours contre les violences ? Y a-t-il dans le droit positif quelque chose comme un droit de résistance à l'oppression ? Avec une question particulière, mais révélatrice : la violence exercée contre les animaux se heurte-t-elle à un « droit » de ceux-ci ? La *troisième partie* aborde la question centrale : celle du pouvoir – ce pouvoir que les humains exercent les uns sur les autres. Tout pouvoir est-il violent ? Y a-t-il des pouvoirs légitimes ? L'autorité est-elle un pouvoir ? Peut-on, avec John Rawls, justifier la désobéissance civile ? Les travaux d'Hannah Arendt nous proposent ici une compréhension du pouvoir qui mieux et plus que tout autre, offre des fondements assurés pour une philosophie de la non-violence.

Enfin la *dernière partie* s'attache à explorer l'attitude profonde qu'adopte celle ou celui qui tente de répondre à l'appel de la non-violence.

Est-ce seulement une posture éthique, ou n'implique-t-elle pas, par son appui sur une espérance, les dimensions d'une attitude religieuse? Par ailleurs, l'éthique de la non-violence n'offre-t-elle pas le critère le plus décisif de l'authenticité de toute religion historique? Ne pourrait-on pas, alors, comprendre la non-violence comme une attitude « spirituelle », religieuse ou non? Enfin, en lisant le long chapitre, inédit, qui clôt ce recueil, le lecteur découvrira l'ampleur des perspectives qu'ouvre le paradigme hégélien de la « lutte pour la reconnaissance mutuelle »: il rend compte, selon une stricte corrélation, de la genèse psycho-morale du sujet humain en rapport avec l'étagement diversifié des institutions sociales fondamentales. À l'analyse, ce paradigme se révèle donc susceptible de nous fournir – ainsi que l'indique le sous-titre de ce chapitre – la plupart des notions-clés d'une philosophie de la *lutte* non-violente.

La non-violence est une idée neuve

Depuis son introduction thématique par nos grands ancêtres, Henri David Thoreau, Léon Tolstoï, le mahatma Gandhi, Romain Rolland, Martin Luther King et quelques autres, la lutte non-violente a certes fait l'objet d'études et de recherches jalonnées de publications diverses, à l'étranger comme en France, les unes plus historiques, d'autres plus attentives aux expériences concrètes menées, réussies ou non, d'autres enfin plus sensibles aux traditions religieuses de la non-violence. En France, des auteurs comme Jean-Marie Muller et Jacques Sémelin, parmi d'autres, ne ménagent pas leurs efforts et leurs recherches pour approfondir et populariser la nature et les stratégies de la lutte non-violente selon ses diverses dimensions.

Il me semble cependant que beaucoup reste à faire pour que naisse une véritable « culture de la non-violence », faisant d'elle une référence spontanée, naturelle, chaque fois que la conflictualité ordinaire tend à dégénérer en violence, dans toutes les situations de la vie sociale, de la plus quotidienne à la plus politique. Les chapitres de ce volume montrent à quel point l'idée de la non-violence plonge ses racines chez beaucoup des grands philosophes de notre culture occidentale – les plus anciens, ici relus, comme Aristote, Hobbes, Locke, Rousseau, Kant, Hegel, Max Weber, Freud – tout comme les contemporains, ici interrogés: Hannah Arendt, George Herbert Mead, Éric Weil, Emmanuel Levinas, Hans Jonas, John Rawls, Axel Honneth, Paul Ricœur, …

Puisse leur lecture apporter sa contribution, d'ordre théorique, à l'essor d'une culture de la non-violence.

QUESTIONS DE LANGAGES

CHAPITRE PREMIER

PETITE NOTE SUR LES USAGES ET MÉSUSAGES DES TERMES DE « VIOLENCE » ET « NON-VIOLENCE »*

Bien des habitudes, des mœurs et des institutions de nos sociétés modernes véhiculent, sans que nous en ayons conscience, des idéologies qui finissent par imprégner nos mentalités et par coloniser notre imaginaire, voire notre inconscient. Ces idéologies sont souvent parvenues à infiltrer notre vocabulaire, en sorte que l'usage de certains termes est devenu, sans que nous nous en rendions compte, un outil de propagation de ces idéologies. Lorsque l'on en est devenu conscient, la vigilance sémantique devient une exigence : elle s'inscrit dans le dispositif de lutte contre leurs nuisances.

C'est le cas pour la violence. La présence et la prégnance de la violence, qui est sans doute aussi vieille que l'homme (c'est d'elle que nous parle le chapitre 4 de la *Genèse*, relatant l'histoire de Caïn et Abel), ont pris pourtant dans nos sociétés occidentales des formes particulières, souvent inaperçues, qu'il s'agit de débusquer, de diagnostiquer, afin de tenter de les mettre hors d'état de nuire. Ce que l'on doit nommer « idéologie de la violence » est parvenu à infiltrer, depuis plusieurs siècles, nos esprits et nos langues.

Ouvrons le *Petit Larousse*. Le mot « violence » est défini selon quatre significations : 1) *Caractère de ce qui se manifeste ou produit ses effets avec une force intense, extrême, brutale*. 2) *Caractère de ce qui est emporté, agressif; brutalité*. 3) *Extrême véhémence, outrance dans les propos, les comportements*. Laissons de côté, pour le moment, la signification 4.

* *Alternatives Non-Violentes*, n° 139, été 2006, p. 10-11.

Il est manifeste que ces trois premières significations sont le résultat d'une dérive, qui aboutit à confondre la violence, soit avec la force brutale (sens 1), soit avec l'agressivité ou l'emportement (sens 2), soit avec l'outrance et la véhémence (sens 3). Dans ces significations dérivées du substantif se trouve perdue la signification première; l'on repère immédiatement celle-ci dans le verbe correspondant, « violenter » (les verbes mentent souvent moins que les substantifs, abstraits) : la signification première de violenter est « commettre sur quelqu'un un viol ou une tentative de viol », et la signification seconde, littéraire [*litt.*], immédiatement connexe, est « faire violence à quelqu'un, le contraindre, le faire agir par force ». Dans « violence », il faut réentendre l'acte de viol, l'action de violenter. La structure de la violence suppose ainsi un agent conscient, plus ou moins volontaire, une victime atteinte dans son corps, niée dans la libre disposition d'elle-même, lésée dans l'intégrité de sa personne et dans ses droits fondamentaux. En deçà des dérives, glissements et banalisations opérés par ce que j'appelais ci-dessus l'idéologie de la violence, nous trouvons ainsi les éléments essentiels d'une définition précise de la violence.

Tentons de la formaliser quelque peu. On commencera par remarquer qu'à la suite de la méditation aristotélicienne de la puissance et de l'acte, on cherchera la saisie de l'essence d'un être, non à l'origine de ses potentialités, mais dans le déploiement entier de son actualisation. On n'explique pas le chêne par le gland, mais bien le gland par le chêne. L'acte violent ne se déploie pas toujours jusqu'à son terme : l'orientation qui le caractérise n'en est pas moins l'entière négation d'autrui, le meurtre. Compte tenu de la double appartenance de l'être humain au monde physique et au monde moral, on trouvera la violence à l'œuvre dans toute atteinte à la *vie* humaine et dans toute négation de la *dignité* humaine. Sans qu'elle aille toujours jusqu'au bout de ce qui la constitue, la violence fait œuvre de mort et/ou de mépris. Pour faire bref, on définira donc comme violente *toute pensée, toute action, toute institution qui porte effectivement atteinte à la vie ou à la dignité d'autrui.* Corrélativement, on appellera « non-violence » la décision de principe de *refuser toute pensée, toute action, toute institution visant à porter atteinte à la vie ou à la dignité d'autrui.* Ainsi comprise, la non-violence n'est rien d'autre que la transcription factuelle de l'interdit fondateur de l'éthique : « tu ne commettras pas le meurtre », formulé dans toutes les cultures et toutes les religions par la Règle d'Or : « Ne fais pas aux autres ce que tu ne veux pas qu'on te fasse à toi-même »[1]. On ne s'étonnera donc pas de découvrir ainsi la non-violence à l'origine de la morale. Elle est à la fois le principe fondateur de l'éthique, la légitimation de tous les droits et devoirs de l'homme, et l'option qu'il est impératif de choisir, comme qualifiant les moyens de l'action, chaque fois qu'elle est possible. On apportera dans les chapitres suivants les discernements ultérieurs indispensables, en particulier au chapitre X.

1) Pourvus de ces définitions, nous pouvons maintenant débusquer les mésusages du mot « violence », que l'idéologie de la violence a infiltrés dans notre culture et notre langage. On en est venu, dans la langue française, à parler de la violence d'un orage, d'un tremblement de terre. Dès que l'on s'est rendu conscient de ces infiltrations, on se refusera absolument à parler de la « violence de la nature » : comment la « nature » pourrait-elle exercer une violence, une atteinte consciente à la dignité ou à la vie humaines, elle qui n'est pas un sujet doué de conscience et de liberté ? On parlera de la force de la nature, de sa brutalité ; de l'intensité d'un orage, de l'énergie d'une tempête, de la puissance d'un cyclone, capables de détruire et de tuer. On ne parlera pas de la violence de la nature. Si l'on dit que « la nature est violente », on dit en même temps que « la violence est naturelle », et compte tenu de la prégnance de l'idée de « loi naturelle », on se trouve avoir *légitimé* la violence ! Qui ne voit maintenant qu'un tel usage se fait complice d'une idéologie qui a dès toujours pactisé avec le déploiement de la violence interhumaine, puisque cet usage canonise, en quelque sorte, l'exercice de l'agression, la brutalité, la véhémence extrême, même meurtrières, puisqu'elles sont « naturelles » ! La violence serait partout, constitutive, inévitable, donc permise puisqu'elle git, dès l'origine, dans la « nature ». On doit dénoncer ces sophismes, cachés dans les usages de la langue : c'est ainsi que l'on œuvre à l'avènement d'une *culture de la non-violence*.

1. [Note théologique à l'usage des chrétiens.] La forme négative, *interdictive*, de la Règle d'Or a reçu, en particulier dans la tradition issue de Jésus, une expression positive, *prescriptive*, beaucoup plus exigeante : « Tout ce que vous désirez que les autres fassent pour vous, faîtes-le vous-mêmes pour eux » (*Mt* 7,12 ; *Lc* 6,31). La non-violence, pour les chrétiens, constitue une application *minimale* de l'« amour des ennemis » : celui-ci doit être entendu, non pas comme un impératif éthique (car il n'est pas fondé en raison), mais comme la forme suprême du « commandement » de Jésus (tel que l'a compris F. Rosenzweig, qui se demande dans *L'Étoile de la Rédemption* comment il est possible de « commander » d'aimer) : « Je vous donne un commandement nouveau : aimez-vous les uns les autres » (*Jn* 13, 34). Bien entendu, l'amour des ennemis, pratique méta-morale, n'est possible qu'au sein d'une vie placée sous le signe de la foi, espérante et aimante.

2) Plus étonnant encore, mais plus révélateur aussi d'une dérive sémantique vers la banalisation du terme, est l'usage de l'expression « se faire violence à soi-même ». Si, comme nous l'avons établi ci-dessus, l'on doit qualifier de violente toute action d'un sujet qui porte atteinte à la dignité ou à la vie d'autrui, il est manifeste que l'expression « se faire violence à soi-même » est strictement contradictoire. Il convient de la proscrire absolument. La sagesse populaire, souvent si poreuse aux idées régnantes, mais parfois aussi si lucide dans sa résistance aux idéologies destructrices, l'a bien senti, qui s'exprime, elle, en parlant de « se faire une *douce* violence » (nous rencontrons ici la quatrième signification énoncée par le Petit Larousse) : l'expression « *douce* violence » est un *oxymore*[1], qui insinue qu'il faut absolument vider le mot de violence de tout ce qui la caractérise pour pouvoir l'utiliser dans la relation à soi-même. On prolongera ce scrupule de la sagesse populaire en s'interdisant cet oxymore, donc en proscrivant l'expression « se faire violence à soi-même », irrecevable pour qui se soucie de faire progresser une *culture de la non-violence*.

3) On atteint le comble de l'aveuglement idéologique, et donc le sommet de la complicité avec l'idéologie de la violence, avec l'expression qu'affectionnent, avec une pointe de délectation, ceux qui parlent de la « violence de la sainteté », la « violence de l'amour ». Quelle idée se font-ils de l'amour pour oser dire que l'amour violente, que l'amour viole, que l'amour méprise, que l'amour tue ? À ceux qui croiraient se défendre en alléguant qu'il s'agit, évidemment ! seulement d'une métaphore dont tout le monde comprend bien la portée, on répliquera qu'ici la métaphore n'est qu'une dérive insensibilisante et qu'il est impératif de s'en abstenir, précisément dans cette occurrence, quand on parle de l'amour, cœur et sommet de la vie interpersonnelle, morale et spirituelle : *corruptio optimi pessima*, la corruption des choses les meilleures engendre le pire. Ici plus qu'ailleurs si possible, la lucidité et la vigilance sémantiques s'imposent à tous ceux qui se proposent de développer une *culture de la non-violence*.

Remarquons, en terminant, l'étrange condition du philosophe. Comme chacun, il est immergé dans le langage ; les mots sont les seules armes dont il dispose, lui, dans l'exercice de sa responsabilité. Dans l'univers des mots, il est condamné à se servir des mots, à les servir, mais aussi à lutter contre eux. Ils sont à la fois son milieu, son abri, ses amis et ses pires ennemis…

1. Oxymore : figure de style consistant à unir dans une même expression deux termes de signification contradictoire ; exemple : un silence assourdissant.

CHAPITRE II

PEUT-ON PARLER DE « CULTURE DE LA VIOLENCE » ? RECHERCHES SÉMANTIQUES*

SÉMANTIQUE DU MOT « CULTURE »

Il n'est pas inutile de commencer par se rappeler que la « culture » désigne originairement la culture du sol, c'est-à-dire la manière de le travailler et de lui donner les soins afin qu'il soit fécond et qu'il fournisse de bons produits. On n'oubliera donc pas que l'agriculture a constitué une des activités dominantes de l'humanité pendant des millénaires et jusqu'à une époque très récente.

1) Assez vite cependant, le mot « culture », par extension analogique, a signifié, en français, en tant que substantif tiré du verbe actif « cultiver », l'acte d'obtenir un développement acquis par la pratique d'un exercice ou d'un entraînement réfléchi et finalisé. Ainsi parlera-t-on de « culture physique », de « culture artistique », etc. Je propose donc d'appeler « culture » *au sens 1* l'acte de se cultiver, c'est-à-dire d'acquérir un développement de certaines facultés ou virtualités, du corps, de l'esprit ou de la personne tout entière. Ainsi, selon ce *sens 1*, la culture désigne ce développement lui-même, et aussi, par une extension toute naturelle dont on a d'innombrables exemples, le résultat de ce développement. Une culture artistique signifiera donc, d'abord, le développement des facultés artistiques, et en un sens plus large, le résultat de ce développement : on acquiert une culture artistique par un apprentissage approprié, et, au terme, on possède une culture artistique en tant que résultat de cet apprentissage.

* *Alternatives Non-Violentes*, n° 109, hiver 1998, p. 4-7.

Deux précisions avant de passer aux autres sens, dérivés, du mot culture. D'abord une brève information historique. « Culture », suivi d'un complément (comme dans culture de la mémoire, culture de l'imagination) et le verbe « cultiver » pris au même sens, se rencontrent dès le XVIe siècle, mais le mot employé séparément ne semble pas avoir été usuel avant la fin du XVIIe siècle. Autre remarque, d'un tout autre ordre : le mot « culture » a le plus souvent une connotation *positive* et élogieuse : on sous-entend que la culture dont il s'agit est un développement jugé selon une appréciation positive. L'entraînement spécialisé d'un cycliste ou d'un haltérophile n'est pas désigné comme de la culture physique. Il arrive cependant parfois que la culture ainsi désignée soit considérée comme trop partielle ou mutilante, et comme telle, objet d'un jugement défavorable : par exemple dans l'expression « une culture purement livresque ». Je remarque cependant que la dépréciation a besoin d'être explicitement soulignée, comme ici par l'adverbe « purement » et l'adjectif péjoratif « livresque », pour corriger ou annuler la connotation positive que possède naturellement le mot « culture ».

2) Un sens voisin, que je propose, par convention et pour que nous nous entendions, d'appeler le *sens 2*, est le résultat d'un *processus de généralisation*. La « culture » désigne le caractère d'une personne instruite et qui a acquis un ensemble de savoirs et de savoir-faire qui lui ont permis de développer son sens critique, son goût et son jugement. J'ajoute immédiatement que, comme dans le sens 1, la culture désigne aussi bien la *qualité* acquise d'une personne cultivée que l'*éducation* qui a pour effet de produire ce caractère. On peut affirmer que cette acception du mot culture est la conception traditionnelle et universitaire française : c'est surtout à la *qualité* de l'esprit que l'on songe quand on prononce le mot « culture », à la force du sens critique, à la finesse du goût, à l'équilibre du jugement.

J'ajoute ici aussi une brève remarque au sujet de ce *sens 2* : il est très proche de ce qu'on appelle souvent la culture générale (adjectif qui avoue clairement le processus de généralisation dont j'ai parlé en passant du *sens 1* au *sens 2*). La culture générale est ce que possède une personne qui s'est suffisamment développée dans les domaines considérés comme nécessaires à tous, en dehors des métiers, des savoir-faire professionnels et des spécialisations.

3) Jusqu'ici, les choses sont claires et assez cohérentes. Mais voici qu'il nous faut relever un *sens 3*, qui est, lui aussi, irrécusable, même s'il est beaucoup plus récent, et qu'il résulte de l'importation en français d'un sens d'origine étrangère. L'anthropologie et la sociologie contemporaines, allemande (le substantif allemand « *Kultur* ») et anglo-saxonne, en particulier, donnent au mot « culture » un sens plus large encore, et très voisin du mot

« civilisation ». Elles désignent tout ce qui exprime l'initiative et le génie humain, qu'il s'agisse des œuvres de l'esprit ou des œuvres d'art, mais aussi des mœurs et des façons de vivre : coutumes, institutions, usages divers, manières de sentir et de juger, etc. En ce sens, la culture est opposée à la nature, comme l'acquis s'oppose au donné, le volontaire à ce qui est subi ou spontanément fourni par l'instinct ou la constitution biologique. La culture est l'ensemble des caractères communs aux civilisations jugées les plus hautes, c'est-à-dire, pour les européens, celle de l'Europe et des pays qui l'ont adoptée dans ses traits essentiels. La « culture », au *sens 3*, désigne celle des peuples « civilisés », qui s'opposent aux peuples barbares ou sauvages et se définit par la supériorité supposée de leurs techniques et de leurs sciences, ainsi que par le caractère rationnel de leur organisation sociale. Ainsi, dans ce *sens 3*, la culture désigne l'ensemble des aspects intellectuels et spirituels d'une civilisation.

Deux remarques concernant ce *sens 3* pour finir. D'abord, comme pour les *sens 1* et *2*, le mot comporte en lui-même une connotation appréciative, puisqu'il résulte de ce que créent l'initiative et le génie humains, et qu'il s'oppose à la nature comme l'acquis s'oppose au donné et le volontaire à l'instinctuel. Ensuite, la culture, presque synonyme de civilisation, implique, dans une large mesure, l'idée que l'humanité tend à devenir de plus en plus semblable dans ses différentes parties : ce processus est, pour une large part, le résultat de l'emprise croissante, quasi irrésistible, des savoirs rationnels et des diverses techniques.

« CULTURE DE LA VIOLENCE » ? « CULTURE DE LA NON-VIOLENCE » ?

Si telles sont les significations du substantif « culture » en français, est-il légitime de parler d'une « culture de la violence » ? D'une « culture de la non-violence » ? Il doit être clair que je me borne ici à des suggestions personnelles, qui comportent une part de choix et n'ont pas de prétention normative.

1) Au *sens 1*, qui connote une appréciation positive, il ne me paraît guère possible de parler d'une *culture de la violence*, sauf à vouloir suggérer, compte tenu de la connotation naturelle du terme « culture », que certains cultivent la violence en tant que développement des virtualités de leur esprit ou de leur personne concrète. Cette suggestion contredit directement nos conceptions de la violence comme ne pouvant jamais faire l'objet d'une légitimation.

Au *sens 2*, celui de la culture générale comme développant le sens critique, le goût et le jugement, il y a une contradiction insurmontable à parler de « culture de la violence ».

L'utilisation du *sens 3* me paraît plus délicate à arbitrer. Si l'on tient à l'usage le plus fréquent, qui désigne par culture tout ce qui exprime le génie humain, les œuvres de l'esprit, mais aussi les coutumes, les mœurs, les institutions, les échelles de valeurs en usage, les manières inconscientes de sentir et de juger, sans oublier que la culture est d'abord celle des civilisations les plus hautes – il ne me paraît guère possible de parler de *culture de la violence*. En revanche, si l'on adopte la règle axiologique de l'anthropologie culturelle de ne porter aucun jugement de valeur sur une culture donnée, préjugeant avec les culturalistes que toutes les cultures sont des « îles » et se donnent à constater sans jugement, peut-être pourra-t-on, à la limite, parler de « culture de la violence » pour désigner tout ce qui, dans une société – coutumes, institutions, préjugés, manières d'apprécier et de sentir, représentations collectives, etc. – tend à favoriser chez le citoyen le recours facile et spontané aux diverses formes de violence pour résoudre les conflits que génère nécessairement la vie sociale. Personnellement, je ne suis pas favorable à l'extension trop large du mot culture, refusant de partager le préjugé qu'une culture s'offre seulement à constat et non à jugement éthique.

2) On ne rencontre nullement les mêmes objections si l'on s'interroge sur l'expression « *culture de la non-violence* ». Au *sens 1*, la culture de la non-violence désignera l'effort accompli sur soi-même pour acquérir ou développer ses facultés du corps, de l'esprit, des connaissances, de la volonté, de la mémoire, de l'imagination, etc. dans le sens de la résolution ou de la gestion non-violente des conflits de la vie personnelle et interpersonnelle. Au *sens 2*, celui de la culture générale, parler de *culture de la non-violence* suggère bien le caractère global et général de la violence en tant qu'elle infiltre tous les secteurs de l'existence individuelle et collective, et indique bien que la non-violence est une véritable « culture », c'est-à-dire un développement du sens critique, du goût et du jugement dans toutes les dimensions de la vie. Enfin, je ne vois aucune objection à parler de *culture de la non-violence* pour désigner, au *sens 3*, le développement des savoirs, des lois, des mœurs, des manières de vivre, des institutions sociales, des échelles conscientes et inconscientes de valeurs, bref de l'ethos collectif tout entier dans sa profondeur, en vue de favoriser le recul de la violence individuelle et sociale et d'inscrire dans les pratiques vécues d'un peuple les pratiques non-violentes des conflits.

CHAPITRE III

LA PAROLE AUX PRISES AVEC LA VIOLENCE EN GRATITUDE ENVERS ÉRIC WEIL

Si nous nous interrogeons sur les rapports qu'entretiennent le langage et la violence, il nous semble dès l'abord que les choses soient claires. Violence et langage constituent des contraires. N'expérimentons-nous pas que c'est là où l'échange des paroles ne peut plus avoir lieu que commence l'échange des coups, et que la violence commence à reculer chaque fois que le dialogue se renoue ? À confronter la violence et le langage, notre première impression, issue de l'expérience quotidienne, sera que l'un commence lorsque l'autre s'arrête, qu'ils s'opposent donc l'un à l'autre comme des contraires. Langage et violence se constituent l'un en face de l'autre dans une opposition manifeste.

Cette première impression se renforce dès que l'on s'avise du constat suivant : la confrontation de la violence et du langage s'étend tout au long de notre expérience. La violence, tout autant que le langage, occupe le champ humain dans son entière extension. Inutile de nous le cacher : la violence est susceptible d'exercer son empire dans chacun des registres de notre existence. Il n'est rien qui puisse lui échapper. Elle est là, tapie, près des profondeurs de notre nature biologique : c'est la violence des pulsions, des besoins, des envies. Elle est encore là où nous menons notre vie quotidienne, seul ou avec d'autres : c'est la violence du désir, du mensonge, de la colère. Elle est toujours là où nous exerçons nos facultés les plus hautes : c'est la violence de l'imposture, des croisades, du blasphème. Nous n'avons pas le droit de fermer les yeux : la tâche de la réflexion est de prendre la mesure entière de l'empire de la violence. Il faut le confesser : la confrontation de la violence et du langage couvre et concerne la totalité des questions que nous pouvons nous poser au sujet de l'homme. C'est bien cette extension sans limites de l'une comme de l'autre qui renforce notre impression première que violence et langage s'opposent l'un à l'autre tout au long de l'expérience que nous faisons de nous-mêmes.

Un paradoxe

Et pourtant, cette première impression est trompeuse. Elle ne résiste pas à une réflexion plus attentive. Car elle a omis de prendre en compte ceci, que toute interrogation – et en particulier celle qui nous anime présentement – se mène *dans le langage* et *par le langage*. C'est dans le langage, par la médiation du langage que je confronte langage et violence. Dès que je m'avise de cela, je me heurte à un paradoxe, à un très singulier paradoxe, qui fait toute la difficulté de notre méditation. Celle-ci se développe à partir d'un point de départ indépassable, semble-t-il – et en effet nous ne sortirons pas vraiment de cette situation de départ, tout au plus pourrons-nous l'approfondir, la comprendre, afin d'en dégager quelques leçons, théoriques et surtout pratiques. C'est seulement *dans le langage* que je confronte la violence et le langage. Ce qui signifie que, dès le départ, les dés sont pipés. Je ne suis pas neutre dans une confrontation qui se déroulerait en terrain neutre; je ne fais pas – je ne puis pas faire – part égale aux deux partenaires de l'opposition. J'occupe, sans pouvoir l'abandonner, l'un des pôles : il me faut *parler* pour confronter la parole et la violence.

C'est l'oubli de ce paradoxe qui m'a permis de penser que les choses étaient claires, que langage et violence se constituaient dans une opposition manifeste. Il me faut maintenant abandonner cette impression première : cette opposition terme à terme ne résout pas, n'épuise pas le problème des rapports qu'entretiennent le langage et la violence, elle ne fait que permettre de le mieux poser. Pourquoi ?

Que le langage puisse être interrogé dans le langage et par le langage, cela va de soi, cela ne fait pas problème. Que les pouvoirs du langage, les conditions du langage, les limites du langage puissent être questionnés, discutés, éventuellement compris par un effort de pensée que je mène de part en part dans l'élément du langage, à l'aide d'un discours que je cherche à rendre cohérent et convaincant, cela ne pose pas d'impossibilité de principe. Car nous savons bien que le langage humain possède cette capacité merveilleuse de se réfléchir lui-même : c'est sans doute là sa propriété la plus fondamentale, la plus caractéristique. Quelque parole que je dise, je puis toujours parler de cette parole, la mettre à distance pour la réfléchir, la réfléchir pour la comprendre, la comprendre pour la juger Que dans le langage et par lui, je puisse m'interroger sur le langage, cela ne fait pas problème. Chacun de nous le sait pour l'avoir expérimenté dès qu'il a commencé à parler, et dès avant que sa parole ait pris la forme élaborée, la forme canonique du langage humain : celle qui commence par le *mot*, désignant la chose, puis celle de la *phrase* qui affirme ou nie que ceci soit cela, enfin celle du *raisonnement* qui assurera ou contrôlera la cohérence du discours, et par elle la constitution d'un savoir. Nous le savons depuis toujours : le langage peut être interrogé par le langage.

En est-il de même pour l'autre pôle, pour l'autre partenaire de notre couple ? La violence peut-elle être interrogée, critiquée, comprise, éventuellement célébrée, par le langage ? Cette question pointe dans la profondeur de notre paradoxe de départ. Car la réponse est *négative*. Elle ne peut être que négative. Pourquoi ? En elle-même et pour elle-même, la violence ne fait pas problème. Elle est. Elle s'exerce. Elle poursuit ses fins, c'est tout. *Elle va sans dire*. C'est seulement pour un être qui parle, un être qui, en parlant, exerce sa raison et vise un sens, que la violence fait problème, que la violence advient comme problème. C'est donc seulement dans son autre, dans son contraire, le langage, que la violence pourra être interrogée, discutée, peut-être comprise, contrée, et donc recevoir quelque chose comme une signification. Mais que devient la violence dans cette interrogation ? Elle se dissout comme violence ! Voilà ! Personne ne peut plaider pour la violence sans se contredire : celui qui plaide, il veut avoir *raison*, il est déjà entré dans le champ de la parole, du discours, de la discussion : il a laissé son arme à la porte. Une violence qui s'est placée dans l'orbite de la parole a déjà commencé à se nier comme violence.

Oui, le point de départ de toute réflexion sur la violence recèle ce paradoxe indépassable : en interrogeant le langage et la violence dans leurs relations, nous ne pouvons pas occuper une position de surplomb ; nous sommes toujours déjà situés dans l'un des deux pôles, et cette posture, inéluctable, crée une dissymétrie indépassable. Le langage se saisit adéquatement du langage, mais il ne peut pas faire de même vis-à-vis de la violence, puisque, ce faisant, il la dissout. Répétons-le : personne ne peut déployer un plaidoyer en faveur de la violence sans se contredire. Ce qui renforce à nouveau notre sentiment de départ : langage et violence sont en opposition formelle. Impossible de refuser cette évidence première à quiconque parle.

La violence parle…

Et cependant… S'impose à nous, aussi primitif que celui dont nous sommes partis, aussi irrécusable que lui, un constat qui nous accable : la violence *parle*. Elle s'exprime. La parole violente habite notre monde, elle crie depuis les profondeurs de notre psyché, elle assombrit jusqu'à l'obscurcir notre rapport à nous-même, elle ne cesse de pervertir jusqu'à les corrompre nos relations avec autrui, elle n'arrête pas de gangrener jusqu'à les pourrir nos institutions de toute nature. La violence parle, elle s'exprime. Ce constat, irrécusable, découvre tout le monde ténébreux des langages de la violence : paroles falsifiées, paroles mensongères, paroles menaçantes ou méprisantes, parole injurieuses ou haineuses – celles qui font du langage humain le verbe de la violence.

Ainsi devons-nous maintenant convenir que l'opposition formelle du langage et de la violence, que nous pensions d'abord nette et bien établie, est loin d'épuiser le problème, qu'elle passe même à côté de l'essentiel puisqu'elle est incapable de rendre compte d'une donnée évidente de notre expérience.

Qu'est-ce à dire? S'il existe un langage de la violence, c'est que l'opposition dont nous sommes partis n'est pas, dans la réalité, celle de la violence et du langage – du langage pris dans toute son extension. Il convient ici de se laisser instruire par l'un des philosophes qui a le plus et le mieux réfléchi sur les rapports du langage et de la violence, et par LE philosophe qui a fait de la prise de position contre la violence le point de départ de toute philosophie, Éric Weil, qui, on l'aura compris, est l'inspirateur de notre réflexion depuis son début. Weil a su nous faire comprendre que l'opposition formelle sur laquelle nous méditons n'est pas entre la violence et le langage, mais seulement entre la violence et le *discours* – plus précisément le discours cohérent de la raison sensée, le discours raisonnable.

Oui, il y a opposition totale, opposition de contradiction, entre la violence et le discours raisonnable, mais cette opposition, qui formalise deux contraires, fait du même coup surgir un immense entre-deux, entre la *violence pure* (qui est rare et s'identifie sans doute comme une idée-limite) et le *discours cohérent et raisonnable* (que nul ne saurait prétendre prononcer et détenir sans imposture, et qui constitue aussi une limite, une idée régulatrice). Cet entre-deux, c'est le champ même de la parole humaine, qui se révèle toujours, peu ou prou, un mixte du discours et de la violence.

Ainsi sommes-nous astreints à faire sa place, qui est immense, aux langages de la violence. Aux expressions par lesquelles et dans lesquelles les humains se signalent les uns aux autres qu'ils ne sont point RAISON – même compris dans le sens le plus compréhensif et le plus extensif du terme « raison », irréductible à l'entendement rationnel et tout gonflé d'imaginaire, d'esthétique et de sagesse. Les humains ne sont point raison, nous a redit Éric Weil avec une pénétration neuve : ils sont seulement *raisonnables*, capables de se raisonner et susceptibles d'être raisonnés. Des êtres eux-mêmes mixtes : « raisonnables et besogneux ». Des vivants qui ne cesseront jamais d'être en danger, en train de retomber dans la violence, mais en même temps des vivants chez qui s'est éveillée, désormais inextinguible, la question du sens et qui savent donc nommer le non-sens, puisque le non-sens ne peut apparaître qu'à celui qui a commencé d'entendre la question du sens. Des êtres qui, à la lumière de la non-violence qui les habite depuis toujours, peuvent identifier la violence.

Les expressions verbales de la violence

Il convient donc de prendre la mesure de cet entre-deux, de ce champ de l'expression humaine dans lequel se déploient, le long d'un large spectre, les langages de la violence. Le dictionnaire de notre langue conserve, prêtes à l'emploi, le trésor des expressions qui ont fait leurs preuves en permettant des communications intersubjectives réussies : il nous offre un immense éventail de formes de langage violent – ce qui, à l'évidence, témoigne de l'impressionnante extension de l'emprise de la violence sur les relations humaines.

Une phénoménologie des langages violents aurait pour tâche d'explorer ce champ, de le mettre en ordre et d'en analyser les articulations afin d'en préparer la reprise pensante. Sans prétendre à l'exhaustivité, contentons-nous ici de relever quelques-unes de ses expressions les plus caractéristiques. Elles sont pléthoriques…

1) *Le juron*. Sans avoir, le plus souvent, une portée maligne, le juron, à sa façon, témoigne de la porosité de l'expression humaine à la violence. Je jure : par une parole grossière qui recherche volontiers l'indécence et frise souvent – sans le vouloir ni même en avoir une conscience nette – le blasphème, je manifeste une vive réaction d'énervement, de dépit, de colère. La forme grammaticale du juron est habituellement l'interjection ou l'exclamation : j'exprime ainsi l'irruption dans le langage d'un sentiment véhément, d'une émotion difficile à contrôler, d'une impatience. Dans le juron se laisse deviner la fragilité humaine : un penchant à la transgression des convenances, voire de la règle, la proximité d'un fond sauvage, le voisinage menaçant de la violence.

2) *L'injure*. D'une manière consciente, délibérée, en mesurant – au moins quelque peu – la portée de ce que je dis, même si c'est souvent sous l'empire de la colère, je blesse gravement mon adversaire en voulant porter atteinte à l'image qu'il a de lui-même, à sa réputation, en cherchant à lui nuire. Je le déshonore par des qualificatifs infamants.

3) *L'insulte*. Par la parole, le geste ou toute autre expression signifiante, j'exprime sciemment mon mépris à l'égard de mon vis-à-vis, j'offense

gravement son honneur, je porte atteinte à sa dignité. Notre langue recèle plusieurs mots de la même famille qui, sans être de vrais synonymes, désignent des formes voisines d'expressions de violence : l'insolence, la vexation, l'affront, l'offense, l'outrage, etc.

4) *Le blasphème*. C'est une forme particulière de l'insulte : le blasphémateur s'en prend à la divinité, à la religion, à tout ce qui peut revêtir une dimension de sacralité ou au moins une forme éminente de respectabilité. En proférant un blasphème contre le divin, la parole humaine révèle jusqu'à quel extrême elle peut se porter : elle fait voir qu'il n'est rien d'humain – jusqu'à la relation au divin – qui ne puisse devenir le lieu ou l'occasion de la violence.

5) *Le mensonge*. Je mens : je donne à autrui pour vrai ce que je sais être faux, je nie en face de lui ce que je sais être vrai. Par de fausses apparences, je le trompe. Sans doute, dans notre réflexion, convient-il de réserver au mensonge une place de choix : la première parmi les expressions verbales de la violence. En trompant autrui sur l'objet particulier du mensonge, l'acte de mentir ruine la confiance, il destitue, il détruit l'institution première qui permet aux humains de nouer relation signifiante entre eux ; ce n'est pas sans raison que le philosophe, considérant le langage comme « l'institution des institutions », insiste sur l'extrême gravité du mensonge et sur sa qualification morale : ce jugement résulte de la fonction essentielle de médium irremplaçable que le langage humain possède dans toute relation humaine.

6) *L'imposture*. Elle constitue une forme particulière du mensonge, en le redoublant en quelque sorte, puisque l'objet de la tromperie n'est pas n'importe quel fait, événement ou réalité extérieure, mais concerne au plus près la relation qui m'unit à mon interlocuteur. Par des allégations injustifiées ou des artifices mensongers, je le trompe, je me fais passer pour un autre que je ne suis pas. J'usurpe une qualité, une identité, une fonction qui n'est pas la mienne. Je le mystifie. Plus encore que le simple menteur, l'imposteur porte atteinte à la dignité de la personne d'autrui, il fait de lui une chose, il la transforme en un simple moyen au service de ses menées.

7) *La médisance*. C'est là une partie qui se joue à trois : celui qui parle, celui à qui il parle, celui dont il parle. Je médis : je tiens sur l'un de mes semblables des propos empreints de malveillance, je souligne ses défauts, je révèle des informations dans l'intention expresse de lui nuire. À la malice propre à la médisance vient s'ajouter une seconde malice plus perverse encore lorsque je porte des allégations trompeuses, des accusations mensongères, dans le but de blesser une réputation, un honneur : c'est la *calomnie*. Le théâtre lyrique a su de manière inoubliable faire voir les

ravages que cause toujours la calomnie. Médisez ! Diffamez ! Calomniez ! Il en restera toujours quelque chose...

8) *La délation*. Comme le diffamateur ou le calomniateur, le dénonciateur trahit, pour des motifs méprisables, la confiance que requiert habituellement le lien social. Le dénonciateur, que le langage populaire appelle « mouchard » ou « donneur », prolifère dans les régimes tyranniques qui érigent la délation et la peur en pratiques de pouvoir. Un climat de délation est l'un des plus efficaces ferments de discorde et de violence dans un groupe.

9) *La provocation*. Je défie mon rival, je l'excite par la parole ou par le geste, je le pousse, souvent contre son gré, à des réactions agressives, je l'incite à des répliques désordonnées et incontrôlées, je l'entraîne à commettre des actes répréhensibles ou délictueux. La violence du provocateur s'observe et se prouve par le fait qu'il attire son vis-à-vis dans le champ de la violence, dans l'engrenage maudit de la violence et de la contre-violence.

10) *La menace*. Je menace autrui : par le geste, la parole ou toute autre manifestation signifiante, je lui exprime ma volonté de briser la sienne, de lui faire mal, de lui nuire. C'est une des armes préférées de l'oppresseur qui sait déployer tout un arsenal de moyens qui s'étendent depuis la simple intimidation, le défi ou le chantage jusqu'aux pratiques odieuses mises en œuvre par le terrorisme.

11) *La fatwa meurtrière*. D'une manière générale, la langue arabe appelle *fatwa* la consultation juridique donnée par un mufti à propos d'un cas douteux ou d'une question nouvelle, et, par une extension naturelle, la décision ou le décret qui résulte de cette consultation. Celle qui, pour des motifs énoncés expressément comme religieux, appelle des croyants au meurtre en désignant nommément celui ou celle qui doit en être victime, porte sans doute à son comble la violence que peut revêtir le langage humain. Elle manifeste clairement la démesure de l'empire de la violence parlée.

Il est encore bien d'autres espèces de paroles violentes, bien d'autres formes expressives inventées pour ouvrir carrière à la violence humaine. La violence parle. Elle habite notre monde, depuis ses plus grands abîmes jusqu'à ses plus hautes altitudes. Même incomplète, la longue liste que nous venons de dérouler nous permet de deviner la mesure – la démesure – de son empire. Moins qu'un autre, le philosophe qui se hasarde à parler de non-violence est dispensé de cette tâche : il lui faut commencer par reconnaître la place, immense, des langages de la violence. Mais il comprend, lui, qu'en nommant les violences, s'il est vrai qu'il ne cesse pas pour autant de faire partie du monde où elles s'exercent, où elles règnent, il n'a pu le faire qu'en obéissant à l'appel à la non-violence qu'il a commencé d'entendre. Le non-sens n'apparaît qu'à la lumière du sens : cela, Éric Weil nous l'a enseigné avec force. Sens et non-sens ne sont absolument pas à égalité, comme se le figurent à tort le défaitiste, le pessimiste, le nihiliste. La violence ne peut être nommée, identifiée, reconnue, refusée, délégitimée, que parce résonne, inoubliable dès son premier surgissement, l'appel de la non-violence.

RÉDUIRE LA VIOLENCE PAR LA PAROLE ? L'EXEMPLE DE LA TRAGÉDIE GRECQUE

Tous les êtres humains sont donc confrontés à la virulence, en eux, d'une inclination à la violence qui prend des formes infiniment variées. Toutes les sociétés humaines sont menacées de se disloquer sous les effets de pratiques de violence qui brisent les solidarités, ruinent les rapports sociaux, pervertissent les relations de reconnaissance mutuelle génératrices de socialité. Aristote, le premier avant bien d'autres, nous a enseigné que « l'homme est un animal politique en ce qu'il est un être parlant ». Si, comme nous venons de le souligner, violence et parole s'étendent, l'une avec l'autre, l'une contre l'autre, dans le champ entier de la vie, pouvons-nous compter sur autre chose que la parole pour lutter contre la violence, pour contenir ses mille expressions ? Inéluctable, se pose ici la question de confiance : est-il possible de freiner, de contrer, de réduire la violence par le moyen de la parole ?

Pour nous approcher d'une telle question, rien, peut-être, ne vaut mieux que d'en appeler d'abord au témoignage du peuple qui, avant même d'inventer la philosophie, s'était interrogé collectivement sur le maléfice des violences. Mieux que nous, parce qu'ils surent faire bon usage de leurs mythes, les citoyens de la Grèce antique comprirent que la blessure causée par la violence – chez l'agresseur aussi bien que chez la victime – demeure et s'indure : faute d'être reprise, d'être rendue à la parole, elle s'installe comme répétition, comme récurrence. Certes, il a fallu aux Grecs anciens beaucoup de temps, beaucoup de drames, de violences de toutes sortes, pour se rendre compte de l'inanité de la violence : personne ne gagne à son jeu. Dans un petit livre fort suggestif, *La Grèce antique contre la violence*[1], Jacqueline de Romilly a tenté de répondre à la question suivante : pourquoi les Grecs ont-ils pu priser à ce point la tragédie, alors même qu'ils parvin-

1. Paris, Édition de Fallois, 2000.

rent à développer, à leur apogée, un humanisme jusque-là sans égal dans aucune autre civilisation? La lecture que Madame de Romilly propose de *L'Orestie* d'Eschyle montre que les deux premières pièces développent, au milieu des pires déchirements, une suite ininterrompue de crimes, de violences, de meurtres; en revanche, la dernière pièce institue les conditions d'une véritable rupture. Un tribunal viendra mettre un terme aux cycles interminables de la vengeance. Des prisons? Des galères? Des punitions exemplaires? Jamais ces procédés n'ont permis le retour à la paix, à la sagesse, mieux : à la *douceur*[1] rêvée par les Grecs. Quelle est l'œuvre de la représentation de la tragédie, de la parole tragique énoncée et jouée dans le théâtre antique? Ce n'est pas, comme on l'explique parfois, pour apprendre à supporter les drames, les injustices, les deuils de l'existence. C'est pour conduire ensemble l'assemblée des spectateurs au-delà de l'espace où chacun se donne la licence de renchérir sur les violences subies ou rencontrées. Comment comprendre cette pacification opérée, au sein de la représentation théâtrale, par la parole tragique?

C'est encore Aristote, dans sa *Rhétorique* et sa *Poétique*, qui va nous apporter la réponse. Aristote tel que nous a appris à le lire Marie-José Mondzain[2]. L'homme, disions-nous, n'est pas que raison, que logos : il est aussi affect, *pathos*, passion, désir. Pour mouvoir l'intellect, il faut qu'il y ait du désir; pour émouvoir, pour mouvoir autrui, il faut donc s'adresser à son désir. Mais le désir est multiple, selon qu'il est simplement au service de la vie et selon qu'il se prête ou non à l'exercice de la raison. En réfléchissant sur l'exercice et sur l'audition de la parole publique, dans les diverses institutions de l'espace public, Aristote a acquis la conviction qu'il y a chez l'homme, non seulement des affects irrationnels, mais aussi des désirs qui peuvent, à certaines conditions, être touchés par l'action du logos. En tout être humain, il y a, propre à l'homme doué de logos, un mouvement du désir accompli par la délibération et le jugement qui la clôt. La « rhétorique » ne sera donc pas d'abord une technique de manipulation de tous les désirs sans distinction – ce qui n'exclut nullement qu'elle puisse le devenir! Œuvrer sur le désir par la parole requiert donc de l'orateur de mouvoir la faculté de juger, afin d'émouvoir, de mouvoir *pathiquement* vers un éclaircissement, une clarification : seule celle-ci permettra d'exercer la justice dans les tribunaux, de prendre les bonnes décisions dans les assemblées politiques, bref de vivre humainement dans l'espace public.

1. Le chapitre 2 de son livre s'intitule « Violence divine et douceur humaine »!
2. En particulier dans *Le Commerce des regards*, Paris, Seuil, 2003, p. 116-134.

C'est seulement à la lumière de ces interactions du désir et de la parole que l'on peut avec justesse comprendre quelque chose à la magie déployée dans la représentation théâtrale de la tragédie grecque. Pourquoi faut-il mettre en *spectacle* une démarche, une opération qui est proprement celle du logos, de la parole ? Parce qu'il faut assurer la pénétration de la parole, son efficacité, dans la profondeur « pathique », affective, passionnelle, des spectateurs. Si le théâtre n'était que parole, il risquerait fort d'être inopérant : il lui manquerait ce déploiement visuel, spectaculaire, qui seul peut franchir la distance qui sépare l'obscurité du pathos et la lumière de la parole. Les anciens Grecs ont compris que la médiation du *visible*, du spectacle, du spectaculaire, était indispensable. Le logos seul n'y suffit pas. La lumière qui produira l'éclairement, l'éclaircissement de la passion hors des griffes de la violence, ne peut pas être seulement théorique. La violence passionnelle, dont la tragédie s'efforce d'accomplir, le plus profondément possible, la clarification apaisante, est quelque chose de l'ordre d'une pulsion, d'un désir sans mot ni visibilité. On ne se débarrasse pas de l'inclination à la violence, de la pulsion passionnelle qui submerge l'être humain, par la seule mise en œuvre de la parole, fût-elle pourvue de tous les artifices de la rhétorique : on les *travaille* avec les ressources diverses et convergentes de la logique de l'intrigue nouée selon ses péripéties surprenantes (*muthos*), de la poésie du chant (*melos*), des charmes du rythme et de la métrique (*ruthmos*), des émotions de la terreur et de la pitié, pleurées et criées par le chœur, qui joue un si grand rôle dans la tragédie grecque classique, etc.

On comprend, dès lors, pourquoi c'est une profonde inexactitude, presque un contresens, de comprendre la fameuse *catharsis* opérée par la tragédie, comme un purgation, une épuration. C'est tout autre chose : une « clarification apaisante ». Le spectacle de la tragédie que les anciens Grecs, à l'apogée de leur culture, surent inventer et mettre en œuvre, est une expérience collective, une action publique, de passage de l'infiguré et de l'encore innommé à la figuration de l'existence personnelle et de la vie publique. Prendre part à la tragédie permet de transmuer l'affection intime de chacun par la vie et la mort en une sorte d'affection collective qui rend possible un partage de cette région inaliénable de l'intime par la vertu de mouvements pathiques vécus de concert, celle de la vision commune, celle de l'écoute à l'unisson. Eschyle, Euripide, Sophocle ont compris qu'une assemblée qui « vit » ensemble une tragédie de cette espèce est, pour ainsi dire, en prise directe avec le destin des passions individuelles et collectives qui font la grandeur et le drame de l'espace public.

VERS DES PRATIQUES NON-VIOLENTES DU LANGAGE

Ainsi, la Grèce ancienne, qui aimait définir l'homme-citoyen comme « l'animal qui porte le logos », a su inventer, avec le spectacle de la tragédie antique, une institution publique mettant un certain exercice du langage au service d'une lutte contre la violence. Cet exemple, qui nous a retenu un instant, comporte assurément bien des leçons qu'il nous appartient de tirer. Dans son inévitable confrontation avec la violence des hommes – quoiqu'il en soit de la violence des dieux – la parole, à certaines conditions et alliée à d'autres capacités humaines comme l'émotion, la poésie, la musique, ne se révèle pas sans ressources. Il faut néanmoins concéder que la transposition directe, chez nous, de l'exemple grec est impraticable, pour des raisons assez évidentes d'ordre politique, culturel, religieux. Nous sommes condamnés à inventer nous-mêmes, non sans bénéficier d'inspirations venues d'horizons divers, des pratiques de langage et de mises en scène aptes à réduire le niveau et les formes de violence qui nous entourent, et susceptibles d'édifier peu à peu les bases d'une culture de la non-violence, dont l'urgence est manifeste.

Il n'est pas dans notre propos d'évoquer ici, même sommairement, les pratiques langagières et théâtrales que, depuis plusieurs décennies déjà, les artisans de la non-violence mettent en œuvre, en France comme ailleurs, selon les divers contextes où des luttes non-violentes sont menées au service d'objectifs de justice et de paix. Au demeurant, ces contextes sont divers. Il existe des formes spécifiques de la parole quand le militant lance une pétition lors d'une *campagne de conscientisation* ou d'une *marche pour la paix*; d'autres formes adaptées aux tâches de *médiation*, que ce soit à l'école, dans l'entreprise, dans le quartier ou ailleurs; d'autres formes encore lors d'un *sit-in* d'*intervention directe* ou de protestation contre une injustice ou un abus réglementaire; une autre forme d'appel à l'opinion publique lors d'une action de *désobéissance civile*; d'autres formes encore de parole publique dans des contextes inter-ethniques ou internationaux lors *d'opérations d'interposition*, d'initiatives d'*intervention civile* ou d'une campagne de *brigades de la paix*; une autre forme encore pour cette action grave qu'est une *grève de la faim*, limitée ou même illimitée. La liste est loin d'être complète. Chacune de ces démarches non-violentes comporte un usage du langage et du théâtre qui relève d'une logique particulière de l'action, de règles spécifiques, d'une mise en œuvre singulière selon la situation concrète. Celles et ceux qui mènent ces actions non-violentes le savent bien; l'expérience le leur a appris.

Dans ces conditions, nous pouvons seulement, en conclusion de notre parcours, formuler quelques considérations de portée générale suivies de quelques règles pratiques[1], qui concernent peu ou prou chacune de ces diverses formes de luttes non-violentes et qui, le cas échéant, en éclaireront les objectifs et les modalités concrètes.

1) La première observation est que notre recherche des pratiques non-violentes de langage nous incline inévitablement à réfléchir sur la *destination du langage*. Dès que notre parole se confronte aux risques de la violence, dès qu'elle entreprend de traquer les ferments de violence qui l'habitent toujours plus ou moins, se trouve posée, finalement, l'inéluctable question : qu'est-ce que la parole ? En quoi consiste-t-elle ? Quelle est sa destination ? Nous l'avons médité : c'est dans la perspective de la destination du langage que la quête de sens donne à la violence son contraire. Nous le savons : s'il est légitime, après des philosophes comme Spinoza, comme Kant, comme Nietzsche, de développer une critique victorieuse de la finalité entendue comme terme final imposé du dehors, il faut immédiatement répliquer que la véritable finalité n'est nullement un but proposé ou imposé de l'extérieur : elle est la pleine manifestation de l'orientation d'un dynamisme ou d'une capacité. C'est pourquoi se révèleront particulièrement précieuses les conceptions d'un philosophe comme Wilhelm Humboldt concernant la genèse et la production du langage comme complète manifestation de l'esprit humain[2], comme son déploiement en plénitude. Le langage est, pour Humboldt, est le foyer des opérations incessamment réitérées par lesquelles l'espèce humaine s'engendre à elle-même comme humanité. Sans origine ni fin externes, entretenant en elle la raison de son être et donc sa destination, la langue se constitue son monde, qui, toujours singulier, tend à se dépasser en direction des autres langues et d'un horizon commun à tous. Quiconque parle du sens et de l'insensé, quiconque devient capable de nommer « violente » la violence sous l'appel, conscient ou non, de la non-violence, reconnaît, par le fait même, la vocation du langage à exprimer l'intégralité de l'expérience humaine et sa destination dernière : renouer inlassablement les relations entre les hommes.

1. Je m'inspire ici, en les reprenant à ma façon, de l'une ou l'autre des suggestions que proposait P. Ricœur à l'occasion d'une Semaine des intellectuels catholiques, dans une intervention sur « violence et langage » prononcée après celle d'É. Weil sur le même thème. On remarquera cependant que je suis amené à développer une conception de l'éthique de la non-violence différente de celle de Ricœur sur plusieurs points non secondaires. Voir *infra*, note 1, p. 200

2. Voir en particulier le grand manuscrit inachevé au titre définitivement provisoire, *Sur la diversité de construction du langage dans l'humanité et l'influence qu'elle exerce sur le développement de l'espèce humaine*, G.-A. Heinrich (éd.), Paris, A. Franck, 1859.

Telle est la source vive des pratiques non-violentes du langage, tels sont aussi leur destination et leur achèvement.

2) Selon cette perspective, nous devons veiller avec vigilance à ne pas replier le langage humain sur l'une de ses espèces, celle de l'*entendement calculateur*, qui, avec l'essor prodigieux des savoirs rationnels et des techniques instrumentales, a conquis l'univers jusqu'à risquer d'y exercer une hégémonie destructrice de l'humain. Ici encore, Éric Weil nous a averti avec la plus grande vigueur : il ne faut pas confondre le « raisonnable » avec le rationnel, ni surtout réduire le premier au second. Le discours raisonnable est en charge de l'humain, de l'humanité, alors que les langages des savoirs rationnels sont incapables, par eux-mêmes, de porter la question du sens. Toute l'histoire de l'Occident, depuis l'essor de la science moderne, témoigne de cette infirmité de l'entendement calculateur et des menaces dont est porteuse l'intelligence instrumentale lorsqu'elle n'est plus mesurée par la sagesse. Nous devons le répéter sans cesse : toute réduction de la raison humaine entière à l'entendement conspire en fin de compte avec la violence. Nos sociétés, dominées par les techniques, férues de planification et qui inclinent à réduire leur projet de rationalité à l'abondance matérielle, engendrent des civilisations de violence. Pour construire une histoire, qu'il s'agisse de celle de chacun d'entre nous ou celle des groupes sociaux auxquels nous appartenons, pour répondre à nos attentes d'identité, les langages rationnels sont muets : ils évacuent la question du sens. Intelligence instrumentale, existence insensée et montée de la violence sont les enfants jumeaux et orphelins de la dégénérescence du langage. Les partisans et artisans de la non-violence découvrent ici l'une des premières conditions de l'édification d'une culture de la non-violence.

3) On doit même faire un pas de plus en remarquant que souvent, la violence *dans* la parole résulte de la prétention qu'une seule de ses formes, de ses modalités, épuise l'envergure de la parole. Être non-violent dans la pratique du discours, c'est respecter la pluralité et la *diversité des langages*. C'est savoir distinguer, selon leur large spectre, les diverses modes de discours, et les laisser occuper chacun leur place et leur destination spécifiques. Ici le discours de la raison calculatrice ou celui de l'entendement rationnel, chargé d'édifier les savoirs et les savoir-faire; ici la pensée raisonnable porteuse de la question du sens, dont la mission est d'éclairer l'action pratique et de pourvoir à la recherche de la sagesse; ailleurs, la parole du poète et plus largement celle de l'artiste, qui change le regard sur le monde, apprend à l'habiter autrement en déployant l'éventail de possibles; ailleurs encore, la convocation du mythe et la provocation du prophète, qui brisent la suffisance de l'homme et l'ouvrent à l'origine même du sens dont il ne dispose pas, mais qui dispose de lui. Reconnaître et

respecter la diversité des langages et aussi leur hiérarchie fait assurément partie du refus des langages de violence et constitue donc une exigence qui s'impose à tous ceux qui veulent œuvrer à l'avènement d'une culture de la non-violence.

4) Revenant à notre point de départ et à la philosophie d'Éric Weil, je proposerai en terminant quelques règles simples, à usage pratique, pour un bon emploi de la parole dans sa confrontation avec la violence. La première tire les conséquences de l'opposition initiale du discours et de la violence : nous avons à *maintenir* coûte que coûte que cette opposition constitue une vérité formelle, même si elle demeure encore vide. Ce maintien signifie que le discours raisonnable et la violence sont à compter parmi les contraires les plus fondamentaux de l'existence humaine. Céder sur ce point nous prive aussitôt de *la seule ressource* dont nous disposions pour : a) reconnaître et identifier la violence là où elle apparaît ; b) refuser par principe la violence et son emploi dans la mesure – toute la mesure – où c'est possible ; c) recourir à l'usage de la force et à celui des moyens relativement violents lorsque l'état de nécessité nous l'impose impérieusement. Cette affirmation, maintenue en toute circonstance, nous gardera à jamais de méconnaître la violence, en nous ou autour de nous, de la travestir ou de sombrer dans la lâcheté.

5) Ma seconde règle pratique fait un pas de plus. Nous n'avons pas seulement à maintenir comme vérité formelle la non-violence du discours raisonnable : nous avons à l'*attester* en toute circonstance comme un *impératif inconditionnel*. Le commandement « Tu ne tueras pas » demeure vrai et se prescrit comme catégorique même – et surtout – quand il est inapplicable dans les circonstances où il s'agit d'éviter la lâcheté. Cette attestation nous préserve non seulement de commencer l'apologie de la violence, mais même d'en affirmer la *légitimité* lorsque l'état de nécessité nous impose d'y recourir en quelque mesure. L'usage des moyens de la violence, celle qui atteint autrui dans sa vie ou sa dignité, n'est jamais légitimable, même si elle peut se révéler excusable après coup au titre du moindre mal en raison de la nécessité. Celui qui ne l'affirme jamais légitime continue de reconnaître l'adversaire comme un être « raisonnable » : il ménage autant qu'il le peut la seule possibilité de sortir humainement de la situation de conflit, il sauvegarde la chance, si elle existe, de reprendre la discussion avec lui et de renouer le dialogue.

6) Ce denier mot, le dialogue, introduit une troisième règle, la plus décisive peut-être, concernant la pratique non-violente du langage, et qui tire une leçon de la réflexion de Humboldt sur la destination du langage. Nous l'avons souligné avec force : la violence n'est pas originaire, elle est seconde, car sa vraie nature est de refuser de reconnaître l'autre, le droit

de l'autre, la dignité de l'autre, l'altérité de l'autre. Le vrai nom de la non-violence est celui-ci : la reconnaissance mutuelle. Je ne puis me comprendre moi-même, me reconnaître, que si – et dans la mesure où – je suis reconnu par autrui. Il en est de même pour autrui… S'il en est ainsi, dans la mesure où il parle, l'artisan de la non-violence doit écouter : mieux, *donner la parole*. Pour entendre l'autre, pour le comprendre, pour le *reconnaître*, il faut être à son écoute. La pratique non-violente de la parole n'a finalement pas d'autre règle plus décisive que cette exigence : ne prend en vérité la parole que celui qui commence par la donner.

DROITS DE L'HOMME ET NON-VIOLENCE

CHAPITRE IV

UN RECOURS CONTRE LA VIOLENCE LES DROITS DE L'HOMME *

Aborder le thème des « droits de l'homme » n'est plus, aujourd'hui, une entreprise innocente. Il n'est plus possible de parler des droits de l'homme sans évoquer toute une série de difficultés que posent, à leur sujet, sous nos yeux, les conditions présentes de la vie collective. En dépit de la prolifération des discours quotidiens sur les droits de l'homme, il est devenu clair que l'idée ne va pas de soi. « Droits de l'homme », de quoi s'agit-il ? Quelle est leur nature ? Quelle est leur unité ? Parle-t-on de quelque chose de repérable, de précis, de suffisamment unifié, lorsqu'on invoque la promotion des droits de l'homme – ou bien le concept doit-il, lui aussi, être rangé parmi les nombreux thèmes de discours maniés dans l'opinion publique, mais qui ne renvoient finalement à rien d'autre qu'aux intérêts idéologiques de celui qui les invoque ?

DIFFICULTÉS ACTUELLES DE LA RÉFÉRENCE AUX DROITS DE L'HOMME

Relever quelques-unes de ces difficultés va avoir pour conséquence de rendre problématique, voire évanescente, l'expression même de « droits de l'homme ». Passer d'une appréhension naïve, dans laquelle on ait l'impression (fallacieuse !) de savoir de quoi l'on parle, à une interrogation problématique où l'on cherche à prendre la mesure des difficultés de la référence actuelle aux droits de l'homme, c'est sans doute la première exigence de celui qui veut aujourd'hui réfléchir et agir : qui osera s'en dispenser ?

* *Alternatives Non-Violentes*, n° 66, décembre 1987, p. 2-8.

Première difficulté : le contraste entre la multiplication des appels aux droits de l'homme et la prolifération de leurs violations.

Un fait frappe quiconque ouvre son journal ou écoute la radio : tout le monde revendique les droits de l'homme. On ne voit à peu près aucun gouvernement, aucun État, aucun parti politique, qui s'oppose ouvertement aux droits de l'homme. Depuis moins de deux siècles, on connaît plusieurs centaines de « Déclarations » nationales, officielles, sur ce thème.

Dans le même temps, les violations ouvertes, flagrantes, gravissimes, ne cessent de se multiplier, à peu près partout : non seulement, comme chacun le sait aujourd'hui, dans les démocraties populaires de l'Est et dans les dictatures militaires d'Amérique Latine, d'Asie ou d'Afrique, mais aussi – quoique dans une mesure et sous des formes qui sont autres – dans les démocraties occidentales. Ouvrez votre journal…

Ce contraste entre les affirmations verbales et les violations pratiques a pour conséquence d'inviter à ne guère prendre au sérieux la référence aux droits de l'homme. N'est-elle plus qu'un thème de discours idéologique ? Trois raisons, me semble-t-il, convergent cependant pour ne pas céder trop vite au découragement : le développement prodigieux de l'*information*, qui fait que nous apprenons presque instantanément des violations que nous aurions ignorées hier ; un certain *progrès de la conscience collective*, qui me paraît difficile à nier, au moins en gros, quoi qu'il en soit de reculs particuliers ou temporaires, ou même de retours localisés à la barbarie ; enfin, la *nouveauté* du concept : comment une notion, totalement inconnue de la plupart des sociétés antérieures à la nôtre, pourrait-elle parvenir à extirper, en quelques décennies, des mentalités et des comportements (esclavages, racisme, apartheid, sexisme, dominations, discriminations en tout genre) qui viennent du fond des âges ? Ces trois raisons, cumulées, permettent peut-être de rendre compte de ce décalage flagrant entre les *affirmations théoriques* et les *violations pratiques* des droits de l'homme.

Deuxième difficulté : le contraste entre le dépérissement des bases intellectuelles de ces droits, et la floraison de leur concept.

Il est remarquable d'évoquer aujourd'hui les bases intellectuelles sur lesquelles se sont édifiés, au XVIIIe siècle en particulier, les droits de l'homme : les postulats de l'école du droit naturel, les réflexions des philosophes et des moralistes comme John Locke ou Rousseau, les droits individuels inhérents à la « nature » de l'homme, la théorie du contrat social, le caractère « inaliénable » des droits proclamés en 1789, l'idée qu'ils sont universels et s'imposent à toute société comme à tout État, etc. Il est remarquable, dis-je, d'évoquer ces légitimations théoriques, parce qu'il faut aussitôt remarquer que, de tout cela, il ne reste presque rien. « Nature » de l'homme, droit naturel, contrat social, inaliénabilité, opposabilité à l'État, etc., toutes ces notions se sont intellectuellement dissoutes; il n'en reste à peu près rien. Or dans le même temps où l'on voyait dépérir ces bases théoriques des droits de l'homme, on a vu s'en développer le concept, s'élargir la notion, et de nouvelles espèces de droits faire leur apparition. À la « première génération » des droits de l'homme (les grandes libertés inhérentes à la personne humaine comme telle, antérieures à toute législation positive et vis-à-vis desquelles le seul devoir de l'État est de ne point faire obstacle à leur exercice) sont venus s'ajouter des droits nouveaux, de nature très différente, que l'on peut nommer une « seconde génération » : les droits sociaux, qui constituent des créances positives de l'individu sur la société, qu'il revient à l'État d'honorer en créant les conditions et les institutions indispensables à leur réalisation concrète. Après le *droit de...* (penser, écrire, professer ou abandonner une religion, etc.), le *droit à...* (travail, santé, sécurité sociale, éducation, vie culturelle, etc.).

Paradoxe! Au moment où ont dépéri les fondations intellectuelles classiques des « droits de l'homme », on voit fleurir le concept dans des directions nouvelles. Des branches nouvelles ont poussé à l'arbre des droits de l'homme, dans tous les sens, avec des justifications très incertaines, ou pas de justification du tout. Ce contraste rend problématique l'unité du concept : ne s'agit-il plus que d'un conglomérat d'idéaux, de désirs, d'utopies?

Dès maintenant, on peut néanmoins tirer une double conclusion :

a) *affirmer pratiquement* un droit, et le *légitimer théoriquement*, sont deux opérations différentes. Un droit concret peut très bien apparaître dans l'histoire revêtu d'une légitimation particulière, et se développer en tant que requête universelle, lorsque cette base intellectuelle s'est évanouie;

b) c'est peut-être une tâche actuelle que de *retrouver des fondements théoriques nouveaux*, inédits, à des droits anciens ou nouveaux, de réexpliciter des bases nouvelles pour la conviction, qui demeure inentamée, qu'il appartient à l'être humain, à sa dignité, de jouir de certains droits fondamentaux.

Troisième difficulté : l'actuelle prolifération et extension des droits de l'homme compromet l'urgence prioritaire de créer pour eux des garanties efficaces.

Après la première génération des grandes libertés individuelles (les droits-attributs) et la seconde génération des droits sociaux (les droits-créances), voilà donc que l'on parle d'une « troisième génération » (les droits-solidarités). De quoi s'agit-il? À l'ONU, à l'UNESCO, chez les juristes internationaux des grandes organisations, en France même, on évoque de plus en plus la nécessité de prendre en compte de nouveaux droits : droit au développement, droit à un environnement écologiquement équilibré, droit à la paix internationale, appropriation des ressources communes de l'humanité comme l'air, les mers, l'espace, etc. S'agit-il vraiment de « droits » ? Un droit possède un *titulaire*, il appartient à quelqu'un; il a un *objet* précis et possible (car il n'y a pas d'obligation légitime à l'impossible); enfin, il est *opposable* à une personne précise, physique ou morale. À propos des droits-solidarité, il faut demander quel en est le *titulaire*? l'individu, telle collectivité, l'État, la société internationale (dans la mesure où elle existerait) ? On ne sait plus très bien. Ensuite, quel est l'*objet* précis et possible de tels droits : le développement ? la paix ? l'environnement équilibré ? qu'est-ce que c'est ? Enfin, à *qui* un tel droit est-il *opposable* ? Questions redoutables, et qui expliquent que maint juriste soit absolument opposé à toute Déclaration de droits nouveaux qui élargirait encore un concept déjà flou. Une prolifération aboutirait à étiqueter comme « droit » ce qui ne constitue que des vœux, des souhaits, des utopies, des nécessités qui ne se prêtent nullement, dans l'état actuel des institutions et des législations, à devenir des « droits » : car le choc en retour, inévitable, serait que le droit lui-même tendrait à n'être plus qu'un vœu inefficace et vain, sans recours effectifs, sans garanties possibles. On saisit là toute l'ambiguïté du concept de « droit de l'homme ».

Quatrième difficulté: l'actuelle division de l'humanité en trois « mondes » (occidental, socialiste, tiers monde) qui comprennent différemment les droits de l'homme fait douter de leur unité ou de leur cohérence.

De fait, que cela plaise ou non, la question se pose à nous dans une humanité divisée, profondément. Par voie de conséquence, le concept contemporain de « droit de l'homme » se trouve, lui aussi, divisé.

La *tradition occidentale* de la vieille Europe a mis l'accent sur les *droits de l'individu* humain, sa dignité inaliénable, les grandes libertés qui l'expriment : liberté de conscience et de religion, égalité des citoyens devant la loi, droit à la propriété, protection juridique du citoyen en face des empiètements de l'État, etc. Les *conceptions socialiste et communiste*, au contraire, insistent beaucoup plus sur les *droits économiques et sociaux*, donc sur l'importance déterminante des rapports sociaux qui permettent leur mise en œuvre : c'est le but même de la société socialiste qui détermine la perspective socialiste sur les droits de l'homme. Enfin, les urgences des *sociétés du tiers monde* sont souvent extrêmement différentes : les priorités sont simplement la nécessité élémentaire de survivre en présence des calamités et famines naturelles, la destruction des structures coloniales, la suppression des discriminations tribales ou raciales, la quête de l'identité et de l'authenticité culturelles; en face de ces nécessités collectives dramatiques, les droits individuels, souvent d'ailleurs étrangers à leur tradition propre, compteront pour peu !

Ainsi, selon celui des trois « mondes » auquel on pense, on constate une grande divergence de perspective en matière de droits de l'homme. Non que ces diverses conceptions s'excluent réciproquement de manière absolue; mais il faut bien voir qu'elles divergent. Dans l'état réel de la politique mondiale, la complémentarité de ces trois perspectives n'est pas facilement discernable, et de toute façon est génératrice de conflits. Il en résulte que sont rendues problématiques l'unité ou même la cohérence de la référence aux droits de l'homme.

Cinquième difficulté : les processus contradictoires de politisation et de dépolitisation des droits de l'homme.

En nous limitant à la situation politique intérieure française, il nous faut constater la *politisation du* thème des droits de l'homme, au sens de la récupération idéologique par chacune des diverses familles politiques. C'est selon la dénonciation des violations que chacun discerne ses ennemis et ses amis. L'idéologisation de la référence a pour effet de rendre sceptique à leur endroit : c'est ce qui arrive chaque fois qu'au lieu de demeurer ce qu'ils sont d'abord, à savoir un instrument de *critique* morale et politique de sa *propre pratique*, les droits de l'homme se dégradent en instruments de légitimation *idéologique*.

Il faut pourtant prendre acte, en même temps, d'un certain mouvement contraire, timide mais instructif, de « dépolitisation ». La dénonciation unilatérale a largement perdu de son crédit : pour demeurer crédible, il faut dénoncer les violations partout; ainsi le parti communiste français a-t-il été obligé, en fin de compte, d'en venir à dénoncer lui aussi le Goulag soviétique. Cette dépolitisation, qui a tendance à remettre la référence aux droits de l'homme au-dessus des récupérations opérées par les partis, constitue un motif d'espérance dans l'avenir des droits de l'homme.

UNE TRADITION PUISSANTE AU CŒUR DE L'HISTOIRE MODERNE

Au moment où l'héritage des droits de l'homme risque de s'obscurcir, de s'évanouir, de susciter le doute ou le découragement, au moment où cet héritage risque de sombrer dans l'insignifiance en étant revendiqué de tous côtés, il me paraît primordial de ressaisir ce qui fait son *originalité* : être d'abord une tradition, une tradition puissante, diversifiée mais repérable, au cœur de notre histoire moderne. L'usage lucide de la référence aux droits de l'homme, le combat décidé pour les promouvoir pratiquement, ne peuvent faire l'économie de la réappropriation, dans toute sa verdeur et avec toutes ses leçons, d'une histoire, d'une tradition, dont les grands moments coïncident avec quelques-unes des grandes dates de notre histoire morale et politique.

On a coutume de faire commencer l'histoire moderne des droits de l'homme avec la fameuse *Déclaration des droits de l'homme et du citoyen* de 1789 : la coutume n'est pas sans fondement, car jamais proclamation votée par une assemblée politique n'a connu une répercussion semblable. Il n'en demeure pas moins qu'aux yeux de l'historien, il faut remonter bien plus haut pour saisir la préhistoire et les sources lointaines de cette tradition.

La perception que l'homme, ou du moins certains hommes, jouissent, dans leur vie personnelle et sociale, d'un certain nombre de droits remonte très loin dans l'histoire ancienne, au moins sous des formes inchoatives. On pourra citer certaines dispositions du *Code d'Hammourabi* (1700 av. J.-C.), le plus ancien code de justice connu ; les perceptions qui s'expriment dans la littérature grecque, comme l'exemple d'*Antigone* qui déclare agir contre la raison d'État qu'exprime Créon, selon « les lois immuables et non écrites des Dieux » ; les « droits naturels » de l'homme dans la doctrine des stoïciens ou dans certaines formes du droit romain (Ulpien). Dans l'histoire médiévale, on citera surtout la *Grande Charte* de 1215, imposée au roi Jean-sans-Terre par ses barons révoltés, et qui exprime clairement certaines libertés individuelles, le droit à l'innocence tant que n'est pas intervenu un jugement équitable, les droits et franchises de certains corps sociaux sur lesquels le Prince reconnaît n'exercer aucune influence, la liberté de circulation, le respect des biens, etc. : c'est déjà l'ancêtre des libertés fondamentales de la première génération qui tentent de limiter l'absolu et l'arbitraire du pouvoir royal. On remarquera qu'elles sont arrachées au terme de *luttes* qui soulèvent les faibles contre la violence et l'arbitraire des puissants. On évoquera aussi le débat noué à l'occasion des grandes découvertes coloniales du XVIe siècle et l'action menée par les dominicains Vitoria et surtout Las Casas, « protecteur des Indiens », précurseur du droit international, qui, s'appuyant sur une philosophie de la nature humaine universelle, indépendante de la foi chrétienne, déclarent que la conquête du Nouveau Monde, le travail forcé des esclaves, l'appropriation violente des sols et des mines sont injustifiables, illégitimes (même si elles sont légales, conformes aux lois espagnoles).

À cause de son importance, on s'arrêtera ensuite sur la longue tradition des *Bills of Rights* qui traverse toute l'histoire anglaise des XVIIe et XVIIIe siècles : la *Petition of Rights* de 1628, le célèbre Bill de l'*Habeas Corpus* de

1679, octroyé par le Parlement anglais, qui garantit certains droits élémentaires face à l'arbitraire du pouvoir, en déclarant illégitime toute détention abusive; et surtout le grand *Bill of Rights* de 1689, au terme de la révolution anglaise, qui détaille mainte liberté, comme les conditions dans lesquelles seront prononcés les jugements, l'obligation du consentement du Parlement pour toute levée d'impôt ou l'entretien de l'armée, et plusieurs autres droits natifs de l'homme que l'État doit respecter parce qu'ils lui sont antérieurs. Cependant, le souci de fonder les droits imprescriptibles dans une conception générale de l'homme et de la société allait être celui des juristes et des philosophes, John Locke, Rousseau, les philosophes des Lumières, la pensée morale et politique des XVIIe et XVIIIe siècles, dont les idées allaient conduire aux grands principes de la Révolution américaine de 1776, puis des Constituants français de 1789.

La *tradition américaine* des XVIIe et XVIIIe siècles, aboutissant à la Déclaration d'Indépendance de 1776, s'enracine profondément dans la tradition anglaise et comporte des leçons inédites, des perspectives d'avenir que la Révolution française a occultées. Après avoir quitté l'Angleterre pour s'installer dans le Nouveau Monde, les fameux « Pèlerins du Mayflower » avaient conclu un « Pacte d'Établissement » avant de fonder New Plymouth en 1620. Ceux que l'on a appelés les « Niveleurs » (*Levellers*) avaient joué un rôle important pendant la révolution anglaise pour étendre à la politique la revendication égalitaire de la religion et tirer toutes les conséquences du droit à la liberté religieuse : la liberté de conscience devint ainsi le noyau autour duquel maint droit de l'homme allait se constituer, par intégration d'autres libertés. Ainsi, sont-ce les Puritains anglais qui, les premiers, ont énoncé au début du XVIIe siècle, l'affirmation, reprise ensuite par les Français, que la personne individuelle était supérieure à l'État et devait être protégée contre les empiètements du pouvoir de celui-ci. Lors de la proclamation de leur indépendance, les nouveaux États américains s'attachèrent à formuler des Déclarations des droits, par exemple en mai 1776 dans l'État de Virginie. En juillet de la même année était adoptée et diffusée dans les treize colonies en révolte la *Déclaration d'Indépendance*, qui assignait à l'institution politique un quadruple fondement : l'égalité de tous, la vie, la liberté, la recherche du bonheur, et affirmait que « pour garantir ces droits, les hommes instituent des gouvernements dont le juste pouvoir émane du consentement des gouvernés », lesquels « ont le droit d'abolir ou de modifier tout gouvernement qui viendrait à méconnaître ces fins ». La Constitution des États-Unis, en 1787, puis les *Dix Premiers Amendements* relatifs aux libertés, allaient préciser la souveraineté populaire, la sûreté des citoyens, le droit de propriété, la liberté d'opinion, le contrôle parlementaire, les droits politiques et déjà quelques timides droits sociaux et économiques.

C'est pourtant à la Révolution française qu'allait revenir l'idée d'une proclamation officielle et solennelle des droits de l'homme, formulés en termes plus généraux, quoique simples, dont les conséquences pratiques ne devaient être décelées que par une lente maturation. La *Déclaration des droits de l'homme et du citoyen* est étroitement liée à tout le contexte historique et politique de la Révolution de 1789; si l'on regarde attentivement ses dix-sept articles, on constate que, bien loin de découler de principes théoriques *a priori*, chacun d'eux vise un abus précis de l'Ancien Régime, un comportement du pouvoir jugé désormais inadmissible. Elle formule les « droits naturels et imprescriptibles de l'homme » dont la conservation est le but de toute association politique, et qui sont « la liberté, la propriété, la sûreté et la résistance à l'oppression » (art. 2). Plusieurs articles explicitent l'idée de liberté, dont les bornes ne sont fixées que par la loi : liberté physique, d'opinion et de conscience, de pensée et de presse, de propriété. D'autres expriment la sûreté, ce droit de l'homme entré dans une société politique : le corps social garantit ses droits imprescriptibles par son organisation politique, judiciaire et administrative, y compris par un droit pénal. Enfin, l'idée d'égalité commande plusieurs conséquences très concrètes : égalité devant la loi et la justice, devant l'impôt, égale admissibilité aux emplois publics, contrôle des affaires publiques, etc.

Il faut insister sur le lien entre la *Déclaration* énonçant solennellement les « droits naturels et imprescriptibles », et une *Constitution* instituant un droit politique proprement dit, car il révèle la nature profonde des droits de l'homme : être une sorte de fondement préjuridique, moral, de l'ordre juridique et comporter dans son essence même le mouvement immanent de se réaliser en *droit* positif, de s'institutionnaliser en droit politique, seul susceptible de garantir effectivement les droits seulement « déclarés » dans une *Déclaration*.

Les diverses traditions relatives aux droits de l'homme dans les différents pays et continents devaient attendre la Seconde Guerre mondiale pour converger dans un courant unique qui aboutit le 10 décembre 1948, à l'Assemblée générale des Nations Unies, au vote de la *Déclaration Universelle des droits de l'homme*, dont l'importance est décisive. Rédigée, au sein d'une Commission internationale présidée par Madame Éléonore Roosevelt et animée par le juriste René Cassin, dans le climat social et politique international de l'après-guerre, proclamant les aspirations dont les hommes peuvent aujourd'hui attendre satisfaction par-delà tous les droits positifs, nationaux ou internationaux qu'elle dépasse ou de quelque façon anticipe, elle a finalement le caractère d'une Charte de l'humanité entière qui énonce les fins qui s'imposent à toute communauté humaine, politique ou non. Elle a été le premier acte d'un long processus encore à peine commencé, et qui vise à transformer, en dépit de l'obstacle que constitue le principe de la souveraineté des États, la valeur « morale » de ses trente articles en un véritable système *juridique* de garanties internationales et nationales. Ont vu le jour un *Pacte International relatif aux droits économiques, sociaux et politiques*, adopté en 1966 et entré en vigueur, pour les États qui l'ont ratifié, le 3 janvier 1976 ; et un *Pacte International relatif aux droits civils et politiques*, entré en vigueur le 23 mars 1976. Bien d'autres institutions régionales se sont mises en place, au bénéfice de l'un ou l'autre des droits de l'homme, ou de plusieurs d'entre eux, telle la *Convention européenne des droits de l'homme, qui* fonctionne depuis 1953.

Ce rapide survol des diverses traditions en matière de droits de l'homme et des grandes Déclarations relues dans les contextes historiques qui les virent naître, a pu nous convaincre de la force d'un courant dont l'écho résonne à chaque carrefour de notre histoire moderne. L'histoire de la liberté n'est pas d'abord l'histoire d'une idée philosophique ou d'une valeur morale qui se réaliserait de façon plus ou moins rapide et qui traverserait des phases de progrès ou de récession, comme le croit maint idéaliste. C'est bien plutôt l'histoire des *luttes sociales* concrètes, de *combats contre l'arbitraire et la violence* des puissants, l'histoire de forces humaines antagonistes qui s'emparent du même mot pour y glisser des contenus différents. Merleau-Ponty l'a écrit, lucide et accusateur : « Tout le monde se bat au nom des mêmes valeurs : la liberté, la justice. Ce qui départage, c'est la sorte d'hommes *pour qui* l'on demande justice et liberté, la sorte d'homme *avec qui* l'on entend faire société : les esclaves ou les maîtres ».

CHAPITRE V

LA RÉSISTANCE À L'OPPRESSION DANS QUELQUES GRANDS TEXTES CONSTITUTIONNELS*

Le propos de ces quelques pages est précis et bien délimité : il s'agit de repérer, dans quelques textes historiques constitutionnels célèbres – déclarations des droits, préambules de constitutions, articles constitutionnels –, la présence d'un thème souvent évoqué, rarement développé, qui apparaît sous des appellations quelque peu variables telles que « résistance à l'oppression », « résistance à la tyrannie », « révolte contre l'oppression », etc.

On doit prévenir le lecteur qu'il ne trouvera donc pas *directement* pris en compte ici ce que nous entendons aujourd'hui par « désobéissance civile », dans la pleine acception du terme, dont le contenu se trouve précisé dans un autre chapitre de ce livre (p. 91-98). Il nous a cependant paru utile de montrer que notre désobéissance civile, non seulement a une histoire, précédée elle-même par une longue préhistoire, mais jouit aussi d'une sorte de reconnaissance constitutionnelle, variable selon les aires culturelles envisagées, mais dont un lent cheminement à travers notre histoire politique séculaire n'est pas sans lui conférer quelque chose comme une légitimité morale, une assise institutionnelle, un fondement politique.

« L'homme est né libre, et partout il est dans les fers » : la formule éclatante par laquelle Jean-Jacques Rousseau ouvre le *Contrat social* résonne comme le cri d'un universel constat. S'il est vrai que les injustices, l'asservissement des humains par d'autres humains, l'oppression, la tyrannie sont aussi vieux, à coup sûr, que l'humanité elle-même, on ne saurait oublier que cette observation, qui engendre le découragement

* *Alternatives Non-Violentes*, n° 108, automne 1998, p. 31-37.

et le désespoir, doit aussitôt être complétée par un autre constat, de sens contraire, qui ne présente sans doute pas moins d'universalité : l'être humain recèle dans les profondeurs de sa nature une extraordinaire faculté de résistance, de résilience, de rébellion, de révolte. Il n'est pas étonnant, dès lors, que l'on en retrouve des traces à chaque fracture de l'histoire politique des peuples, et tout particulièrement lors de ces moments de ruptures que constituent la fondation de nouvelles entités étatiques ou les grandes secousses révolutionnaires jalonnant le développement progressif des États de droit. Nous nous proposons de le vérifier en relisant des extraits de quelques textes constitutionnels de notre tradition politique occidentale.

LA *DÉCLARATION D'INDÉPENDANCE* DES ÉTATS-UNIS ET LE « DROIT D'ABOLIR UNE FORME DE GOUVERNEMENT »

Il n'y a pas lieu de s'étonner de trouver lors de la fondation des États-Unis une conscience vive du *droit de révolte* : ne s'agit-il pas, pour les colons de la Nouvelle Amérique, de rompre les liens qui les unissent à la Couronne d'Angleterre ? Ne se trouvent-ils pas dans l'obligation de légitimer, à leurs propres yeux comme au regard des autres peuples de la Terre, cet acte formidable de rompre un lien politique séculaire avec cette puissance considérable qu'est la Grande-Bretagne, pour se déclarer « indépendants », libres de former une nouvelle communauté politique ?

On trouve une formulation déjà forte et précise de ce droit et de cette légitimité dans la *Déclaration des droits de Virginie* (juin 1776). Remarquons tout de suite que la légitimation du droit de révolte entraîne immédiatement la mise au jour d'un nouveau fondement des institutions politiques, qui trouve dès ce moment une formulation sans aucune équivoque :

> I. Tous les hommes sont nés également libres et indépendants : ils ont des droits certains, essentiels et naturels, dont ils ne peuvent, par aucun contrat, priver ni dépouiller leur postérité : tels sont le droit de jouir de la vie et de la liberté, avec les moyens d'acquérir et de posséder des propriétés, de chercher et d'obtenir le bonheur et la sûreté. [...]
> III. Le Gouvernement est, ou doit être institué pour l'avantage commun, pour la protection et la sûreté du Peuple, de la Nation ou de la Communauté. De toutes les diverses méthodes ou formes de Gouvernement, la meilleure est celle qui peut nous procurer au plus haut degré le bonheur et la sûreté, et qui est le plus réellement assurée contre le danger d'une mauvaise administration. Toutes les fois donc qu'un gouvernement se trouvera insuffisant pour remplir ce but, ou qu'il lui sera contraire, la

> majorité de la Communauté a *le droit indubitable, inaliénable et imprescriptible, de le réformer, de le changer ou de l'abolir*, de la manière qu'elle jugera le plus propre à assurer l'avantage public.

Ce texte n'a guère besoin de commentaire. Si le Gouvernement n'a de légitimité que dans la mesure où il respecte et fait respecter les droits « essentiels et naturels » – nous dirions aujourd'hui les droits fondamentaux –, s'il advient que le gouvernement manifeste son insuffisance « pour remplir ce but » ou, pire, « qu'il lui soit contraire », alors il perd immédiatement sa légitimité : et sa « réforme », son « changement » ou même son « abolition » deviennent pour le Peuple, dans sa « majorité » (on voit ici, avec cette limite, l'origine d'un nouvelle question de légitimité, ultérieure...), un « droit indubitable, inaliénable et imprescriptible ». La révolte contre un gouvernement devenu illégitime est un droit imprescriptible : la désobéissance civile ne trouve-t-elle pas ici un commencement de fondation ?

On trouverait des formulations analogues dans le Préambule de la *Constitution* et la *Déclaration des droits de Pennsylvanie* (septembre 1776), *du Delaware* (septembre 1776), *du Maryland* (novembre 1776), *de la Caroline septentrionale* (décembre 1776), *du Massachusetts* (mars 1780), etc. Mais, pour notre propos, il est plus expédient d'en venir au plus célèbre de ces textes, la *Déclaration d'Indépendance des États-Unis, datée du 4 juillet 1776*, qui va nous offrir une rédaction à peine différente du même principe.

> Lorsque dans le cours des événements humains, il devient nécessaire pour un peuple de dissoudre les liens politiques qui l'ont attaché à un autre, et de prendre, parmi les puissances de la Terre, la place séparée et égale à laquelle les lois de la nature et du Dieu de la nature lui donnent droit, le respect dû à l'opinion de l'humanité l'oblige à déclarer les causes qui le déterminent à la séparation.
> Nous tenons pour évidentes par elles-mêmes les vérités suivantes : tous les hommes sont créés égaux ; ils sont doués par le Créateur de certains droits inaliénables ; parmi ces droits se trouvent la vie, la liberté et la recherche du bonheur. Les gouvernements sont établis parmi les hommes pour garantir ces droits, et leur juste pouvoir émane du consentement des gouvernés. Toutes les fois qu'une forme de gouvernement devient destructive de ce but, le peuple a *le droit de la changer ou de l'abolir*, et d'établir un nouveau gouvernement, en le fondant sur les principes et en l'organisant en la forme qui lui paraîtront les plus propres à lui donner la sûreté et le bonheur. La prudence enseigne, à la vérité, que les gouvernements établis depuis longtemps ne doivent pas être changés pour des causes légères et passagères [...]. Mais lorsqu'une longue suite d'abus et d'usurpations, tendant invariablement au même but, marque le dessein de les soumettre au

> despotisme absolu, il est de leur *droit*, il est de leur *devoir* de rejeter un tel gouvernement et de pourvoir, par de nouvelles sauvegardes, à leur sécurité future. (Traduction effectuée par Thomas Jefferson lui-même.)

Suit une longue liste, constituée en une dizaine de paragraphes, énumérant « une série d'injustices et d'usurpations répétées » dont s'est rendu coupable le roi actuel de Grande-Bretagne : l'opinion publique mondiale est ainsi prise à témoin pour juger qu'« un Prince dont le caractère est ainsi marqué par toutes les actions qui peuvent signaler un tyran est impropre à gouverner un peuple libre ».

La conclusion dérive tout naturellement de l'argumentaire :

> En conséquence, nous, les représentants des États-Unis d'Amérique, assemblés en Congrès général, prenant à témoin le Juge suprême de l'univers de la droiture de nos intentions, publions et déclarons solennellement, au nom et par l'autorité du bon peuple de ces colonies, que ces colonies unies sont et ont le droit d'être des États libres et indépendants ; *qu'elles sont dégagées de toute obéissance* envers la Couronne de la Grande-Bretagne ; que tout lien politique entre elles et l'État de la Grande-Bretagne est et doit être entièrement dissous [...].

Les principes de la légitimité des actes du prince sont clairement dégagés ; « les gouvernements sont établis pour garantir les droits, et leur juste pouvoir émane du consentement des gouvernés »[1]. Si les actes d'un gouvernement se révèlent manifestement « destructifs » de ce but, le peuple possède fondamentalement le droit de l'*abolir* : le texte de la Déclaration d'Indépendance va jusqu'à dire – nous l'avons souligné au passage – que ces colonies unies sont *déliées du devoir d'obéissance* envers la Couronne. Sans aller jusqu'à prétendre que la *désobéissance civile*, au sens où nous l'entendons aujourd'hui, trouve dans ce texte célèbre, pourvu d'une autorité morale et politique hors de conteste, un fondement immédiat et suffisant, il est facile de comprendre que le Peuple américain, issu d'une telle fondation de la légitimité politique et fidèle à sa tradition morale et citoyenne, ait toujours accordé une large place à la *désobéissance civile* et n'ait jamais cessé, en fait et en droit, de réfléchir à sa justification et à ses limites.

LA *DÉCLARATION DES DROITS DE L'HOMME ET DU CITOYEN* DU 26 AOÛT 1789 ET LA « RÉSISTANCE À L'OPPRESSION »

Il ne fait pas de doute que l'exemple américain ait été présent dans l'esprit des constituants français siégeant, en ce mois d'août 1789, en

1. Cf. *infra*, le chapitre IX, qui développe la philosophie politique de H. Arendt, p. 99-118.

Assemblée Nationale. Les historiens de la Révolution française se plaisent à en relever maints témoignages. On retrouve, dans la procédure suivie par les constituants ainsi que dans l'invocation de plusieurs thèmes de philosophie constitutionnelle, des parentés frappantes, même si les circonstances historiques de la révolution, la culture politique et la tradition intellectuelle sont bien différentes des deux côtés de l'Atlantique.

Conscients, jusqu'à un certain point, de l'énormité de leur geste – abolir l'Ancien Régime ! –, les révolutionnaires français, comme les américains, ont choisi de faire précéder la rédaction et l'adoption d'une Constitution républicaine par une *Déclaration* solennelle, adressée au peuple français, mais aussi, au-delà de lui, à l'opinion éclairée de tous les peuples de la Terre : mais ce qui oriente la signification de cette Déclaration, et que l'on lit en filigrane dans son préambule, c'est déjà la thématique de la « résistance à l'oppression », qui trouvera une consécration formelle dans l'article 2 de la *Déclaration*, par l'inscription de la résistance à l'oppression parmi les droits imprescriptibles. Lisons le texte de ce préambule :

> Les représentants du peuple français, constitués en Assemblée nationale, considérant que l'ignorance, l'oubli ou le mépris des droits de l'homme sont les seules causes des malheurs publics et de la corruption des gouvernements, ont résolu d'exposer, dans une déclaration solennelle, les droits naturels, inaliénables et sacrés de l'homme, afin que cette déclaration, constamment présente à tous les membres du corps social, leur rappelle sans cesse leurs droits et leurs devoirs ; afin que les actes du pouvoir législatif et ceux du pouvoir exécutif pouvant être à chaque instant comparés avec le but de toute institution politique, en soient plus respectés ; afin que les réclamations des citoyens, fondées désormais sur des principes simples et incontestables, tournent toujours au maintien de la Constitution et au bonheur de tous. – En conséquence, l'Assemblée Nationale reconnaît et déclare, en présence et sous les auspices de l'Être suprême, les droits suivants de l'homme et du citoyen.

Pourquoi les représentants du peuple ont-ils résolu d'exposer les « droits naturels, inaliénables et sacrés de l'homme » dans une déclaration solennelle ? Certes, d'abord parce que leur « ignorance », leur « oubli », ou leur « mépris » sont les causes – « les seules causes » – des malheurs publics et de la « corruption des gouvernements ». Mais cette première raison mérite une explicitation qui va fournir un second motif : il faut que tous les membres du corps social puissent « à chaque instant comparer les actes du pouvoir législatif et ceux du pouvoir exécutif avec le but de toute institution politique ». Nous examinerons un peu plus loin quelle capacité se trouve ainsi reconnue aux membres du corps social et surtout quelle compétence elle présuppose chez eux ; notons pour l'instant qu'on retrouve ici le principe de légitimité de toute institution politique, tel que l'avaient explicité les Pères fondateurs de la Déclaration d'Indépendance : respecter et faire respecter les droits de l'homme et du citoyen. Un acte du pouvoir législatif ou du gouvernement qui n'est pas conforme à cet objectif fondamental de toute institution politique perd aussitôt sa légitimité, et le citoyen se trouve *ipso facto* délié des obligations résultant du contrat politique. On conçoit que les constituants français aient eu conscience de la portée immense du principe qu'ils posaient ici : l'analyse des débats de l'Assemblée nationale du 20 août 1789 montre que c'est très consciemment qu'ils ont voulu donner une formulation positive à la conséquence de cette sorte de « libre examen » reconnu à chaque membre du corps social « afin que les actes du pouvoir législatif et ceux du pouvoir exécutif pouvant à chaque instant être comparés avec le but de toute institution politique, en soient plus respectés ». Il n'en demeure pas moins que le présupposé qui court en filigrane dans ce préambule est la résistance aux actes oppressifs du pouvoir politique.

Dès lors, on ne saurait s'étonner en consultant la liste des droits naturels dressée à l'article 2 de la *Déclaration* :

> Article 2. Le but de toute association politique est la conservation des droits naturels et imprescriptibles de l'homme. Ces droits sont la liberté, la propriété, la sûreté et *la résistance à l'oppression*.

Le thème de la « résistance à l'oppression », sous des formulations parfois diverses, est fort ancien : à l'époque de la rédaction de la Déclaration que nous lisons (août 1789), il venait d'être vivifié par l'ouvrage posthhume de Gabriel Bonnot de Mably, *Des droits et des devoirs du citoyen*, publié avec un grand succès au début de 1789. Sans entrer dans une analyse détaillée de son histoire, de ses contenus et de ses limitations, qui déborderait notre propos, esquissons brièvement ce qu'il désigne. Le droit de résistance à l'oppression présuppose nécessairement la possibilité d'opposer aux lois positives l'allégation d'un Droit supérieur. Il engage donc, d'un point de vue qu'on osera dire ontologique, la reconnaissance de l'existence d'une Loi supérieure à la loi positive, mais aussi, d'un point de vue épistémologique ou cognitif, une affirmation de la possibilité de parvenir à une interprétation suffisamment assurée de cette Loi supérieure pour pouvoir constater son éventuelle antinomie avec une loi positive, promulguée par une autorité politique. De manière subsidiaire, ce droit de *résistance à l'oppression* postule, avec quelque intrépidité, une prudence suffisamment aiguisée des citoyens, supposés capables de proportionner leur résistance aux atteintes portées à leurs droits fondamentaux, et de savoir évaluer les conséquences, positives et négatives, d'une « résistance » pouvant aller jusqu'à la désobéissance. Les analystes attentifs de la *Déclaration* de 1789 expliquent que c'est vraisemblablement l'inquiétude de voir déraper ce « droit de résistance » qui rend compte du compromis trouvé par les constituants : il est reconnu, très explicitement, comme l'un des quatre « droits naturels et imprescriptibles » de l'homme, mais avec plus de retenue que dans les projets de Déclaration présentés par certains constituants, et surtout sans les développements qui pourraient se révéler de nature à échauffer les esprits trop prompts à s'en prévaloir inconsidérément.

Cette retenue va d'ailleurs mollir au fur et à mesure que la révolution prend confiance en elle et que les perceptions de la rupture avec l'Ancien Régime se radicalisent. On pourra s'en rendre compte en jetant un coup d'œil à la seconde *Déclaration des droits de l'homme et du citoyen*, qui ouvre la Constitution du 24 juin 1793.

LA *DÉCLARATION DES DROITS DE L'HOMME ET DU CITOYEN* DU 24 JUIN 1793 ET LE « DROIT À L'INSURRECTION »

La vie politique française, on le comprend aisément, a été profondément bouleversée par la fuite du Roi, son arrestation à Varennes, puis son exécution. La République française cherche sa voie. Les Conventionnels rédigent une Constitution, dite de l'an I, qui contient une *Déclaration des droits* singulièrement plus hardie et plus radicale que celle de 1789 : elle contient 35 articles au lieu de 17, rappelle en les approfondissant les principes de 1789 et les rattache plus étroitement encore à ceux de la philosophie politique de Rousseau. Outre trois nouveaux droits de l'homme, qui font partie de ce que l'on appelle aujourd'hui les « droits sociaux » (droit au travail, droit à l'assistance pour les plus défavorisés des citoyens, droit à la santé, droit à l'instruction, etc.), sa novation principale est d'affirmer que la souveraineté réside, non pas « dans la Nation » comme en 89, mais « dans le *peuple* » et qu'elle est une et indivisible, imprescriptible et inaliénable (art. 25). Cette *Déclaration* de 1793 est assurément le texte le plus « révolutionnaire » de tous les grands textes constitutionnels français. Mais n'oublions pas que la Constitution de l'an I, bien que ratifiée par le peuple, ne devait jamais être appliquée, à cause du déroulement ultérieur des événements de la Révolution.

Il n'est donc nullement étonnant qu'elle ait également été fort hardie, et même extraordinairement révolutionnaire, dans le domaine qui nous intéresse présentement, celle de la résistance à l'oppression : elle va jusqu'à la formulation du droit, et même du devoir, d'« insurrection ». La Déclaration consacre à ce droit les trois derniers articles :

> Article 33. La *résistance à l'oppression* est la conséquence des autres Droits de l'homme.
> Article 34. Il y a *oppression* contre le corps social lorsqu'un seul de ses membres est opprimé. Il y a *oppression* contre chaque membre lorsque le corps social est opprimé.
> Article 35. Quand le Gouvernement viole les droits du peuple, l'*insurrection* est, pour le peuple et pour chaque portion du peuple, le plus sacré des droits et le plus indispensable des devoirs.

On peut à bon droit éprouver quelque étonnement en lisant un tel texte ! Trouvera-t-on beaucoup d'assemblées politiques, détentrices du pouvoir de la souveraineté et régulatrices de l'exercice de la force publique, capables de marquer ainsi, avec la concision des principes de droit, les limites radicales de l'exercice de leur propre puissance ? C'est pourquoi il nous a paru très instructif de mettre un tel texte sous les yeux de celui qui veut réfléchir à la « désobéissance civile », et en découvrir quelques origines historiques et certains des principes pouvant servir à en assurer la fondation et la légitimité.

LA *DÉCLARATION UNIVERSELLE DES DROITS DE L'HOMME* DU 10 DÉCEMBRE 1948 ET LA « RÉVOLTE CONTRE LA TYRANNIE »

Il y a, entre les textes que nous venons de lire et la Déclaration universelle, une différence fondamentale, qui tient d'abord à la nature des assemblées émettrices. Les Déclarations que nous avons lues jusqu'ici émanent d'Assemblées nationales se déclarant détentrices de souveraineté : elles légifèrent, c'est-à-dire qu'elles rendant « publiques » des textes constitutionnels, éventuellement assortis de Déclarations préliminaires définissant quelques principes de l'ordre politique qu'elles prétendent instituer. D'une tout autre nature est l'Assemblée Générale des Nations Unies qui n'a pas à proprement parler, en 1948, de pouvoir politique, et qu'il faudrait plus justement appeler Assemblée Générale des États Unis puisqu'elle est l'émanation des 56 délégations étatiques qui sont alors membres des Nations Unies. On n'oubliera jamais cette origine lorsqu'il s'agira de mesurer la portée exacte d'un tel texte ou de l'une ou l'autre de ses affirmations. C'est à juste titre que les juristes dénient à la Déclaration universelle la valeur d'un texte *juridique*, car il n'y a droit, pour eux, que celui qui émane d'une juridiction, nantie d'un pouvoir judiciaire pour le faire respecter et des procédures et recours ad hoc appelés à connaître des conflits qui ne manquent de surgir dans son application. En l'absence d'un véritable pouvoir politique international capable d'une législation mondiale et des organes compétents pour une ou plusieurs juridictions, il ne saurait s'agir, pour une « Déclaration » des Nations Unies, d'un texte proprement juridique. La Déclaration universelle n'est qu'une simple « Résolution » adoptée comme telle par l'Assemblée générale (48 voix pour, 0 voix contre, 8 abstentions), qui n'avait donc pas à être « ratifiée » par les parlements nationaux : elle n'a donc que ce qu'il est convenu d'appeler une valeur morale. Cependant chacun sait bien qu'il est des textes « moraux » qui ont dans l'histoire des hommes infiniment plus d'importance et d'influence réelles que des textes juridiques : tel est le cas de la Déclaration universelle de 1948, qui a exercé et continue d'exercer une énorme influence théorique et pratique dans la vie politique contemporaine, nationale et internationale.

Déclaration émanant d'une Assemblée constituée de représentants d'États : on ne saurait donc s'attendre à une extraordinaire hardiesse dans l'énoncé de principes politiques susceptibles d'être invoqués pour limiter la puissance étatique ! Il est d'autant plus significatif de pouvoir lire – en des termes certes mesurés – le droit à la révolte contre la tyrannie et même contre l'oppression mentionné dans la *Déclaration universelle*. Non pas dans un article de la Déclaration, mais dans un des « Considérants » qui constituent le préambule de ce texte. Il s'agit du deuxième considérant :

> Considérant qu'il est essentiel que les droits de l'homme soient protégés par un régime de droit, pour que l'homme ne soit pas contraint, en suprême recours, à la *révolte contre la tyrannie* et l'*oppression*.

Remarquons que c'est dans le contexte de la nécessité d'un régime de droit pour protéger les droits de l'homme, et au titre d'un droit de « contrainte en suprême recours », que la Déclaration universelle formule quelque chose comme un droit de révolte contre la tyrannie et l'oppression. L'idéologie étatique, qui devait nécessairement marquer la rédaction d'un texte destiné à être adopté par des représentants officiels des États, n'autorisait sans doute pas à aller beaucoup plus loin dans la reconnaissance d'un droit de cette nature. Sa formulation au centre d'un des premiers considérants n'en est pas moins extrêmement significative : gageons que pour les membres de ls Commission Internationale chargée de la rédaction du texte, présidée par Madame Éléonore Roosevelt et ayant pour secrétaire le juriste français René Cassin, l'affirmation d'un droit de « résistance à l'oppression » dans la Déclaration d'Indépendance des États-Unis et dans les diverses Déclarations des droits de l'homme et du citoyen énoncées pendant la Révolution française, n'a pas dû compter pour peu. À sa façon, la *Déclaration universelle*, auréolée de toute la célébrité et de toute l'autorité morale qui sont les siennes, prolonge et universalise la perception qui avait été celle des révolutionnaires américains et français : la résistance à la tyrannie et le refus de toute oppression sont bien au cœur du régime démocratique, qui tient son fondement, et donc sa légitimité, de son aptitude à garantir et à assurer les droits de l'homme.

Répétons en terminant ce qui nous disions en commençant : les grands textes constitutionnels que nous venons de lire de parlent pas *directement* de la « désobéissance civile » dans la pleine acception du terme telle qu'elle se trouve précisée dans le chapitre VIII de ce livre. Pour celui qui veut approfondir ce terme, réfléchir à sa légitimité et à ses limites, rien ne remplacera l'examen direct des expériences historiques récentes et contemporaines, dans lesquelles ont été expérimentées des formes d'action et de résistance que l'on peut rattacher à la désobéissance civile. En relisant ces textes vénérables, qui transcrivent eux aussi quelque chose d'expériences révolutionnaires majeures, dans des contextes qui, pour une part, ne sont plus exactement les nôtres, nous n'avons pas eu d'autre dessein que de raviver une mémoire et nous enrichir d'une tradition susceptibles de nous aider à mieux assumer nos responsabilités présentes.

LE DROIT DE « RÉSISTANCE CIVILE » DANS LA CONSTITUTION DE LA RÉPUBLIQUE FÉDÉRALE D'ALLEMAGNE

La Constitution de la République Fédérale d'Allemagne contient un article qui reconnaît explicitement au citoyen allemand un droit de résistance civile dans certaines circonstances. L'article 20, § 1, 2 et 3 résume quelques principes essentiels et structurants de la République Fédérale allemande : elle est une fédération démocratique et sociale ; elle comporte la séparation des pouvoirs ; elle entend instituer un ordre démocratique.

Le paragraphe 4 de cet article 20 est ainsi rédigé :

> Gegen jeden, der es unternimmt, diese Ordnung zu beseitigen, haben alle Deutschen das Recht zum Widerstand, wenn andere Abhilfe nicht möglich ist. [« À l'encontre de quiconque entreprendrait d'abroger cet Ordre, tous les Allemands ont le droit à la résistance, si toute autre solution est impossible »].

Par ailleurs, le régime juridique qui régit les soldats de la République Fédérale précise, dans son article 8, le devoir d'obéissance du militaire, mais aussi les limites de ce devoir :

> Le soldat doit obéir à ses supérieurs. Il doit se consacrer entièrement à l'exécution totale, consciencieuse et immédiate de leurs ordres. La non-exécution d'un ordre ne relève pas de la désobéissance si cet ordre attente à la dignité humaine ou ne s'inscrit pas dans les impératifs de service.

CHAPITRE VI

LES ANIMAUX ONT-ILS DES DROITS ? *

UNE DIFFICULTÉ INITIALE

On ne remarque peut-être pas assez souvent que la manière dont l'être humain entretient avec l'animal une relation – ne serait-ce qu'une relation de connaissance – obéit à une loi aussi inexorable qu'indépassable : nul d'entre nous ne saurait aborder le monde des animaux sans y projeter son propre univers, et d'abord son univers mental. Qu'il le veuille ou non, qu'il le sache ou non, il marque ainsi de manière stricte une frontière entre humanité et animalité. Comment nous représenter le monde, extérieur et intérieur, dans lequel vivent les animaux, alors qu'il nous est, dans une très large mesure, inconnu et, à certains égards, inconnaissable ? C'est là une difficulté initiale dont bien peu d'auteurs se sont avisés.

Certes, nombreux ont été et sont les essais tentés, sinon pour lever, du moins pour contourner cette difficulté initiale ; nombreuses sont les disciplines qui se sont, depuis des siècles, attelées à l'édification de connaissances scientifiques, depuis les plus « dures » et les plus objectives – anatomie, physiologie, théorie de l'évolution des espèces, écologie, etc. – jusqu'aux plus délicates et semées d'embûches épistémologiques – éthologie, sociologie des comportements, psychologie, voire méthodes destinées à explorer l'intelligence animale, sa cognition ou ses pratiques de communication ou de « langage » (?), etc. Toutes ces sciences de l'animal ont peu à peu amassé une impressionnante somme de connaissances[1],

* *Alternatives Non-Violentes*, n° 115, printemps 2000, p. 43-52.

1. On en aura une idée en consultant le gros livre publié sous la direction de B. Cyrulnik, *Si les lions pouvaient parler. Essais sur la condition animale*, Paris, Gallimard, 1998, véritable somme de 1536 pages.

passionnantes à explorer pour qui en manifeste le goût, et dont il n'est pas sensé de nier la valeur, mais qui ont aussi pour effet de dissimuler un peu plus la difficulté initiale que nous soulignions en commençant : nous ne pouvons pas nous empêcher de définir l'animal par la médiation de ses rapports à notre condition humaine, et donc nous ne connaissons *rien* de sa condition animale. Rien de sa nature, rien de son « monde », rien de ses plaisirs, rien de ses peurs, rien de ses affects, rien de ses souffrances. Dès que l'on y réfléchit un peu, on n'échappe pas à la conclusion que personne d'entre nous ne *sait*, ni ne peut savoir ce qu'est un animal.

Il faut avoir une vive conscience de cette aporie originaire dès que l'on s'interroge sur la question des *droits des animaux*. Question débattue depuis des décennies et qui fait aujourd'hui encore l'objet de prises de position contradictoires. La voie directe, qui consisterait à supposer connaissable – et connue – la nature de l'animal, sa condition propre, pour en déduire l'existence, la portée et les limites de ses « droits », éventuellement opposables aux droits des humains, cette voie directe nous est fermée. C'est sans doute faute d'avoir pris acte de cette fermeture initiale que le débat public concernant les droits des animaux offre le spectacle d'une mésentente presque totale. Faut-il pour autant déclarer forfait et affirmer que la question n'a pas de réponse, pour la bonne raison qu'elle est probablement mal posée ?

Une voie indirecte : l'histoire

Si la voie directe n'est pas praticable, les voies indirectes, elles, nous restent ouvertes. Ce n'est pas d'aujourd'hui que les êtres humains ont commerce avec les animaux, si tant est que l'espèce humaine est apparue, au cours de l'évolution de la vie, dans un monde déjà peuplé d'une extraordinaire diversité d'espèces animales. Il a bien fallu – inéluctable nécessité – que l'homme apprenne à vivre à côté des animaux, et même *avec* eux, et qu'il exerce et développe à cet effet, au fur et à mesure de sa propre évolution, les ressources que lui offrait sa propre condition. Ainsi entrevoyons-nous une voie indirecte peut-être praticable : étudier l'évolution des comportements des hommes vis-à-vis des animaux, recueillir les intuitions spontanées, puis réfléchies que ces comportements n'ont pas manqué d'entraîner, porter sur ces comportements et ces évaluations, à partir des nos convictions éthiques contemporaines, un jugement moral, glaner les semences de sagesse dispersées au milieu de conduites violentes – cruelles, assassines, sadiques –, et finalement tisser peu à peu le fil qui nous permette de nous orienter aujourd'hui pour édicter à nos comportements vis-à-vis des animaux des règles à la fois réalistes et sages, dignes de l'homme et de la place qu'il revendique de prendre dans l'histoire de la vie.

S'il nous était loisible de scruter l'histoire lointaine des relations que les humains ont nouées avec l'animal, nous constaterions probablement ceci : l'idée que les animaux ont droit à l'existence, qu'au moins certains d'entre eux doivent être préservés à un titre ou à un autre, et que les plus faibles d'entre eux, s'ils ne sont pas nuisibles, doivent être protégés, soignés et même assistés, est une idée, fragile et dispersée, qui s'est développée au même rythme que l'idée, rigoureusement opposée, que l'homme possède tous les droits sur les animaux, que la seule loi qui gouverne leurs rapports est la loi de la jungle, et que le seul droit qui vaille ici est le droit du plus fort.

Cette conviction que l'animal doit être préservé et que la diversité des espèces est un bien très précieux a fait lentement son chemin jusqu'à donner lieu, à l'époque moderne, à des tentatives pour inscrire cette conviction dans le droit.

Les premières législations européennes

Pour ce qui regarde notre Europe, les premières apparitions de législations destinées à protéger les animaux ont eu lieu au cours du XIXe siècle. En France, relevons la loi votée en juillet 1850 à l'initiative du député bonapartiste Jacques Delmas comte de Gramont[1]. En Angleterre, c'est dès 1824 qu'était fondée la célèbre *Society for the Prevention of Cruelty to Animals* par le Révérend A. Broone : elle reçut en 1835 l'appui de la princesse Victoria qui, devenue reine, lui accorda en 1840 l'autorisation d'utiliser le qualificatif prestigieux de *Royal Society*. Ce fut le signal de l'apparition et du développement de puissants mouvements de défense et de protection des animaux. De quoi s'agissait-il en fait? De protéger surtout les animaux domestiques contre les mauvais traitements : alimentation insuffisante, privation de soins vétérinaires, efforts excessifs, violences, etc. ; le texte de loi du comte de Gramont nomme explicitement les bêtes de trait, de somme ou de monture. C'est aussi vers la même époque que s'est développé un grand débat autour de la vivisection[2]. Ses partisans

1. Voir les délibérations et discussions parlementaires relatives à cette proposition de loi dans L. Ferry et C. Germé, *Des Animaux et des hommes*, Paris, Librairie Générale Française, 1994.

2. Sur ce débat, voir N. Rupke (ed.), *Vivisection in Historical Perspective*, London, Routledge, 1987. On cite souvent la célèbre lettre de R. Wagner, *Lettre ouverte à Monsieur Ernst von Weber*, 1879, qui en appelle à la pitié schopenhauérienne contre « la torture scienti-

soutenaient qu'elle n'est que l'inévitable contrepartie de l'entreprise scientifique, effort conscient et délibéré pour explorer et comprendre le réel, de sorte que si les législations protectrices de l'animal étaient inspirées par une sorte d'élargissement des sentiments humanitaires à l'univers de la vie animale, les protestations contre la vivisection apparurent souvent comme une véritable défiance envers les entreprises du savoir humain, se révélant ici « inhumain ». Le débat n'a pas manqué de retentir directement sur les conceptions relatives aux droits de l'animal.

UNE DÉCLARATION UNIVERSELLE DES DROITS DE L'ANIMAL

Dans le registre des droits de l'homme, les Déclarations et législations nationales ont historiquement abouti, au sein des institutions internationales, à la *Déclaration universelle des droits de l'homme*, adoptée et proclamée à Paris le 10 décembre 1948 par l'Assemblée Générale des Nations Unies. Une dynamique analogue, en dépit de maintes différences, s'est produite pour ce qui regarde les droits de l'animal. Les mouvements de défense et de protection des animaux ont souhaité unifier leurs conceptions et leur donner une audience internationale : sous l'égide de la Ligue Française des droits de l'animal, une *Déclaration universelle des droits de l'animal* a été proclamée à Paris le 15 octobre 1978[1].

La structure générale de cette *Déclaration universelle* est, en gros, calquée sur celle des droits de l'homme de 1948. Certaines expressions méritent particulièrement d'être relevées : après cinq considérants qui indiquent le sens et la portée de la démarche, la *Déclaration* affirme « les droits égaux de tous les animaux à l'existence *dans le cadre des équilibres biologiques* » (nous soulignons) à l'article 1, et « le droit de toute vie animale au *respect* » (art. 2); elle envisage que la mise à mort d'un animal soit « *nécessaire* », mais requiert que celle-ci soit « instantanée, indolore et non génératrice d'angoisse » (art. 3); elle se préoccupe de l'animal sauvage (art. 4), de l'animal domestique (art. 5), de l'expérimentation sur l'animal, qui « viole les droits de l'animal quand elle implique souffrance physique ou psychique » (art. 6); elle appelle *génocide* « tout acte compromettant la survie d'une espèce sauvage » (art. 8); enfin elle appelle à la reconnaissance de la « *personnalité juridique* » de l'animal, de ses droits à la présence de

fique ». *Cf.* J.-Y. Goffi, *Si les lions pouvaient parler. Essai sur la condition animale*, *op. cit.*, p. 890.

1. Le texte de cette *Déclaration* est reproduit ici en Annexe, p. 70-71.

« *représentants* » au sein des organismes internationaux (art. 9) et termine sur l'exigence de l'éducation et de l'instruction publiques pour conduire l'homme, dès son enfance, à respecter les animaux.

On l'aura remarqué : ce texte porte quelques traces des débats qui n'ont pas manqué de surgir lors de sa rédaction; certaines expressions, certaines précautions sont visiblement le résultat de compromis rédactionnels. Il me semble que, telle qu'elle a été finalement proclamée, cette *Déclaration* n'est pas parfaite : elle n'est pas complète, elle ne discerne sans doute pas suffisamment entre les diverses espèces animales qui n'ont pas forcément vocation à jouir des mêmes droits, et plusieurs de ses formules prêtent le flanc à la critique ou à la contestation. Néanmoins, elle me paraît refléter avec bonheur les sentiments et les convictions éprouvés depuis des siècles par des générations d'amis des bêtes, scandalisés par les violences que d'autres humains leur infligent; elle rassemble et unifie les apports de beaucoup de mouvements nationaux de défense des animaux, en leur assurant l'autorité morale d'une Déclaration universelle; elle jette les premières bases, acceptables par beaucoup, d'une éthique universaliste du respect des animaux. À ce titre, et malgré ses limites, il n'est pas douteux qu'elle ait constitué un fait notable d'opinion publique internationale, et qu'elle continue de jouer un rôle indéniable dans l'avancée d'une large prise de conscience des violences que l'espèce humaine a exercées et continue d'exercer à l'égard des espèces animales.

S'agit-il réellement de « droits » ? Un premier balisage

On peut donc, comme nous venons de l'esquisser, prendre acte d'une longue tradition en humanité, qui professe que les animaux ont droit à l'existence et à l'interdiction de certaines conduites à leur égard. Reste la question de confiance, qui est une question théorique et philosophique : s'agit-il réellement de « droits » ? Comment comprendre la notion de droit lorsqu'on l'applique à l'individu animal ou à l'espèce animale ?

Commençons par baliser la question en écartant deux interprétations opposées, l'une par défaut, l'autre par excès, de la thématique des droits de l'animal. On peut d'abord se contenter de faire de l'expression « droits de l'animal » le simple indicateur d'un malaise, destiné à signaler que l'appropriation du monde animal par l'homme, gouvernée par la maxime cartésienne « Se rendre maître et possesseur de la nature », ne va pas de soi et qu'il y a là une interrogation éthique qu'il ne nous est pas loisible d'étouffer. On peut, à l'opposé, entendre la revendication en faveur des droits de l'animal comme s'il s'agissait de faire des bêtes d'authentiques *sujets de droits*. Il n'y a aucune difficulté à manifester l'absurdité d'une telle notion des droits des animaux : la bête est naturellement incapable de concevoir ce qu'est une prérogative juridique, inapte à exercer des droits subjectifs; elle est de même incapable de se faire une idée adéquate du crime et du délit, de l'autorité qui punit; elle est constitutivement incapable de se faire la moindre idée de la nature symbolique du châtiment lui-même. *La bête n'est donc pas une personne*, au sens juridique et moral du terme[1]. Soutenir l'existence de tels droits, ce serait confondre deux catégories d'êtres que toute la tradition libérale de l'humanisme juridique moderne n'a cessé de vouloir distinguer : les êtres de nature et les êtres de liberté.

En fait, celui qui veut donner un sens acceptable à la notion de droits de l'animal entend bien écarter ces deux interprétations, dont l'une pêche par défaut, et l'autre par excès : il veut faire plus qu'indiquer un malaise ou signaler une vague urgence morale; pour autant, il n'entend pas réclamer pour l'animal la dignité de la personne et le statut plénier de sujet de droit. Entre l'une et l'autre de ces interprétations qu'il récuse, n'y aurait-il pas la place d'une interprétation moyenne de la notion de droit qui révélerait ici sa pertinence ?

L'ANIMAL : NON « SUJET » DE DROIT, MAIS « TITULAIRE » DE DROIT

Nous pouvons ici faire écho aux analyses du philosophe américain J. Feinberg[2], l'un des plus intéressants à avoir éclairé et argumenté le concept de droit des animaux. Il pense avant tout aux droits-titres ou aux droits-requêtes : il s'agit d'un droit que je possède contre quelqu'un, lequel, de ce simple fait, est placé dans l'obligation corrélative d'agir à mon égard de façon déterminée; son paradigme est celui qu'un créancier peut exercer à l'égard d'un débiteur. Je remarque que cette acception rejoint assez directement la doctrine classique relative aux droits de l'homme, qui distingue les droits-libertés (ceux de la « première génération ») et les droits-créances (ceux dits de la deuxième génération). Les premiers, énoncés par les

1. Il suffira ici de se référer à la définition classique de Boèce, qui a traversé des siècles de pensée occidentale en matière de morale et de métaphysique : « Persona proprie dicitur naturae rationalis individua substantia », *Contra Eutychen et Nestorium*.

2. Né en 1926, J. Feinberg est l'auteur d'un ouvrage fondamental sur les limites du droit pénal. Deux articles de lui concernent notre propos : « The Rights of Animals and Unborn Generations » (1974) et « Human Duties and Animals Rights » (1978), tous deux repris dans *Rights, Justice and the Bounds of Liberty*, Princeton, Princeton UP, 1980. Je m'aide ici de l'excellente présentation qu'en a donné J.-Y. Goffi dans le chapitre « Droits des animaux et libération animale », *Si les lions pouvaient parler. Essai sur la condition animale*, *op. cit.* Cet article inspire, parfois directement, plusieurs développements dans la suite de mon texte.

grandes Déclaration françaises et américaines de la fin du XVIIIe siècle, sont les « droits de ... », les grandes libertés attributs de la personne humaine, qui peuvent se déployer dès qu'est garanti par l'autorité l'exercice d'une manière d'être de l'individu, et dont le paradigme est le droit politique. Les seconds, les droits-créances, peu à peu formulés au cours du XIXe siècle, ont pour paradigme les droits sociaux : ils sont les « droits à ... », ceux qui constituent une créance de l'individu sur autrui, et ne peuvent recevoir réalisation que si une prestation déterminée est consentie.

Selon J. Feinberg, on peut, sans absurdité, affirmer que les animaux – ou du moins certains d'entre eux – possèdent bel et bien des droits-créances contre les humains. Cette manière de voir se démarque nettement de la thèse parfois soutenue, selon laquelle les humains auraient des *devoirs* envers les animaux sans que ceux-ci, à proprement parler, aient des *droits* à l'encontre des humains. Si l'on y réfléchit tranquillement, les législations auxquelles nous avons fait allusion ci-dessus ont bien pour finalité directe de protéger les animaux *eux-mêmes*, et elles formulent bel et bien des obligations envers eux. L'animal n'est pas une personne : il ne peut être *sujet* de droit au sens de la tradition de l'humanisme juridique ; il n'en est pas moins digne d'être reconnu comme *titulaire* de droits. La loi peut et doit le protéger, ériger autour de lui une sorte de périmètre protecteur et sanctionner ceux qui y pénètrent.

Une protection de ses intérêts

L'existence de législations protectrices, selon J. Feinberg, manifeste donc d'abord que les animaux sont protégés pour eux-mêmes, et jouissent à ce titre de véritables droits-requêtes. Elle prouve plus : elle signifie que les animaux sont protégés en fonction d'intérêts qui sont *les leurs*. Cette seconde affirmation exige tout un développement qu'il n'est pas nécessaire de détailler ici, et qui consiste d'abord à rapprocher la situation des animaux à d'autres catégories d'êtres : les incapables mineurs, les simples d'esprit, les déments, les vieillards séniles ou les enfants en bas âge. Tous ces êtres, en effet, n'interviennent dans le Droit qu'à titre d'*êtres représentés*. Or il existe deux façons d'être représenté : la représentation d'une *volonté* (un notaire rédigeant le texte d'une donation entre vifs agit selon la volonté et les instructions du donateur), et la représentation des *intérêts* (le cas type est celui d'un adulte sous tutelle, représenté par un tuteur qui protège ses intérêts). Il n'est pas incompréhensible que certaines conditions d'indigence, de pénurie ou d'indignité soient révélatrices de droits : ceux-ci n'ont pas besoin pour exister d'être revendiqués par un sujet actuellement libre et rationnel, ni même reconnus de lui : ils élèvent une barrière protectrice autour d'intérêts estimés essentiels et sont destinés à empêcher l'apparition de situations intolérables. C'est selon ce second type que J. Feinberg envisage la notion de *droit des animaux* : ceux-ci sont effectivement protégés en fonction d'intérêts qui sont les leurs. Reste à préciser quelle est la nature de ces intérêts.

Des intérêts liés à la vie « conative »

La tradition occidentale de la philosophie du droit, avec une certaine brutalité, ne reconnaît que deux grandes espèces d'êtres : les personnes et les choses. Entre les deux, rien. Il n'est pas étonnant qu'elle n'ait guère montré d'aptitude à faire une juste place aux animaux, qui ne sont pas des personnes, mais qu'il est insupportable d'assimiler simplement à des choses. La solution consiste à penser le statut d'êtres intermédiaires, qui n'aient pas la capacité rationnelle et la liberté de la personne, mais qui manifestent une organisation et des aptitudes caractéristiques d'un niveau original de *vie*.

J. Feinberg propose de mettre en valeur et d'analyser ce niveau spécifique, auquel il donne un nom propre : la vie conative. L'adjectif – qui vient du latin conatus, « effort », « tentative », « entreprise » – peut surprendre, mais le substantif, lui, connaît une longue et instructive histoire dans la tradition européenne de la philosophie. Il a un sens étendu chez saint Augustin, qui l'assimile à une forme de l'amor, c'est-à-dire l'amour de soi et l'affirmation de l'être chez toute créature, même dépourvue de vie sensitive et de vie végétative (cf. *Cité de Dieu*, XI, 27). Il a encore une très large signification chez Spinoza, qui en fait un concept architectonique de son *Éthique* : le conatus est la tendance d'un être à la préservation de sa vie et de sa nature ; Spinoza l'identifie souvent à l'essence actuelle de toute réalité (*Éthique*, III propositions 5 et 6). Plus restrictifs, et donc plus spécifiques et intéressants aux yeux de J. Feinberg, les stoïciens (Diogène Laerce, Cicéron) réservent le conatus à toute une classe d'êtres vivants supérieurs, ceux qui sont animés par des tendances et par des désirs, ceux qui sont capables de formes spécifiques de connaissance de ce qui convient à leur nature, et qui sont donc susceptibles de conduites et de comportements manifestant un instinct de conservation qui pousse l'animal à rechercher ce qui lui convient naturellement et à vivre conformément à sa condition (*cf.* Cicéron, *De finibus*, III, 5, 16).

Pour J. Feinberg, une vie conative est une vie assez organisée et structurée pour que des visées et des désirs s'y éprouvent, pour que des formes de représentation et de connaissance s'y expriment, pour que des capacités de comportements et de conduites (que l'on peut qualifier, avec précautions, d'intentionnelles) s'y exercent en vue de rechercher ce qui est approprié à sa condition naturelle. Avec l'élaboration réfléchie d'un niveau spécifique de vie, la vie conative, J. Feinberg parvient à affirmer, contre la tradition de l'humanisme juridique moderne, qu'on peut penser le statut d'êtres intermédiaires entre la personne, rationnelle et libre, et la simple chose.

On doit aussitôt noter que la vie conative place, si l'on ose dire, la barre assez haut. Tous les animaux ne la franchissent pas. Cela ne veut sûrement pas dire que ceux qui ne la franchissent pas soient entièrement dépourvus de droits : mais, positivement, cela signifie que ceux qui la franchissent se trouvent ainsi titulaires de droits que les autres n'ont pas. La Déclaration universelle des droits des animaux l'affirme expressément dans son deuxième considérant : « Tout animal doté d'un système nerveux possède des droits particuliers ». Déterminer le contenu concret de tels droits mérite des analyses ultérieures dont le principe réside dans ce qui précède : il s'agit d'évaluer – autant que faire se peut – la complexité et la richesse de la vie mentale de l'animal qui mène une vie conative.

L'INDIVIDU ANIMAL COMME « SUJET D'UNE VIE »

C'est au philosophe américain T. Regan[1] qu'il nous faut recourir pour prolonger les réflexions de J. Feinberg. Il propose d'abord une analyse de la vie mentale animale. S'il est possible, et pertinent, d'attribuer aux animaux – à tout le moins à certains d'entre eux – des désirs, il est alors nécessaire de leur attribuer aussi la capacité de former des représentations, celle d'avoir des souvenirs et des anticipations, celle de manifester une vie émotionnelle ; enfin, dans l'ordre pratique, il est nécessaire de leur attribuer la capacité d'agir de manière intentionnelle. La vie animale, celle que Feinberg appelait conative, est ainsi reconnue comme susceptible d'atteindre un haut degré de complexité et de richesse. Certains animaux ont une vie mentale assez complexe pour avoir une expérience propre de leur bien-être : selon une expression typique de la langue anglaise, ils disposent d'une capacité assez organisée pour que « ce qui leur arrive leur importe ». La suite dérive immédiatement de ces prémisses : la vie mentale de certains animaux

1. T. Regan est un philosophe de grande réputation. Il a présidé la prestigieuse *American Society of Value Inquiry*. Son ouvrage *The Case for Animal Rights*, London, Routledge & Kegan Paul, 1984, fait figure de grand classique, à l'instar des grands livres de R. Nozick ou de J. Rawls. *Cf.* l'article de J.-Y. Goffi, « Droits des animaux et libération animale », dans *Si les lions pouvaient parler*, *op. cit.*, p. 897-902.

– même si elle nous demeure irrémédiablement inconnaissable – est suffisamment homologue à la vie mentale des êtres humains pour que les restrictions normatives qui pèsent sur nos conduites à l'égard d'autrui donnent lieu à des restrictions normatives homologues pesant sur nos conduites à l'égard des animaux. Ces restrictions doivent être formulées en termes de droits. Pourquoi ?

Les « intuitions réfléchies » relatives au traitement des animaux – celles dont nous avons parlé au début de cet article – ont un contenu qui peut être universellement formulé comme suit : « il est moralement condamnable d'infliger aux animaux des mauvais traitements injustifiés » ; c'est le principe de (non)-dommage. Contre les utilitaristes qui sont rarement en mesure de penser le principe de (non)-dommage dans toute sa radicalité, parce qu'ils n'ont pas une conception adéquate de la valeur de l'individu, T. Regan défend une conception selon laquelle l'individu de vie mentale complexe possède une valeur inhérente, non négociable. Il l'exprime en parlant des individus qui sont « sujets d'une vie ».

Qu'est-ce qu'être le sujet d'une vie ? On peut dire l'essentiel en quelques lignes. C'est éprouver des désirs et des préférences ; avoir des perceptions, des représentations, des souvenirs, des anticipations ; agir intentionnellement (ce qui ne veut pas dire rationnellement) pour atteindre un but ; manifester une vie émotionnelle ; avoir un certain sens du futur, tout spécialement de son propre futur ; manifester un certain type d'unité mentale ou psychique à travers la durée ; être capable de ressentir si se trouve promu ou au contraire entravé un « *welfare* » personnel, un bien-être, comme l'avaient pressenti les stoïciens. Par *welfare*, il faut entendre la satisfaction des tendances essentielles de sa condition, satisfaction orientée dans le sens d'un accomplissement de ses potentialités. Certains animaux sont indiscutablement les « sujets d'une vie » : il s'ensuit qu'ils sont titulaires de droits, même s'ils ne le savent pas.

Il s'agit de droits fort contraignants aux yeux de T. Regan. Celui-ci considère comme moralement injustifiables des pratiques ou des institutions comme la chasse, la pêche, le cirque, la corrida, les zoos, l'élevage intensif, etc. Mais aussi – ce qui me paraît au moins mériter une discussion ultérieure – l'expérimentation sur l'animal dans une perspective biologique ou médicale, quand bien même des bénéfices considérables, scientifiques ou thérapeutiques en seraient attendus. T. Regan se révèle par là, non seulement comme un théoricien, mais aussi et surtout comme un militant de droits *forts* pour les animaux.

Résumons-nous. La voie indirecte que nous avons suivie dans notre réflexion nous a amenés à recueillir les semences de sagesse, les intuitions réfléchies que des humains ont manifestées au cours de l'histoire, dispersées au milieu de conduites violentes et cruelles vis-à-vis des animaux, et qui ont trouvé, dans les législations européennes du XIXe siècle, et finalement dans la *Déclaration universelle des droits de l'animal* de 1978, une expression digne de l'homme et de la place qu'il doit prendre dans l'histoire de la vie. Ces prises de position pratiques en faveur de « droits » des animaux ont reçu une solide justification théorique dans les réflexions qui amènent à considérer qu'avoir des intérêts liés à une vie conative (J. Feinberg) ou être le sujet d'une vie (T. Regan) est condition nécessaire et suffisante pour conférer d'authentiques droits et pour obliger à la protection du titulaire de ces droits [1].

Une attitude active de *non-violence* à l'égard des animaux reçoit donc, de cette reconnaissance de leurs droits, une indéclinable caution. Concluons ces pages en lisant un beau texte de Marguerite Yourcenar, qui souligne avec force les liens souvent secrets, mais toujours étroits, qui unissent nos attitudes vis-à-vis de nos semblables avec les comportements que nous exerçons envers les animaux : « Soyons subversifs. Révoltons-nous contre l'ignorance, l'indifférence, la cruauté, qui ne s'exercent si souvent contre l'homme que parce qu'elles se sont fait la main sur les bêtes. Rappelons-nous, s'il faut toujours tout ramener à nous-mêmes, qu'il y aurait moins d'enfants martyrs s'il y avait moins d'animaux torturés, moins de wagons plombés amenant à la mort les victimes de quelconques dictatures, si nous n'avions pris l'habitude des fourgons où des bêtes agonisent sans nourriture et sans eau en attendant l'abattoir » [2].

1. « Ici et là, dans des articles de journaux ou de revues, dans des livres mêmes, on trouve cette manière disjonctive d'analyser les enjeux historiques et philosophiques : *ou les hommes ou les animaux*. S'énonce alors, comme en une orthodoxie, la proposition élémentaire et implicite d'une doctrine humaniste, rationaliste et démocratique, à l'aune de laquelle on entend considérer les manières philosophiquement minoritaires de penser les rapports de l'humanité à l'animalité comme une dépravation perverse du sentiment, comme une symbiose gâteuse, ou encore comme une dérive déconstructionniste irresponsable. La droiture philosophique exigerait alors que nous soyons convaincus de la cohérence et de la pertinence du syllogisme à partir duquel l'homme se voit conférer l'exclusivité du droit », É. de Fontenay, « La raison du plus fort », Préface à Plutarque, *Trois Traités sur les animaux*, Paris, Pol, 1992.

2. *Message à l'Œuvre d'Assistance aux bêtes d'abattoir*, Paris, Gallimard, 1977.

ANNEXE

DÉCLARATION UNIVERSELLE DES DROITS DE L'ANIMAL PROCLAMÉE À PARIS LE 15 OCTOBRE 1978

Considérant que la Vie est une, tous les êtres vivants ayant une origine commune et s'étant différenciés au cours de l'évolution des espèces,

considérant que tout être vivant possède des droits naturels, et que tout animal doté d'un système nerveux possède des droits particuliers,

considérant que le mépris, voire la simple méconnaissance de ces droits naturels provoque de graves atteintes à la Nature et conduisent l'homme à commettre des crimes envers les animaux,

considérant que la coexistence des espèces dans le monde implique la reconnaissance par l'espèce humaine du droit à l'existence des autres espèces animales,

considérant que le respect des animaux par l'homme est inséparable du respect des hommes entre eux,

IL EST PROCLAMÉ CE QUI SUIT :

Article premier. Tous les animaux ont des droits égaux à l'existence dans le cadre des équilibres biologiques.

Cette égalité n'occulte pas les diversité des espèces et des individus.

Article 2. Toute vie animale a droit au respect.

Article 3. 1. Aucun animal ne doit être soumis à de mauvais traitements ou à des actes cruels.

3. 2. Si la mise à mort d'un animal est nécessaire, elle doit être instantanée, indolore et non génératrice d'angoisse.

3. 3. L'animal mort doit être traité avec décence.

Article 4. 1. L'animal sauvage a le droit de vivre libre dans son milieu naturel et de s'y reproduire.

4. 2. La privation prolongée de sa liberté, la chasse et la pêche de loisir, ainsi que toute utilisation de l'animal sauvage à d'autres fins que vitales, sont contraires à ce droit.

Article 5. 1. L'animal que l'homme tient sous sa dépendance a droit à un entretien et à des soins attentifs.

5. 2. Il ne doit en aucun cas être abandonné, ou mis à mort de manière injustifiée.

5. 3. Toutes les formes d'élevage et d'utilisation de l'animal doivent respecter la physiologie et le comportement propres à l'espèce.

5. 4. Les exhibitions, les spectacles, les films utilisant des animaux doivent aussi respecter leur dignité et ne comporter aucune violence.

Article 6. 1. L'expérimentation sur l'animal impliquant une souffrance physique ou psychique viole les droits de l'animal.

6. 2. Les méthodes de remplacement doivent être développées et systématiquement mises en œuvre.

Article 7. Tout acte impliquant sans nécessité la mort d'un animal, et toute décision conduisant à un tel acte constituent un crime contre la vie.

Article 8. 1. Tout acte compromettant la survie d'une espèce sauvage, et toute décision conduisant à un tel acte constituent un génocide, c'est-à-dire un crime contre l'espèce.

8. 2. Le massacre des animaux sauvages, la pollution et la destruction des biotopes sont des génocides.

Article 9. 1. La personnalité juridique de l'animal et ses droits doivent être reconnus par la loi.

9. 2. La défense et la sauvegarde de l'animal doivent avoir des représentants au sein des organismes gouvernementaux.

Article 10. L'éducation et l'instruction publique doivent conduire l'homme, dès son enfance, à observer, à comprendre et à respecter les animaux.

POUVOIR ET NON-VIOLENCE

CHAPITRE VII

LE POUVOIR : ENTRE L'AUTORITÉ ET LA VIOLENCE *

L'ÉTAT COMME POUVOIR

Pour commencer, un constat simple : l'État, personne ne l'a jamais vu. L'observation des phénomènes concrets ne nous révèle rien qui permette d'appréhender sa réalité. Nous voyons des gouvernants, des services, des territoires ; nous voyons des règles, et il nous suffit de les enfreindre pour connaître très tangiblement, sous les traits du gendarme, du CRS, du juge, l'autorité dont elles sont investies. Dans beaucoup de faits concrets, nous voyons des signes qui sont autant de manifestations de l'État. Mais aucun d'eux isolément, ni leur addition ou leur synthèse, ne constituent l'État.

Quand j'obéis à l'agent qui m'enjoint de passer au feu vert, je m'incline, non sur son coup de sifflet, mais devant l'autorité qu'il représente : ce n'est pas la volonté de cet homme (que peut-être je connais par ailleurs) qui détermine mon comportement, c'est la puissance étatique, elle-même garante d'un ordre qu'en l'occurrence je respecte, et dont l'agent n'est qu'un modeste instrument. Si d'aventure je convertis mon argent en bons du Trésor, ce n'est pas au caissier de la Banque de France que je fais confiance, c'est à une entité, à l'État que je n'ai jamais vu, et que je tiendrai cependant pour un voleur si, dans un an, il me rembourse en monnaie dépréciée. Et lorsque j'accuse un ministre de corruption ou mon député d'incompétence, il est clair que mon jugement s'aggrave dès lors qu'une faiblesse humaine se superpose au manquement à une fonction : le mauvais exercice de leur autorité est d'autant plus coupable qu'ils ne sont pas les propriétaires de leur pouvoir. Ce titulaire du pouvoir, quel est-il, sinon l'État ? L'État, dans

* *Alternatives Non-Violentes*, n° 86, mars 1993, p. 5-14.

son existence, n'appartient pas à la phénoménologie du tangible : il est de l'ordre de l'esprit. L'État est, au sens plein du terme, une idée[1].

S'il en est ainsi, il devient décisif de s'entendre sur l'approche conceptuelle que l'on entend suivre lorsqu'on veut parler de l'État ou s'interroger à son propos. Il est tout aussi évident qu'il n'y a pas une seule manière d'en parler, et que les approches conceptuelles pertinentes pour saisir l'État sous tel ou tel de ses aspects, de ses manifestations, de ses maladies aussi, sont multiples. Il faut ici en choisir une : pour des raisons qui sont assez manifestes, mais qui apparaîtront avec plus de force par la suite, j'ai choisi de parler de l'État comme Pouvoir. C'est un choix, forcément partiel et réducteur : on se gardera de l'oublier.

L'itinéraire que je propose à notre réflexion comportera trois étapes. Si l'on choisit comme concept opératoire la catégorie de pouvoir, il convient de commencer, selon une approche *sémantique*, par interroger le terme de pouvoir lui-même, afin de prendre conscience des ambiguïtés caractéristiques de ce vocable et de mettre à jour les tensions qui l'habitent. Lui feront suite, selon une approche plus *sociologique*, des précisions concernant l'outillage de pensée et les catégories de base qu'il importe de mettre en œuvre pour appréhender avec suffisamment de rigueur les phénomènes collectifs de pouvoir auxquels nous nous intéressons ici. Nous tenterons enfin brièvement, dans une approche *politique*, de mettre en évidence les équivoques de l'État moderne, et l'inclination qu'il possède nativement, en dépit de son orientation vers la rationalité, à utiliser la violence dans son fonctionnement interne comme dans ses relations externes.

AMBIGUÏTÉS DU VOCABULAIRE DU « POUVOIR »
APPROCHE SÉMANTIQUE

L'incertitude du vocabulaire

Quiconque aborde la pensée séculaire concernant le pouvoir ne peut manquer d'être frappé par l'incertitude du vocabulaire : les termes utilisés pour désigner les phénomènes de pouvoir, comme les catégories avancées pour les décrire ou même les concepts proposés pour expliquer ou comprendre les réalités en cause, ne cessent de tendre à la connaissance des pièges innombrables et très dissimulés. Un des symptômes les plus caractéristiques de cette incertitude est sans doute la controverse sans fin qui, surtout depuis une quarantaine d'années, n'a cessé de se développer

1. G. Burdeau, *L'État*, Paris, PUF, 1970, p. 14.

entre les tenants de la *science politique* à propos de la délimitation de son objet et de ses méthodes, et, par voie de conséquence, jusqu'à son existence elle-même. On s'attendrait à ce que, vieille de près de vingt-cinq siècles, la science politique soit parvenue, avec assez de précision et d'objectivité, à définir ses objets et son statut propres. Il n'en est rien. Si l'introduction, depuis quelques décennies, des *sciences politiques* dans l'enseignement universitaire de nombreux pays a marqué « la fin d'une extraordinaire carence », elle n'a nullement pour autant fait cesser les controverses concernant son objet et son statut scientifique. Et même s'il faut constater qu'en dépit de leurs prémisses divergentes, la plupart des politologues ont à peu près le même champ d'exploration, le débat demeure vif et les options discordantes sur une définition de la science politique et les catégories qui servent à définir son « objet ».

À cet égard, Marcel Prélot a pu récemment dresser une topique éloquente. Il recense : une première conception « relationnelle », qui s'attache à la détermination d'une relation sociale spécifique, distincte des autres rapports sociaux (B. Croce, C. Schmitt, P. Duclos et à sa façon J. Freund) ; ensuite une conception « dynamique », qui privilégie la notion de pouvoir selon ses aspects les plus divers (H. Cook, T. Wattins, M. Weber, G. Burdeau, G. Vedel) ; enfin une conception « institutionnelle » qui recourt au concept d'État institution des institutions (M. Duverger, H. Maie, M. Prélot). Ces débats illustrent clairement les incertitudes terminologiques, l'ambiguïté des catégories utilisées pour désigner et décrire les phénomènes relatifs au pouvoir politique.

Faut-il parler de pouvoir ? de puissance ? de domination ? d'autorité ? (On parle des Puissances pour désigner les États...). Faut-il user des vocables de force, de contrainte, de violence ? Faut-il s'attacher au couple commandement-soumission ou autorité-obéissance ? Faut-il privilégier la catégorie de légalité et repérer le pouvoir le long d'une échelle qui va de l'état de fait à la ratification d'une légitimité ?

Par ailleurs, sachant combien les catégories de pensée sont liées aux catégories de la langue, il est instructif de comparer la terminologie de plusieurs langues. On rencontre de lourdes difficultés de traduction : le substantif anglais *power* et le français *pouvoir* n'ont pas la même aire sémantique et ne peuvent pas, sans graves équivoques, être considérés toujours comme équivalents ; l'allemand *Macht* possède de son côté des connotations différentes. Les variations historiques et géographiques des termes dont les hommes se servent pour désigner les phénomènes de pouvoir et leurs institutions apportent une preuve de l'historicité foncière qui marque ses figures concrètes ; elles constituent aussi un symptôme de l'ambiguïté qui affecte la terminologie du pouvoir.

Cette incertitude terminologique peut-elle être levée? Ou ne fait-elle qu'exprimer une ambivalence essentielle du pouvoir lui-même? Il nous faut comprendre la justesse de l'avertissement que lance G. Balandier au début de son *Anthropologie politique*: «L'ambiguïté est un attribut essentiel du pouvoir. [...] Il est en même temps accepté, en tant que garant de l'ordre et de la sécurité, révéré, en raison de ses implications sacrées, et contesté, parce qu'il justifie et entretient l'inégalité»[1].

Un premier classement sémantique

Pourquoi commencer par prendre la mesure des significations usuelles du mot pouvoir? Parce que le langage ordinaire, considéré d'un point de vue sémantique, possède la propriété remarquable de constituer le *thesaurus* des expressions les plus pertinentes élaborées dans l'histoire de la culture. Son intérêt provient de la codification de l'expérience: le langage ordinaire est susceptible, non seulement d'articuler l'expérience, mais, résultat de la vie des mots et de la lente adaptation de la langue aux conditions de l'expérience commune, de conserver les distinctions fines dans des expressions appropriées. La variabilité des significations et l'effectuation de la richesse polysémique des mots selon les contextes d'usages produisent une inégalable convenance aux situations de la vie quotidienne. On conçoit l'appréciation positive que le langage ordinaire a reçu dans la philosophie anglo-saxonne, spécialement l'École d'Oxford issue du second Wittgenstein. Ancrer la réflexion dans les usages ordinaires de la langue est ainsi une exigence dont l'oubli se solde toujours par un déficit de compréhension qu'il est presque impossible de combler ultérieurement.

Un premier usage se rencontre en *physique*. Le «pouvoir» est la propriété physique que possède une substance, un dispositif ou un instrument placés dans des conditions déterminées. On parlera du pouvoir calorifique d'une substance chimique, du pouvoir réflecteur d'une surface, du pouvoir séparateur d'un dispositif optique, du pouvoir couvrant d'un vernis, etc. Le mot s'inscrit dans l'appréhension de la causalité naturelle, il désigne la capacité de produire des effets déterminés. Son usage voisine avec celui d'autres substantifs: propriété, faculté, aptitude, capacité, efficacité, force, ...

Un deuxième usage intervient dans des contextes de vie quotidienne et émarge à ce que l'on nommerait volontiers l'*anthropologie générale*. Le «pouvoir» exprime la possibilité de disposer des moyens physiques,

1. G. Balandier, *Anthropologie politique*, Paris, PUF, 1967, p. 49.

naturels ou occasionnels, qui permettent de faire quelque chose. Pouvoir, c'est être capable de, être en mesure de, avoir les moyens de, avoir la faculté de. On doit rapprocher cette signification de la *dunamis* grecque et de la *potentia* latine.

Un troisième usage représente une particularisation de l'usage précédent dans le domaine de l'action, et singulièrement de l'*action collective*, avec l'organisation, la coordination et le commandement qu'elle suppose et requiert. Le « pouvoir » désigne ici la possibilité d'agir sur quelqu'un ou quelque chose en vue d'atteindre un but. La diversité des situations d'action collective a suscité une série de synonymes ou de termes ayant des significations voisines : domination, empire, ascendant, puissance, hégémonie, etc. L'autorité, en particulier, désignera le pouvoir d'obtenir, sans recourir à la contrainte, physique ou autre, un certain comportement de la part de ceux qui la reconnaissent.

Un quatrième usage, connexe, est la signification *juridique*. Le « pouvoir », c'est la capacité légale, le droit de faire quelque chose. Ainsi parle-t-on du pouvoir d'un tuteur, d'un mandataire, ou d'un fondé de pouvoir. La langue juridique inscrit cette spécialisation du mot dans une constellation de termes proches : droit, mandat, représentation, commission, délégation, procuration, etc. Ce quatrième usage tire les nécessités de l'action avec autrui ou sur autrui du côté de la convention juridique, de la légalité, de la légitimité : il témoigne du long effort pour domestiquer la force ou la puissance dans les relations humaines, et pour faire en sorte que l'individu soit en droit de compter sur une régularité dans la conduite des autres afin qu'il ait des chances de réussir dans ses entreprises (*cf.* ci-après, les analyses de Max Weber, p. 81-84).

Un cinquième usage, enfin, spécialise les deux précédents dans une acceptation proprement *politique*. Il s'agit de la situation de celui ou de ceux qui dirigent ou décident, en particulier la puissance publique à laquelle est soumise le citoyen, et aussi les organismes et institutions permettant la décision politique. On parlera ainsi du pouvoir du roi, du pouvoir aristocratique ou oligarchique, du pouvoir constituant, législatif, exécutif, des pouvoirs publics. La concentration ou l'étendue du pouvoir aboutira à parler d'hégémonie, de souveraineté, d'omnipotence...

Résumons nos acquis. Rien qu'à suivre les regroupements sémantiques du dictionnaire, on constate ainsi que le langage ordinaire dépose les significations du « pouvoir » le long d'une ligne caractéristique. D'abord utilisé pour désigner une propriété physique ou chimique d'un corps ou d'un dispositif instrumental, il s'étend au domaine de l'action humaine en signifiant la faculté de disposer des moyens pour agir. Particularisé dans le champ de l'action collective et des commandements qu'elle requiert, il devient un concept directeur du champ politique et reçoit une spécification juridique. Le « pouvoir » couvre ainsi un champ qui va de la nature à l'institution, de la force à la loi, de la physique à l'éthique, de la causalité naturelle à la légitimité politique.

Ainsi pouvons-nous déjà prendre mesure de l'extension des phénomènes de pouvoir et commencer de comprendre ce qui fait l'ambiguïté essentielle de sa réalité. Ses enjeux sont immenses : prenant ses racines dans les forces naturelles et les puissances aveugles de la physique, il conditionne l'action collective des groupes humains dans la lutte pour la survie et la domination. Assurant une sorte de transition continue entre la violence de fait et la légitimité de droit, on comprend qu'il apparaisse pratiquement coextensif à toutes les figures et activités de la vie humaine et qu'il recèle l'ambiguïté essentielle de ce qui est à la fois nécessaire et redoutable. Indispensable, mais périlleux. Traversé par un vecteur de sens, mais menacé de rechuter dans l'insensé.

Cette ambivalence du pouvoir peut être schématisée dans la séquence suivante : violence-puissance-pouvoir-autorité. Le pouvoir semble appelé à s'accomplir en autorité, mais il ne cesse de se dégrader en puissance et de se pervertir en violence. Les analyses du pouvoir développées par H. Arendt (*cf.* chap. IX) éclaireront ultérieurement ces premières approches.

Ambivalence du pouvoir d'État. Approche sociologique

L'option en faveur d'une sociologie politique compréhensive

S'il importait, au départ, de prendre acte de l'ambiguïté terminologique du vocabulaire du « pouvoir », puisqu'il appert qu'elle ne fait qu'exprimer l'ambivalence des réalités en cause, il n'importe pas moins à la réflexion, soucieuse de sortir des approximations ou des équivoques, de préciser son outillage de pensée.

Plutôt que d'user de la latitude que possède le chercheur de définir en commençant l'acception qu'il propose de donner aux mots et catégories de base dont il usera dans sa recherche, il est plus expédient – et plus conforme au dialogue que la réflexion philosophique ne peut manquer, me semble-t-il, d'entretenir avec les sciences – de faire appel, pour effectuer ces choix lexicaux, à des catégories définies par une sociologie politique qui puisse présenter des titres respectables à la scientificité. Il semble que celle de Max Weber soit ici fort convenable. Non qu'elle ne contienne, elle aussi, des présupposés, puisque définir, c'est toujours, de quelque manière, trancher pour s'approprier. Mais la sociologie compréhensive wébérienne a assez réfléchi sa méthodologie et les présupposés de son mode d'appréhension des phénomènes sociaux, dans le respect de la « neutralité axiologique » du savant, pour offrir des références convenables grâce auxquelles chacun puisse par lui-même s'assurer de sa compréhension.

Les définitions wébériennes du pouvoir d'État

L'originalité de Max Weber est d'avoir refusé de séparer les institutions et structures sociales de l'activité des agents individuels et collectifs. Essayant de saisir concrètement l'homme vivant au sein de la société, il cherche à comprendre le plus objectivement possible comment les êtres humains évaluent et apprécient, utilisent, créent et détruisent leurs diverses relations sociales.

a) Il constate que l'activité humaine s'oriente d'après un « sens » qu'il s'agit de *comprendre* pour la rendre intelligible. C'est pourquoi il met au centre de sa sociologie le concept d'action sociale (*sociales Handeln*) : il y a action *sociale* lorsque le comportement humain est signifiant pour les agents individuels et lorsque le comportement de l'un est orienté en fonction de celui de l'autre. « Nous entendons par *action* un comportement humain (peu importe qu'il s'agisse d'un acte extérieur ou intérieur, d'une omission ou d'une tolérance) en tant que et pour autant que l'agent ou les agents lui communiquent un sens subjectif. Par action sociale, nous entendons celle que, d'après le sens visé, l'agent ou les agents rapportent au comportement d'autrui pour y orienter en conséquence son développement »[1].

b) Le concept de relation sociale ajoute à cette double détermination d'action signifiante et d'orientation mutuelle celle de la stabilité et de la prévisibilité d'un système de significations. Dire d'une action qu'elle s'oriente significativement d'après le comportement d'autrui, c'est admettre que l'agent est en droit de compter sur une régularité dans la conduite des autres, donc que leur comportement lui ménage des espoirs, des attentes, en fonction desquelles il peut estimer avoir des chances de réussir dans son entreprise. C'est ce qu'explicite le concept de « *chance* » qui marque le caractère probabiliste de toute construction sociologique : la chance, c'est « la probabilité plus ou moins grande, exprimable en un jugement objectif de possibilité, indiquant que l'on peut à bon droit compter sur ces attentes »[2].

c) Un tel mode d'appréhension des phénomènes sociaux permet de développer une compréhension fort intéressante du phénomène politique

1. M. Weber, *Wirtschaft und Gesellschaft*, Tübingen, Mohr, 1956[4], t. 1, chap. 1, p. 1.
2. M. Weber, *Essais sur la théorie de la science*, Paris, Plon, 1965, p. 348.

en général et de proposer une définition suffisamment précise de quelques-uns des concepts caractéristiques du champ politique. On proposera d'appeler *pouvoir* (*Macht*) « la chance d'un individu de faire triompher, au sein d'une relation sociale, sa propre volonté contre des résistances, sans faire entrer en ligne de compte ce sur quoi cette chance repose »[1], qu'il s'agisse de la crainte, du respect, de l'utilité, de l'opportunisme, de la tradition, etc. On proposera ensuite d'appeler *domination* (*Herrschaft*) comme manifestation concrète et empirique du pouvoir, la chance d'y rencontrer des partenaires prêts à obéir à l'ordre qui leur est donné[2].

Ce sont là des définitions générales : ni le pouvoir ni la domination ainsi définis ne sont propres au seul domaine politique, puisqu'il existe bien d'autres occasions ou d'autres nécessités dans lesquelles l'homme est appelé à faire triompher sa volonté. Le pouvoir peut se déployer – et souvent le doit-il – dans toutes les formes d'association humaine ou d'institutions sociales : il y a un pouvoir domestique, un pouvoir économique, un pouvoir pédagogique, un pouvoir culturel, un pouvoir religieux, et d'autres encore.

d) Pouvoir et domination ne deviennent *politiques* que s'ils sont exercés à l'intérieur d'un territoire délimité, lorsque la volonté s'oriente significativement en fonction du groupement territorial en vue de réaliser un but qui n'a de sens que par l'existence de ce groupement, et qu'elle est prête à faire usage de la force comme moyen spécifique, au moins à titre d'*ultima ratio*, en cas de défaillance des autres moyens. Activité générale de l'être humain, la politique a pris au cours des temps divers visages, elle s'est fondée sur divers principes et a donné naissance aux institutions les plus variées.

e) L'État, qui n'en est qu'une des manifestations historiques, est celle qui correspond au mouvement de rationalisation de la civilisation moderne. L'État pourra être défini comme « le groupement politique qui revendique avec succès le monopole de la contrainte physique légitime ». À ce caractère spécifique, il faut immédiatement ajouter d'autres traits : la rationalisation du droit, avec, à titre de conséquence, la spécialisation du pouvoir exécutif et judiciaire, ainsi que l'institution d'une police chargée de l'ordre public et de la sécurité individuelle; puis l'administration rationnelle fondant sur une réglementation explicite et précise son intervention dans les domaines les plus variés, santé, éducation, économie, culture, etc. ; enfin la force militaire permanente.

1. M. Weber, *Wirtschaft und Gesellschaft*, *op. cit.*, t. 1, chap. 1, § 16, p. 28.
2. *Ibid.*

f) La précédente définition de l'État suppose celle de la légitimité. À cet égard, Max Weber distingue trois grands types de domination légitime. La domination *traditionnelle* a pour base la croyance en la sainteté des traditions en vigueur et en la légitimité de ceux qui sont appelés au pouvoir en vertu de la coutume. La domination *légale* a pour fondement la croyance en la validité de la légalité des lois et règlements établis selon des procédures rationnelles, et en la légitimité des chefs désignés conformément à la loi. La dernière, la domination *charismatique*, repose sur l'abandon des membres à la valeur personnelle d'un homme ou d'une femme qui se distingue par sa sainteté, son héroïsme ou son exemplarité. Ce sont là, il faut le préciser, des *idéal-types* qu'on ne rencontre que très rarement à l'état pur dans la réalité historique et qui sont le plus souvent mêlés dans des proportions variables.

g) Au-delà des définitions explicites de Max Weber, mais en conformité avec elles, présentons encore, concernant nos catégories de sociologie politique, quelques discernements appelant des choix terminologiques. Au sein de tout pouvoir, on l'a vu, on rencontre une relation fondamentale, celle du commandement et de l'obéissance. L'exécution d'un ordre signifie que les agents agissent comme s'ils faisaient du commandement la maxime de leur comportement, quelle que soit leur opinion ou leur estimation sur la valeur de l'ordre. C'est pourquoi l'exécution d'une décision du pouvoir met en jeu des relations de commandement et d'obéissance, d'une part, de domination et de soumission d'autre part, les deux se mêlant le plus souvent dans des proportions variables. L'obéissance est consentie, quels que soient les motifs ou les raisons du consentement. La soumission est contrainte, quels que soient les moyens utilisés pour contraindre.

h) Tentons un dernier pas. Aux deux extrémités de la chaîne que le classement sémantique nous a permis de repérer, on peut découvrir une expérience-limite du pouvoir. À l'une d'entre elles, le pouvoir se pervertit en *violence* chaque fois que l'assujetti, loin d'être traité en partenaire capable d'action signifiante, d'orientation mutuelle et de réciprocité volontaire, se trouve réduit à l'état d'exécutant non volontaire, de causalité purement physique, de chose. À l'autre extrémité, le pouvoir se trouve revêtir la dignité de l'*autorité* lorsque l'obéissance – que nous proposons dans ce cas de nommer « obédience » – fait l'objet, de la part de l'agent, d'un consentement engageant les forces constitutives de la personne, indissociablement intellectuelles, affectives et volitives. La parole du pouvoir est comme habitée par un idéal de perfection qui lui insuffle son sens : non seulement persuader, mais convaincre. La puissance s'efforce de vaincre, le pouvoir veut persuader et cherche à convaincre : mais ce qui convainc, c'est l'autorité. Avec elle, on entre dans un ordre qui marque précisément la limite supérieure du politique. Autre que la soumission à la puissance dominante et au-delà même de l'obéissance au commandement légitime du pouvoir, ce vers quoi pointe une méditation sur les liens entre la parole et le pouvoir, c'est vers une « écoute », une *obédience*[1] qui va au sens de ce qui est commandé, en tant que cette parole fait autorité. Dans l'autorité, il y a quelque chose du symbole : comme celui-ci « *donne* à penser », l'autorité « *donne* à agir ». Avec le couple autorité-obédience se révèle moins un concept politique que la catégorie qui marque la limite du politique : elle marque exactement le seuil de la région que le pouvoir politique ne peut envahir sous peine de retomber dans toutes les équivoques de la sacralisation. Avec elle, la parole du pouvoir trouve la juste délimitation de son espace propre.

Ainsi apparaît-il que l'étiologie des accomplissements et des maladies du pouvoir a son lieu dans une méditation sur la parole et ses liens avec le pouvoir. À sa limite supérieure, le *pouvoir* peut revêtir la dignité de l'*autorité*, entraînant l'obédience; mais la fragile autorité déchoit aisément en simple *pouvoir*, se dégrade souvent en *puissance* et, à sa limite inférieure, se pervertit en *violence*. Les correspondances qui lient, à leur commune origine, la parole et le pouvoir révèlent la paradoxale ambivalence du pouvoir, contraint, par sa nature intime, d'exercer son office entre l'autorité et la violence.

ÉQUIVOQUES DE L'ÉTAT MODERNE. APPROCHE POLITIQUE

L'itinéraire présenté au lecteur lui a permis d'emprunter, l'une après l'autre, deux approches : une approche *sémantique*, qui a interrogé les usages du terme « pouvoir » dans la langue ordinaire afin de manifester ses ambiguïtés caractéristiques et de déceler les tensions qui l'habitent; puis une approche *sociologique* qui a déployé les ressources de la sociologie politique de Max Weber pour assurer une compréhension suffisamment objective des phénomènes spécifiques du champ politique et particulièrement du pouvoir d'État. Ces deux approches se sont révélées suggestives dans leurs convergences : les ambiguïtés qui marquent la terminologie du pouvoir sont bien le reflet et l'expression d'une ambivalence essentielle qui affecte la réalité elle-même du pouvoir. Pour nécessaires qu'elles soient afin d'ancrer la réflexion, ces deux approches demeurent cependant entachées d'un excès de formalisme qu'il vaut la peine de dépasser. On doit

1. Faut-il rappeler que c'est le latin *audire*, *ob-audire*, écouter, qui a donné le verbe français *obéir* ?

donc tenter de les prolonger dans une approche plus directement *politique*, même brève, destinée à mettre en évidence quelques-unes des raisons qui expliquent pourquoi l'État moderne, en tant que tel, dans sa constitution essentielle, en dépit d'une indéniable orientation vers la rationalité, recèle une sorte d'inclination « naturelle » vers l'usage de la violence. Et pourquoi les États empiriques, tels que nous les connaissons, ne cessent de montrer une dramatique propension à utiliser la violence, non seulement externe dans les relations interétatiques, mais aussi et d'abord interne, dans leur fonctionnement intérieur lui-même.

La société organisée pour la survie

On ne doit jamais analyser l'État moderne comme s'il était une donnée première, sans préalable. Dans l'ordre de la genèse comme dans celui des notions, tout État présuppose une communauté sous-jacente, la « société civile ». Par rapport à celle-ci, que représente l'État (moderne) et qu'apporte-t-il d'irremplaçable ? La plupart des philosophes du politique ou des politologues n'hésitent pas à répondre : il apporte le moment décisif de l'organisation et il le fait en constituant l'organe de décision de la société[1]. C'est seulement avec et en lui que la société civile, qui, déjà en elle-même n'échappe pas à l'historicité et *est* donc déjà histoire, se met en état de *faire* son histoire et de contribuer, de manière consciente et volontaire, à l'histoire universelle. Par cette fonction d'organisation et de décision, l'État moderne vise essentiellement la durée de la société ; à travers lui, la société ainsi organisée s'efforce de répondre aux menaces intérieures de dissociation ou de dissolution, et à celles, extérieures, de destruction ou de conquête : par le moyen de l'État, la société s'efforce de survivre. En ce sens, il faut affirmer que l'État n'est pas une construction purement artificielle, comme le pensait Hobbes ; il est encore moins un pur arbitraire, comme dans les théories étatistes qui généralisent indûment un moment de l'histoire de l'État : sa fondation dans la violence, le moment de la tyrannie.

L'État de droit

Si l'on commence à définir l'État par la fonction d'organisation et de décision qu'il exerce au bénéfice de la société et de sa volonté de survie, il est naturel de continuer à le caractériser par la *forme* des pouvoirs que requiert l'exercice de cette fonction. Ainsi mettra-t-on au premier plan,

1. On aura reconnu ici l'un des thèmes dominants du beau livre d'É. Weil, *Philosophie politique*, Paris, Vrin, 1966.

dans cette compréhension de l'État moderne, non d'abord le monopole de la contrainte physique, mais sa constitution juridique, et dans cette structure de droit, non seulement le droit constitutionnel, mais le droit civil et le droit pénal. L'apport essentiel de l'État, même si ce n'est pas le seul, est bien, en effet, de dresser le catalogue de tous les rôles, de tous les « masques » de l'acteur social et du citoyen, et d'en établir les droits et les devoirs : c'est ainsi principalement que l'État est *État de droit* et qu'il pose, en principe, les conditions effectives et concrètes de l'égalité de tous devant la loi. Comme le travail et son organisation en principe rationnelle caractérisent la société civile moderne en tant que moderne, ce formalisme juridique et son organisation rationnelle caractérisent bien l'État moderne en tant que moderne. Kant et Hegel l'avaient déjà dit et Max Weber n'a pas manqué de les mettre au centre de sa définition de la modernité politique.

État autocratique et État constitutionnel

Une telle compréhension de l'État conduit à discerner divers types d'État : les diverses formes d'État moderne se prennent des différentes méthodes utilisées pour déterminer et résoudre les problèmes que l'État, comme organe de décision, rencontre pour remplir sa fonction. Ainsi distinguera-t-on l'État *autocratique*, celui où l'organe de gouvernement est seul à délibérer, à décider et à agir, sans aucune intervention obligatoire d'autres instances. Il est celui dont la méthode est la plus proche de la violence des « rassembleurs de terre » qui ont, à l'origine, fait tous les États modernes, tant il est vrai que les sociétés traditionnelles n'ont été peu à peu éduquées au travail moderne que par la violence initiale de ces rassembleurs de terre. On lui opposera l'État *constitutionnel*, celui dans lequel le gouvernement doit observer certaines règles légales qui limitent sa liberté d'action par l'intervention obligatoire d'autres institutions. Une théorie précise du gouvernement constitutionnel propre à l'État moderne ne manquera pas de relever les conditions effectives de son fonctionnement légitime : indépendance du juge, contrôle parlementaire, etc., et surtout, peut-être, éducation à la liberté par la discussion.

Le paradoxe politique

Mais n'est-ce pas le moment et l'occasion de remarquer que tout État constitutionnel est *devenu* tel à partir d'un État autocratique, qu'il procède de lui et qu'il porte, probablement indélébile, la cicatrice de la violence originelle des tyrans faiseurs d'histoire ? Autrement, toute la problématique de la *limitation* du pouvoir, propre au gouvernement de l'État constitutionnel moderne, perdrait toute espèce de sens. La notion de « limitation », présente dans la définition la plus formelle de tout État constitutionnel, n'indique-t-elle pas que l'État, que tout État, en dépit de sa visée d'organisation raisonnable du pouvoir, garde une part d'arbitraire, d'irrationnel, une propension intime a la violence, en tant même que pouvoir, et que cet arbitraire, cette irrationalité sont probablement consubstantiels à la nature même de l'État ? Le souci de durer, de survivre, de maintenir l'unité et l'indépendance de la société, qui tient à la nature de l'État moderne, ne va pas sans introduire, nécessaire, indépassable, un thème passionnel générateur de violence dans le thème rationnel de l'État. C'est ce que Paul Ricœur appelait naguère le « paradoxe politique »[1]. Toutes les analyses que l'on peut présenter de l'État constitutionnel présupposent ce paradoxe d'une *rationalité* qui est aussi *pouvoir*, et donc pouvoir susceptible de redevenir insensé, violent. Il est très frappant de remarquer que la loi fondamentale qui rend viable ce gouvernement constitutionnel procède en établissant une « séparation » entre les différents pouvoirs, à l'école de Montesquieu, en instituant des oppositions, des limitations, des compensations entre l'État, les institutions qui le contrôlent et les citoyens.

L'indépendance du juge, de manière plus frappante encore, et les procédures d'appel au tribunal administratif présupposent un gouvernement que traversent de très puissants intérêts et qui peut donc abuser de son pouvoir. La « balance » du pouvoir dans l'État constitutionnel ne constitue-t-elle pas un perpétuel rappel de ce paradoxe politique, à savoir que la rationalité que l'État moderne fait advenir dans l'histoire, est aussi consubstantielle avec un phénomène de pouvoir, lequel fait de tout État, y compris l'État de droit, une autocratie résiduelle ? S'il est vrai que c'est par la violence des princes que les sociétés traditionnelles ont accédé à la modernité, au travail organisé et aux techniques administratives, il est impossible d'oublier l'indépassable équivoque de l'État moderne, celle d'une violence qui initie à une rationalité ou, si l'on préfere, celle d'une raison qui est un pouvoir, secrètement habité par la tentation de puissance, voire de violence.

Les luttes pour le pouvoir

Aussi importante, peut-être, que la violence de « rassembleurs de terre », on doit ensuite souligner une autre source passionnelle de l'État, génératrice elle aussi d'une violence potentielle : la lutte des groupes et des couches sociales pour la conquête et la conservation du pouvoir. Cette lutte,

1. « Le paradoxe du pouvoir », dans P. Ricœur, *Histoire et vérité*, Paris, Seuil, 1964, p. 248-273.

on ne peut le nier, fait partie intégrante de la nature de l'État comme pouvoir. Non que l'État se réduise – comme l'affirme une certaine théorie marxiste, qui ne saurait d'ailleurs entièrement se réclamer de Karl Marx – à n'être que le reflet du phénomène de classe dominante. Car, en accédant au pouvoir d'État, un groupe accède précisément à ce que Hegel appelait à fort juste titre l'« universel concret » et, dans une certaine mesure tout au moins, d'ailleurs variable, se dépasse ainsi comme groupe particulier. Mais il n'en demeure pas moins que la rationalité qu'il exerce, la fonction universelle qu'il assume, coïncident ... avec sa position dominante ! C'est pourquoi une théorie des groupes dominants, qui ne se ramènera pas simplement à la théorie marxiste de la lutte des classes, est probablement aussi importante pour une problématique du pouvoir d'État que la théorie de l'État constitutionnel comme autocratie résiduelle.

Les violences inter-étatiques

Enfin cette inclination à la puissance et à la violence, indéracinable, de l'institution étatique moderne n'apparaît pas seulement lorsqu'on observe la vie interne des États : elle se manifeste, plus indéniable assurément, quand on considère les rapports d'États à États. On pourra ici être bref, tant la violence qui sous-tend les relations internationales fait partie du constat que chacun ne peut manquer de faire au cœur de son expérience la plus simple. C'est que nous sommes parvenus à ce point de l'histoire où la société moderne, par son principe et en principe, est *mondiale* de mille manières : le caractère particulier, individuel, empirique, de chaque État historique *fait* désormais *problème*. L'inclination naturelle de l'État moderne à la violence n'en est que plus manifeste. Et c'est pourquoi l'établissement d'une organisation sociale et politique mondiale est un problème inéluctable pour chaque État moderne particulier. Éric Weil l'a dit avec force dans la proposition 40 de sa *Philosophie politique* : « Il est de l'intérêt de l'État particulier de travailler à la réalisation d'une organisation sociale mondiale, en vue de préserver la particularité morale (ou les particularités morales) qu'il incarne » (p. 225). Les États modernes, devenus tous calculateurs, seront, en tant que modernes, de moins en moins enclins à un conflit de première grandeur. Car la société du travail, mondiale par méthode, rationnelle par essence même si elle demeure naturellement conflictuelle, presse dans le sens de l'élimination de la violence des armes. Même si l'on doit faire le constat que la violence a été et demeure encore une cause motrice dominante de l'histoire, il devient de plus en plus manifeste, pour celui qui sait interpréter les signes des temps, que, pour la politique, le sens de l'histoire se définit par le *progrès vers la non-violence*.

Et pourtant, ni la rationalité du travail, ni le calcul politique ne rendent automatique le passage à la «*paix perpétuelle*» que Kant appelait déjà de ses vœux : la société mondiale n'existe pas encore politiquement avec ses organes de décision et de « contrainte légitime », et l'éthique mondiale de la société industrieuse refuse seulement la violence directe, mais n'est pas susceptible, par elle-même, de donner un sens à l'existence des individus, ni à celle des États modernes, ces grands individus historiques qui, comme pouvoirs, oscillent sans cesse entre l'autorité légitime et la violence insensée. Le *progrès* vers la *non-violence*, qui indique aujourd'hui le sens de l'histoire, requiert désormais des ressources de pensée et d'action que seule une éthique intégrale est susceptible d'offrir.

Une méditation sur le «mal du pouvoir», axée sur cette paradoxale proximité originelle de la légitimité et de la *violence* dans l'État moderne, mais poussée jusqu'aux abords d'une réflexion sur le « mal radical », nous amènerait ainsi à percevoir le sens, mais aussi les limites, de la politique. Son sens: puisque c'est bien sur le terrain de l'action politique qu'une réduction effective de la violence dans l'histoire peut et doit être poursuivie; l'éthique de la *non-violence* y trouve sa légitimité et son urgence. Ses limites aussi : s'il est vrai que l'État, on l'a dit, vise seulement à la survie de la société et que sa tâche n'est que la continuation de l'histoire et la conservation du genre humain – alors la régénération du cœur humain, et celle des institutions humaines, voilà qui passe toute action historique et requiert donc une nouvelle interrogation. C'est une autre histoire…

CHAPITRE VIII

COMMENT JOHN RAWLS JUSTIFIE-T-IL LA DÉSOBÉISSANCE CIVILE ? *

Même s'il est déjà un peu ancien (1971), le gros traité de John Rawls *Théorie de la justice* demeure considéré dans le monde anglo-saxon comme l'un des textes les plus importants de philosophie contemporaine. Né de la postérité du *New Deal* et enraciné dans la tradition profondément américaine des luttes pour les *civil rights*, il reflète la contestation étudiante des années 70 et le désarroi moral de la conscience américaine. Il formule avec une clarté et une force exceptionnelles ce que l'on a souvent considéré comme une charte de la sociale-démocratie moderne. Il est remarquable – et pour nous instructif – qu'il consacre de longues pages à la justification morale et politique de la désobéissance civile.

Quand il ouvre le livre de John Rawls intitulé *Théorie de la justice* [1] et qu'il jette un coup d'œil sur les neufs chapitres de ce gros ouvrage (666 pages), le lecteur français ne peut manquer d'éprouver un véritable étonnement en constatant que l'examen de la *désobéissance civile*, lié à celui de l'objection de conscience, occupe la plus grande part du chapitre 6 (plus de 50 pages !) intitulé « Devoir et obligation ». L'amplitude de ce développement, et surtout la décision de l'aborder sous l'angle d'un « devoir naturel » des citoyens, en tant que personnes libres et égales, d'une démocratie constitutionnelle, ne peuvent manquer, au premier abord, de captiver l'attention de ce lecteur.

La seconde surprise, s'il plonge sans tarder sur la « définition » de la désobéissance civile que J. Rawls propose au début du § 55, concerne

* *Alternatives Non-Violentes*, n° 142, printemps 2007, p. 3-9.

1. *Théorie de la justice* (1971), trad. fr. C. Audard, Paris, Seuil, 1987.

l'impression que ce lecteur ressent en lisant une définition qui n'offre guère de surprise, en ceci qu'elle rejoint, au premier abord, la conception de la désobéissance civile que connaissent depuis longtemps déjà bien des auteurs français et européens des doctrines de la non-violence. Voici cette définition :

> La désobéissance civile peut être définie comme un acte public, non-violent, décidé en conscience, mais politique, contraire à la loi et accompli le plus souvent pour amener à un changement dans la loi ou bien dans la politique du gouvernement. En agissant ainsi, on s'adresse au *sens de la justice* de la majorité de la communauté (p. 405).

Sans doute, cette impression d'être en terrain connu n'est-elle pas entièrement juste. Il n'est pas sûr qu'un lecteur américain, formé par l'histoire anglaise et américaine (surtout celle des dernières décennies) et habité par la culture anglo-saxonne que cette histoire a façonnée, comprenne cette définition exactement de la même manière qu'un citoyen français pétri de culture politique issue de l'histoire française et européenne. Une vérification s'impose.

Cependant, cette impression de retrouver chez Rawls une définition de la désobéissance civile tout à fait proche de celle des auteurs français nous avertit de ceci : le service que Rawls peut nous rendre ici n'est pas d'abord celui d'une définition. Si Rawls ne parle de la désobéissance civile qu'après 400 pages d'élucidation patiente et d'approfondissements méthodiques, ce n'est sans doute pas sans dessein précis. Il n'est jamais de bonne méthode d'ouvrir en son milieu un livre – un vrai livre, systématiquement construit – en ignorant tout ce qui précède. L'apport de Rawls à une compréhension de la désobéissance civile concerne manifestement non d'abord sa *définition*, mais sa *justification*. C'est pourquoi, au risque de décevoir l'attente d'un lecteur pressé d'en venir tout de suite au thème propre de la désobéissance civile, je me propose d'expliciter brièvement quelques-uns des présupposés et des attendus qui conditionnent une compréhension juste de la théorie rawlsienne de la désobéissance civile et qui en permettent surtout une solide justification.

Si le lecteur veut me suivre dans ce petit détour, il verra surgir bon nombre de questions qu'il n'a pas l'habitude de prendre en compte quand il s'interroge sur ce thème. Questions morales, certes (par exemple conditions d'un engagement de conscience), mais surtout questions d'éthique politique (par exemple critères et limites de l'obéissance à la loi, contrôle du pouvoir par le citoyen, ...), et questions proprement politiques (par exemple séparation des pouvoirs, nécessité et dérives du gouvernement par la majorité, ...).

La désobéissance civile est un *acte politique*, qui réclame de ses acteurs une réflexion politique, une compétence politique, autant qu'une conscience politique.

JUSTIFIER DES INSTITUTIONS FONDÉES SUR LA LIBERTÉ ET L'ÉGALITÉ DÉMOCRATIQUES

Rappelons donc que le premier objectif de Rawls dans cet ouvrage est, en proposant une solide théorie de la *justice* comprise comme *équité*, de fournir une analyse convaincante des *droits et libertés de base* des citoyens en tant que personnes libres et égales. C'est pour lui une exigence absolument prioritaire pour comprendre *et justifier* les institutions démocratiques. À ce premier objectif, il lui a fallu immédiatement en adjoindre un second : compléter cette analyse des libertés de base par une justification de la répartition « inégale » des *biens économiques et sociaux* premiers, qui repose sur une conception réfléchie de l'égalité démocratique. C'est ce double objectif qui l'a conduit à formuler ses deux célèbres principes : le premier énonce le droit égal aux libertés de base[1], le second concerne l'organisation « juste » des inégalités sociales et économiques[2]. On ne saurait trop insister sur cette finalité premièrement politique d'un gros ouvrage qui traite longuement de questions qui relèvent souvent du domaine économique. Le livre est orienté par une préoccupation majeure : comprendre et justifier les principes qui commandent le fonctionnement *le moins conflictuel possible* d'une démocratie constitutionnelle régissant le vivre-ensemble de citoyens libres et égaux.

Assurer les libertés de base et la justice sociale

C'est cette orientation de fond qui fait comprendre pourquoi la partie centrale du livre, intitulée « Institutions » (p. 231-434), s'attache d'abord (chap. 4) à décrire, avec les justifications nécessaires, les *institutions* requises pour assurer au citoyen l'*exercice des « libertés de base »* : la

1. La formulation la plus générale de ce premier principe est celle-ci : « chaque personne doit avoir un droit égal au système total le plus étendu de libertés de base égales pour tous, qui soit compatible avec le même système de libertés pour tous » (p. 287 et 341).

2. Le second principe est : « Les inégalités économiques et sociales doivent être telles qu'elles soient : a) au plus grand bénéfice des plus désavantagés, dans la limite d'un juste principe d'épargne et b) attachées à des fonctions et des positions ouvertes à tous, conformément au principe de la juste [*fair*] égalité des chances » (p. 341).

liberté de conscience égale pour tous avec ses corollaires, liberté morale, liberté de pensée et de croyance, de pratique religieuse, exigences de la tolérance, le maintien de l'ordre public et de la sécurité, etc. La réflexion s'attache ensuite (chap. 5) à un développement semblable concernant les *institutions* de la *justice distributive* : celles qui concernent l'acquisition, l'attribution ou le partage des « biens sociaux premiers », définis le plus généralement comme ceux que « les citoyens ne peuvent pas ne pas désirer, quels que soient par ailleurs leurs autres désirs ». C'est à la lumière de deux règles, « juste égalité des chances » et « principe de différence (privilégiant les plus défavorisés) » que sont examinées les redoutables questions des diverses allocations sociales, de la stabilisation de l'économie de marché, des transferts sociaux, d'une juste (*fair*) répartition des divers impôts, charges et taxes, etc. Il n'est pas difficile de comprendre pourquoi c'est ce chapitre qui a soulevé, dès la parution de l'ouvrage, le plus de questions, de débats passionnés, de critiques qui n'ont guère cessé depuis lors.

Définir les devoirs politiques du citoyen

Pour notre propos, c'est le chapitre suivant de cette partie centrale consacré aux institutions qui nous intéresse directement.; il s'intitule « Devoir et obligation ». C'est logique : après les principes de la justice appliqués aux *institutions*, il s'impose d'étudier pourquoi et comment ces mêmes principes de justice commandent les *devoirs et obligations des individus*, et à titre principal, le sens et le contenu des *devoirs* politiques des citoyens dans le cadre d'une démocratie constitutionnelle. Il est très remarquable que la majeure partie des développements ici présentés concernent justement l'objection de conscience et la *désobéissance civile*, que l'auteur replace rapidement au sein d'un large éventail allant de la protestation légale et le développement de procès exemplaires d'un côté, vers les formes graduées d'actions militantes pratiquant la dissidence, la résistance organisée par force, jusqu'à l'insurrection, à l'extrême. Le lecteur ne devra jamais perdre de vue l'objectif bien cadré de Rawls : *définir* avec le maximum de rigueur un concept de désobéissance civile pratiquée dans un régime constitutionnel considéré comme globalement légitime – quelle que puisse être dans tel ou tel domaine l'injustice éventuellement manifeste d'une loi ou d'une pratique administrative. Non seulement la définir, mais la justifier, mettre en évidence sa *légitimité*, son importance, mieux : sa *nécessité* dans la stabilisation d'un régime démocratique et constitutionnel accepté comme « presque juste ».

DEUX QUESTIONS QUI COMMANDENT LA JUSTIFICATION DE LA DÉSOBÉISSANCE CIVILE

C'est toujours cet objectif qui commande, non seulement l'approche, mais les étapes de l'analyse. Il faut aborder la *désobéissance civile* en l'approchant successivement selon deux questions qui lui donneront son éclairage propre et les fondements de sa justification.

Obéissance et désobéissance à la loi

La première concerne le jugement du citoyen responsable confronté à l'obéissance à des lois ou des mesures présentant une certaine part d'injustice. Difficile question que Rawls traite à la lumière de la théorie qu'il a longuement exposée sur la justice comme équité et sur les formulations des principes de la justice. Il ne fait pas de doute qu'il y a pour le citoyen responsable un « devoir naturel » de soutenir des institutions justes et des décisions prises en respectant les procédures démocratiques légitimement prévues à cet effet. Sans prétendre résumer ici une argumentation diversifiée et nuancée, disons qu'il n'est pas raisonnable de nier qu'il existe un devoir d'obéir à des mesures présentant une certaine part d'injustice – ou du moins de ne pas s'y opposer par des moyens illégaux – tant qu'elles ne dépassent pas un « certain degré » d'injustice. Le principe de proportionnalité offrira le plus souvent un appui et des repères pour parvenir à ce que Rawls aime à nommer « une position bien pesée ».

Gouvernement par la majorité

La seconde question nous rapproche encore de notre thème. Elle concerne l'un des principes fondamentaux de l'institution démocratique : le gouvernement par la majorité. Rawls établit qu'une certaine forme de gouvernement par la majorité, évidemment assortie de toute une batterie de conditions relatives au respect de procédures, garantissant les droits de la minorité, etc. était justifiée comme constituant le meilleur moyen disponible pour assurer une législation à la fois juste et efficace. Compatible avec le premier principe de la liberté égale pour tous, elle n'en doit pas moins observer les procédures respectant les conditions de base de la justice, celles de la liberté politique : liberté d'expression et de réunion, liberté de participer aux affaires publiques, liberté d'influencer la législation par les moyens constitutionnels, etc. Que l'une de ces conditions soit absente, et c'est le premier principe de la justice qui est bafoué. Seulement voilà : même quand ces conditions sont présentes, il n'y a pas de *garantie* que la législation promulguée soit *juste*.

C'est ce manque de garantie qui ouvre au citoyen responsable l'éventualité de recourir à l'une ou l'autre des actions qui se déploient depuis la protestation légale ou la non-coopération jusqu'à la résistance, la dissidence, l'insurrection, et au sein desquelles Rawls choisit de développer longuement une théorie de la désobéissance civile. Il est clair que l'examen de la légitimité de la désobéissance civile fait partie de la réflexion sur la nature et les limites du gouvernement par la majorité, et que cet examen constitue rien moins qu'un test crucial pour toute théorie du fondement moral de la démocratie.

UNE THÉORIE CONSTITUTIONNELLE DE LA DÉSOBÉISSANCE CIVILE

1) La désobéissance civile est un *acte politique* : pas seulement parce qu'elle s'adresse à la majorité qui détient le pouvoir politique, mais surtout parce qu'elle se justifie par les principes politiques de la justice qui gouvernent les institutions politiques de la cité. Elle ne s'appuie pas d'abord sur des motivations de morale personnelle ou de doctrine religieuse, même si celles-ci peuvent jouer une rôle de soutien dans la conscience des désobéisseurs. Elle demande à être comprise comme reposant sur la *conception commune de la justice* qui sous-tend l'ordre politique; cette conception qui est partagée par une large part des citoyens dans le sentiment public (plus ou moins explicite) qu'elle permet seule l'exercice des libertés fondamentales égales pour tous.

2) La désobéissance civile sera donc un *acte public* : pas seulement parce qu'elle fait appel à des principes publics, mais parce qu'il lui est essentiel de *se manifester* publiquement. L'organisation soigneuse de sa publicité est une de ses composantes : préavis raisonnable (s'il est possible), appel aux médias, choix de l'emplacement, gestion du déroulement, imagination théâtrale de la mise en scène, préférence pour une gestuelle symbolique forte, accompagnement par l'humour, etc. Elle est un discours public, lancé sur le forum public.

3) La désobéissance civile est donc *un acte non-violent*. Cette qualité essentielle découle d'abord immédiatement de son double caractère politique et public. Toute atteinte à la liberté civile d'autrui risque d'obscurcir sa nature profondément civile : elle se doit de faire preuve de *civilité*. Son caractère d'appel public lui interdit l'usage de moyens violents qui contredisent la finalité du vivre-ensemble démocratique. Elle est *non-violente* pour une deuxième raison : puisqu'elle exprime des convictions réfléchies issues des profondeurs de la conscience, et justifiées par un sens de la justice largement partagé, elle exclut par principe la force brutale, la coerci-

tion, l'usage de procédures violentes blessant autrui dans sa vie, sa dignité, ses intérêts légitimes. Elle est faite pour attirer l'attention, pour admonester, pour avertir, pour convaincre, elle ne doit pas en elle-même constituer une menace. Elle est *non-violente* pour une troisième raison : « elle exprime la désobéissance à la loi *dans le cadre de la fidélité à la loi*, bien qu'elle se situe à sa limite extérieure. La loi est enfreinte, mais la fidélité à la loi est exprimée par la nature publique et non-violente de l'acte » (p. 407). Cette expression de la fidélité à la loi au sein même de la désobéissance est peut-être la caractéristique la plus décisive de la théorie constitutionnelle de Rawls. Nous la retrouvons au point suivant.

4) La désobéissance civile est *un acte responsable*. Le désobéisseur est prêt à répondre de son acte, à assumer les conséquences légales de sa conduite : c'est la seule manière de prouver au public que l'acte est vraiment sincère, mûrement réfléchi, politiquement responsable, et qu'il a été posé pour faire appel à son sens de la justice. Pourquoi ? Parce qu'en fait, il n'est pas facile de convaincre autrui de notre sincérité, pas facile même d'être certain devant nous-mêmes que nos actes émanent de notre conscience. Il faut être prêt à en payer le prix. Attention : être prêt à assumer les conséquences *légales* de notre désobéissance ne signifiera pas que nous reconnaissons que la sanction éventuelle soit justifiée, c'est-à-dire méritée en raison d'actes injustes ; cela affirme seulement que c'est au nom d'une *fidélité à la loi* que nous sommes prêts à subir ces conséquences légales. Cette distinction, importante, ménage la possibilité de contester l'accusation devant les tribunaux si cela s'avère utile.

5) La désobéissance civile telle que Rawls la définit peut être *directe* ou *indirecte*. Sa définition n'implique pas que l'acte de désobéissance enfreigne *la même loi* que celle contre laquelle on proteste. En effet, il y a des cas où l'opposition directe aux pratiques du pouvoir en place est manifestement impossible : par exemple en matière de politique étrangère ou de mesures touchant une autre partie du pays. Par ailleurs, il peut exister des raisons sérieuses pour ne pas enfreindre directement une loi ou une politique jugée injuste. À la place, on posera un acte public d'une autre nature : on pourra par exemple désobéir aux règlements de la circulation ou du droit de passage. La désobéissance indirecte s'imposera parfois au titre de la nécessité ou à celui de la morale politiques.

6) On peut maintenant mettre en évidence ce qui distingue la désobéissance civile de la simple *objection de conscience*. Cette dernière peut être définie comme « le fait de ne pas obéir à une injonction légale plus ou moins directe ou à un ordre administratif. C'est un refus, car nous recevons un ordre et, étant donné la nature de la situation, les autorités savent si nous obéissons ou non. [...] Quand notre refus peut être dissimulé,

il faut parler, non pas d'objection de conscience, mais de dérobade pour des raisons de conscience » (p. 408-409).

Il est manifeste que l'objection de conscience n'est pas en elle-même une forme d'appel public au sens de la justice des citoyens. L'objecteur n'invoquera pas à l'appui de son refus les convictions partagées de la majorité, car il a reconnu qu'il n'y a peut-être présentement pas de base pour parvenir à un accord mutuel. Son refus n'est pas nécessairement fondé sur des principes politiques. Il peut avoir d'autres motifs que l'infidélité ou l'atteinte aux fondements de la démocratie constitutionnelle : des motifs, religieux, humanistes ou d'une autre sorte. C'est pourquoi l'objection de conscience peut être une démarche strictement individuelle.

Bien entendu, la distinction proposée entre les deux attitudes n'est nullement une séparation tranchée. Dans les pratiques effectives, la même séquence d'actions comportera souvent des éléments de l'une et de l'autre – ne serait-ce que parce qu'elles réclament l'un et l'autre, on l'a dit, un engagement de la conscience. Pour tenter de convaincre autour de lui, l'objecteur de conscience sera souvent amené, porté par la force de sa conviction, à se regrouper avec d'autres pour devenir un désobéisseur. Rawls fait remarquer qu'il a précisé cette distinction surtout en vue de mieux élucider sa théorie constitutionnelle de la *désobéissance civile* et de justifier son rôle, sa nécessité pour un fonctionnement le plus «*juste*» possible d'une démocratie constitutionnelle régissant le vivre-ensemble de citoyens libres et égaux.

CHAPITRE IX

LA NATURE DU POUVOIR SELON HANNAH ARENDT DU « POUVOIR-SUR » AU « POUVOIR-EN-COMMUN »*

INTRODUCTION

Pourquoi s'intéresser à la pensée politique de Hannah Arendt, en particulier à son concept de *pouvoir*, inlassablement déployé tout au long de son œuvre ? Pour deux raisons, qui se cumulent aisément. La première : parce que la compréhension du pouvoir qu'elle nous propose est profondément originale. H. Arendt se sépare, sur cette question, de la quasi-totalité de la philosophie politique, de Platon à Max Weber, pour qui le rapport politique se définit comme rapport entre gouvernants et gouvernés, lequel à son tour s'analyse en termes de commandement et d'obéissance, et finalement de domination. À ses yeux, il y a dans cette définition une erreur sur la nature même du politique, quand on le comprend en termes de domination, c'est-à-dire de subordination d'une volonté à une autre. La domination, c'est pour Arendt une interprétation falsifiée et falsifiante du pouvoir, entendu comme pouvoir de l'homme sur l'homme. C'est contre une immense tradition, qui couvre, disais-je, la quasi-totalité de la pensée politique, qu'Arendt se propose de penser le pouvoir. Les enjeux de son effort se saisissent facilement : H. Arendt, qui publie en 1951 un maître-livre, *Les origines du totalitarisme*, duquel toutes ses autres œuvres, d'une façon ou d'une autre, dérivent, pense *après* les expériences totalitaires du vingtième siècle. « L'événement totalitaire a manifestement pulvérisé nos catégories morales, ainsi que nos critères de jugements moraux »[1]. Notre auteure s'est

* *Revue des Sciences Philosophiques et Théologiques*, 85 (2001), p. 511-527.

1. H. Arendt, *La nature du totalitarisme*, Paris, Payot, 1990, p. 42.

toujours défendue d'être une philosophe, préférant se dire « professeur de pensée politique »[1]. Elle entendait rompre avec la tradition philosophique née avec Platon et close avec Marx : les expériences totalitaires du XXe siècle avaient, selon elle, montré l'impuissance de cette tradition à saisir la réalité : « La domination totalitaire en tant que fait institué, lequel, en ce qu'il est sans précédent, ne peut pas être compris à l'aide des catégories usuelles de la pensée politique, [...] a rompu la continuité de l'histoire occidentale. La rupture dans notre tradition est maintenant un fait accompli » écrit-elle dans *La Tradition et l'âge moderne*[2]. Ouvrir une grande polémique avec la quasi-totalité de la philosophie politique occidentale, voilà le geste inaugural de la pensée arendtienne, celui qui lui confère une indéniable originalité : et c'est bien là une première raison de s'intéresser à un tel effort.

Il est une seconde raison de s'intéresser à la conception qu'Arendt propose concernant le pouvoir : c'est que sa méditation jette une vive lumière sur les phénomènes de la *violence*, et constitue donc une contribution précieuse pour tous ceux qui ne prennent pas leur parti des violences de nos sociétés et s'efforcent d'œuvrer à un traitement négocié, *non-violent*, des conflits inhérents à toute vie sociale et politique. « Tous les théoriciens politiques, aussi bien de droite que de gauche, s'accordent à reconnaître que la violence n'est rien d'autre que la manifestation la plus évidente du pouvoir. [...] Cet accord général est fort étrange »[3]. Dans une formulation qui apparaît paradoxale au premier regard, Arendt soutiendra au contraire que c'est quand le pouvoir manque que la violence tend à occuper le terrain ; mais elle ajoute aussitôt que celle-ci manifeste sa totale incapacité à instaurer quelque lien politique que ce soit : « Le règne de la pure violence s'instaure quand le pouvoir commence à se perdre » (*SLV*, p. 154) et « La violence peut détruire le pouvoir, elle est parfaitement incapable de le créer » (*SLV*, p. 157). On le pressent : une distinction ferme et constante entre pouvoir et violence constitue un lieu privilégié de sa pensée politique, privilégié en ce sens qu'il permet de rencontrer sur ce thème la plupart des difficultés auxquelles cette pensée s'affronte.

1. L'intérêt soutenu d'Arendt pour la politique lui est dicté par l'étonnement face au mal et par « l'horreur sans voix de ce que l'homme peut faire et de ce que le monde peut devenir ». Voir H. Arendt, *Juger. Sur la philosophie politique de Kant*, Paris, Seuil, 1991.

2. Repris dans H. Arendt, *La Crise de la culture*, trad. fr. P. Lévy, Paris, Gallimard, 1972, p. 39-40.

3. H. Arendt, « Sur la violence », repris dans *Du mensonge à la violence. Essais de politique contemporaine* (désormais cité *SLV*), Paris, Calmann-Lévy, 1972, p. 105-187, ici p. 135.

Refuser de définir le pouvoir comme domination de l'homme sur l'homme, et refuser de voir dans la violence la manifestation la plus évidente du pouvoir : voilà une pensée originale, qui ne peut manquer d'exciter l'intérêt. Si le pouvoir est irréductible aux rapports de domination, qu'est-il ? Qu'est-ce que cette force vive du pouvoir qui, lorsqu'elle s'éclipse, laisse précisément place à la violence ? La réponse à ces questions ne peut laisser indifférent le citoyen ou l'homme politique soucieux de mettre fin à toutes les institutions qui perpétuent la domination de l'homme sur l'homme, et, plus encore, le militant soucieux d'œuvrer à l'avènement d'une société démocratique correspondant aux requêtes de la non-violence, et donc fondée sur l'association volontaire, la participation aux décisions collectives, le débat public et les institutions constructives adaptées à la résolution, ou du moins à la régulation non-violente des conflits qui forment le tissu des affaires humaines.

Le principal texte d'Arendt auquel, en commençant, nous nous référerons est l'article « Sur la violence », daté de 1970, où se trouve, avec la précision et la concision souhaitables, exposée sa conception du pouvoir, sous la forme de définitions presque formelles, qui permettent de distinguer le pouvoir d'autres réalités voisines, comme la puissance, la force, l'autorité et la violence. Bien entendu, il nous sera nécessaire, chemin faisant, d'aller puiser dans d'autres œuvres des précisions nécessaires ou des prolongements souhaitables.

LE POUVOIR, TRADITIONNELLEMENT INTERPRÉTÉ EN TERMES DE DOMINATION

Avant de proposer ses propres vues, Hannah Arendt commence par remarquer qu'il existe un très large consensus, parmi les auteurs de science ou de philosophie politiques, pour comprendre le pouvoir, dans le domaine social et plus spécialement politique, en termes de *domination de l'homme sur l'homme*. En remarquant que l'acception la plus fréquente et la plus immédiate du pouvoir est d'être la propriété ou l'instrument de celui qui gouverne, qui conduit les affaires, qui commande, Arendt se plaît à citer, par mode d'évocation, quelques définitions qui illustrent cet étrange consensus. Voltaire : « Le pouvoir, c'est la possibilité de faire faire à d'autres ce qui me plaît ». Max Weber assure que le pouvoir est présent chaque fois que je puis « avoir la chance de faire prévaloir ma volonté sur la résistance d'autrui ». On n'est pas très loin de la célèbre définition de la guerre par Clausewitz : « Un acte de violence visant à contraindre l'adversaire à exécuter notre volonté ». Même Bertrand de Jouvenel, dans son livre *Du pouvoir*[1], dont Arendt juge qu'« il est le plus remarquable et en tous cas le plus intéressant des ouvrages récents traitant du sujet », affirme finalement que « commander et être obéi : ce qui est la condition nécessaire pour qu'il y ait Pouvoir, et la condition suffisante, ce sans quoi il n'existe pas : cette essence, c'est le commandement ». Tous ces auteurs sont d'accord pour affirmer que la caractéristique essentielle du pouvoir réside dans l'efficacité du commandement, ce qui les conduit, par là même, à définir la violence comme la plus flagrante manifestation du pouvoir. Ils ont tous en commun, « de la droite à la gauche, de Bertrand de Jouvenel à Mao Tse Toung » (*SLV*, p. 137-138), de concevoir la nature du pouvoir comme la propriété individuelle de celui qui commande. Pour eux, le pouvoir, c'est d'abord et avant tout la domination de l'homme sur l'homme. Si l'on aime les formules brèves, on parlera volontiers – le terme n'est pas d'Arendt elle-même – de « *pouvoir-sur* ».

Il faut avoir l'honnêteté, continue Arendt, de reconnaître que dans la perspective de la pensée politique traditionnelle, une telle définition ne manque pas de solides fondements. Ne provient-elle pas, d'abord, de la constitution des États-Nations souverains de l'Europe, qui mirent en avant l'ancienne notion de « pouvoir absolu » ? Jean Bodin, dans la France du XVIe siècle, et Thomas Hobbes, dans l'Angleterre du XVIIe siècle, se feront les théoriciens les plus en vue d'une telle doctrine. Plus haut dans l'histoire, en remontant jusqu'à la pensée politique des Grecs, n'a-t-on pas *défini* les formes de gouvernement comme les divers systèmes de domination de l'homme sur l'homme ? Domination d'un seul ou d'un petit nombre dans la monarchie ou l'oligarchie, domination des meilleurs dans l'aristocratie, règne de la majorité dans la démocratie. Ne conviendrait-il pas, pour faire référence à nos expériences contemporaines, de citer la dernière forme de domination, celle de la bureaucratie, « pouvoir d'un système complexe de bureaux où ni un seul, ni les meilleurs, ni le petit nombre, ni la majorité, personne ne peut être tenu pour responsable, et que l'on peut justement qualifier de règne de l'Anonyme » (*SLV*, p. 138) ? Pour continuer dans la même ligne, on ne manquera pas d'évoquer les nombreuses théories scientifiques, en biologie, en éthologie ou en psychologie animale, qui mettent en évidence, dans l'être vivant, un instinct animal de *domination* et de tendances agressives innées : comment ne pas voir qu'elles confortent, parfois très directement, l'idée que l'exercice du pouvoir s'adosse à des forces quasi-biologiques et à des inclinations très profondes à la domination et au commandement, qui ouvrent la voie à toutes les formes de volonté

1. B. de Jouvenel, *Du pouvoir. Histoire naturelle de sa croissance*, Paris, Hachette, 1972.

de puissance ? Pour faire bonne mesure, on ajoutera – indubitable et forte expérience en la matière – l'*instinct de soumission*, « ardent désir de se laisser diriger par autrui et d'obéir à un homme fort », qui n'est pas moins remarquable, et qui ouvre carrière à cette prompte soumission à la tyrannie que soulignaient naguère Étienne de la Boétie dans son livre *De la servitude volontaire*, ou Stuart Mill dans *Considerations on Representative Government* de 1861 ? Interpréter le pouvoir en termes de domination de l'homme sur l'homme, comme « pouvoir-sur », ce qui est le lot de la très grosse majorité des auteurs de la pensée politique européenne depuis des siècles et des siècles, n'est donc nullement un geste infondé, dépourvu de légitimation : bien au contraire peut-il invoquer en sa faveur toute une panoplie de pensées, de faits sociaux, d'institutions ou de connaissances scientifiques. Hannah Arendt a une vive perception du poids énorme de cette tradition. C'est, nous l'avons souligné en commençant, contre la *quasi-unanimité* des penseurs politiques concernant la nature du pouvoir qu'elle engage le fer et qu'elle va tenter de proposer une tout autre appréhension de l'essence du pouvoir.

Nous avons parlé de quasi-unanimité. Car, à vrai dire, Arendt sait bien qu'il existe aussi, très minoritaire, une autre tradition qui véhicule une compréhension très différente du pouvoir, et qui se manifeste, elle aussi, par des faits politiques, des institutions et un vocabulaire dans lequel ces faits ont été compris. C'est d'abord, chez les Grecs et les Romains – elle connaissait bien et elle admirait la culture politique de la civilisation romaine – qu'elle s'en vient quérir les prodromes de la définition du pouvoir qu'elle va ensuite élaborer et proposer : « Lorsque les anciens Grecs qualifiaient d'*isonomie* la règle constitutionnelle de la cité, ou que les Romains désignaient de *civitas* la forme de leur gouvernement, ils se référaient à une conception du pouvoir et du droit qui n'était pas essentiellement fondée sur le lien entre le commandement et l'obéissance, et ne considérait pas comme identiques le pouvoir, le règne du droit et le commandement » (*SLV*, p. 140). Cependant, les repères historiques d'Arendt ne sont pas principalement grecs ou latins, mais modernes, voire contemporains. C'est d'abord l'expérience des révolutions du XVIIIe siècle – n'oublions pas qu'Arendt a écrit en 1963 un remarquable essai *On Revolution*[1], dans lequel elle compare la Révolution américaine et la Révolution française pour juger que seule la première a été « réussie » – qui se trouve d'abord évoquée pour dégager les indications qui orienteront sa philosophie du pouvoir. Les instigateurs de ces révolutions, en faisant référence à certains documents de

1. H. Arendt, *Essai sur la révolution*, trad. fr. M. Chrestien, Paris, Gallimard, 1967.

l'Antiquité, cherchaient à « tracer le modèle d'un gouvernement, d'une république dans laquelle le règne du droit, fondé sur la volonté du peuple, mettrait un terme à la domination de l'homme sur l'homme qui, estimaient-ils, était un mode de gouvernement "bon pour les esclaves" » (*SLV*, p. 140). Certes, ils continuaient, eux aussi, à parler d'obéissance, mais il ne s'agissait plus, en principe, d'une obéissance *aux hommes*, mais d'une obéissance *aux lois*, étant présupposé qu'il s'agissait de lois auxquelles la communauté des citoyens avait donné son consentement (*consent*). Ainsi entendaient-ils désigner la source réelle du pouvoir, qui n'est nulle part ailleurs que dans « le peuple » : « C'est le soutien populaire qui donne leur pouvoir aux institutions d'un pays, et ce soutien n'est que la suite naturelle du consentement qui a commencé par donner naissance aux lois existantes » (*SLV*, p. 141). Notons ici au passage, que parmi les références de la Révolution française, et constituant donc une exception de première grandeur à la « quasi-unanimité » des interprètes du pouvoir en termes de domination, H. Arendt ne manque pas de citer Rousseau [1]. Pourtant les plus précieux repères historiques d'Arendt sont les irruptions modernes du pouvoir populaire [2] : les « sociétés révolutionnaires » de la Révolution française, les « sections » ou « districts » de la première Commune de Paris en 1870-1871, les *soviets* ouvriers nés en Russie lors de la vague de grèves spontanées en 1905, ceux surgis en février 1917 avant leur « récupération » ou leur interdiction par le parti bolchévique, les conseils ouvriers (*Arbeiter-räte*) ou militaires (*Soldaten-räte*) constitués en Allemagne en 1918-1919 après la défaite, le système des « conseils » qui se répandit à l'automne 1956, lors de la Révolution hongroise, à Budapest et avec une incroyable rapidité sur le pays tout entier, les organisations lors du printemps de Prague, les nombreux mouvements de résistance populaire à une occupa-

1. Les principes du *Contrat social* sont à cet égard sans ambiguïté : 1) Nul homme n'a d'autorité naturelle sur son semblable : « Tout homme étant né libre et maître de lui-même, nul ne peut, sous quelque prétexte que ce puisse être, l'assujettir sans son aveu » (livre IV, chap. 2) ; 2) L'autorité politique, que Rousseau nomme la souveraineté, réside essentiellement dans le peuple ; elle est inaliénable, et le peuple ne peut en confier l'exercice à qui que ce soit : « La puissance législative appartient au peuple et ne peut appartenir qu'à lui [...]. Il est clair que dans la puissance législative, le peuple ne peut être représenté » (livre III, chap. 1 et 15) ; 3) Le gouvernement, qui a en main la force publique, peut être tenté de substituer ses propres volontés à celles du peuple dans l'administration de l'État ; si il y réussit, le pacte social est rompu, le corps politique détruit, et « tous les simples citoyens, rentrés de droit dans leur liberté naturelle, sont forcés, mais non pas obligés d'obéir » (livre III, chap. 10). Une comparaison des idées d'H. Arendt avec la doctrine du *Contrat social* mériterait une étude précise.

2. *Cf.* par exemple l'*Essai sur la révolution*, *op. cit.*, p. 387-388.

tion étrangère ou une tyrannie jugée un jour insupportable, comme les actions de désobéissance civile liées au nom de Martin Luther King ou celui de Gandhi. Voilà l'*autre* tradition, tout autre que la tradition de la domination : elle véhicule des expériences historiques qui présentent aux yeux d'Arendt une force probante suffisante pour lui permettre de contester l'immense lignée des auteurs politiques qui ont compris originairement le pouvoir comme pouvoir-sur, en termes de commandement, de contrainte, de violence, bref en termes de domination de l'homme sur l'homme.

VERS UNE NOUVELLE DÉFINITION DU POUVOIR

Hannah Arendt va donc avancer une autre définition du pouvoir. Elle porte à cette occasion un jugement sévère sur la terminologie en usage dans la science ou la philosophie politiques. « Il me paraît assez triste de constater qu'à son stade actuel, la terminologie de notre science politique est incapable de faire nettement la distinction entre divers mots clefs tels que "pouvoir", "puissance", "force", "autorité" et finalement "violence", dont chacun se réfère à des phénomènes distincts et différents » (*SLV*, p. 143). Il ne s'agit pas, pour elle, de jouer simplement au petit jeu consistant à proposer des définitions nouvelles : il s'agit – et la question est décisive pour qui prétend au titre de professeur de pensée politique – de distinguer non des mots, mais les réalités auxquelles ces mots se réfèrent. Le flottement des auteurs dans leur terminologie, leur utilisation de termes traités le plus souvent comme s'il s'agissait de synonymes, ne dénotent pas seulement, ni d'abord, une insensibilité à leur signification sémantique et linguistique : ils témoignent d'une stupéfiante ignorance des réalités en cause. Pour eux, des distinctions terminologiques ne seraient, au mieux, que d'une importance mineure puisque s'affirme, d'un règne absolu, la conviction que le problème politique essentiel demeure, et a toujours été, de savoir *qui domine* et *qui est dominé* : « Pouvoir, puissance, force, autorité, violence : ce ne sont là (à leurs yeux) que des mots indicateurs des moyens que l'homme utilise afin de dominer l'homme ; on les tient pour synonymes du fait qu'ils ont la même fonction » (*SLV*, p. 144). La conviction de notre auteur est que cette mécompréhension de la vraie nature du pouvoir barre à la pensée l'accès authentique à l'ensemble des problèmes que posent l'exercice de la vie sociale, la direction des affaires publiques et le fonctionnement des institutions politiques – bref l'accès à quelques-uns des problèmes les plus essentiels de l'homme. Elle formule cette conviction avec une vigueur surprenante : « Ce n'est que lorsque l'on aura cessé de ramener la conduite des affaires publiques à une simple question de domination que les caractères originaux des problèmes de l'homme pourront apparaître, ou plutôt réapparaître, dans toute leur authentique diversité » (*SLV*, p. 144).

Essentiellement et originairement, le pouvoir appartient à un groupe

Le moment est venu, au terme de ces préliminaires, de présenter positivement sa conception du pouvoir. Comme elle vient de le laisser entendre, elle va le faire en formulant, de façon brève et assez formelle, les définitions, à ses yeux exactes, des réalités auxquelles se réfèrent les termes dont elle vient de dénoncer les confusions.

> Le *pouvoir* correspond à l'aptitude de l'homme à agir, et à agir de façon concertée. Le pouvoir n'est jamais une propriété individuelle ; il appartient à un groupe et continue de lui appartenir aussi longtemps que ce groupe n'est pas divisé. Lorsque nous déclarons que quelqu'un est « au pouvoir », nous entendons par là qu'il a reçu d'un certain nombre de personnes le pouvoir d'agir en leur nom. (*SLV*, p. 144)

La définition est claire, nette : le pouvoir n'est pas originairement un « pouvoir-sur », il est un « *pouvoir-en-commun* ». Avec toute la netteté désirable, se trouve ainsi marqué l'écart qui sépare le pouvoir-en-commun de la domination. Cet écart prend toute son importance si l'on se souvient que, exprimant le consensus dominant dont nous avons parlé ci-dessus, Max Weber, mettant en ordre au début d'*Économie et société* les concepts majeurs de la sociologie politique (*cf.* chap. VII, p. 80-84), avait *spécifié* l'institution politique parmi toutes les institutions par la relation de domination qui distingue les gouvernants et les gouvernés. Cette relation engage à la fois une scission et une référence à la violence, comme on le vérifie avec la définition wébérienne de l'État. La prise de position d'H. Arendt consomme la rupture avec une telle tradition. Plus fondamentale, plus originaire que la relation de domination est celle du pouvoir-en-commun.

Pour expliciter cette nouvelle définition et comprendre toute la portée de la rupture, il nous faut ici quitter, provisoirement, l'article « Sur la violence » et recourir à d'autres œuvres de notre auteur. Nous venons de le lire : le pouvoir doit être compris comme procédant directement de la catégorie d'*action*. Pour Arendt, la catégorie d'action, qu'elle a longuement scrutée dans *La condition de l'homme moderne*[1], doit être comprise comme

1. H. Arendt, *La condition de l'homme moderne* (désormais cité désormais *CHM*), trad. fr. G. Fradier. Paris, Calmann-Lévy, 1961, 1983.

irréductible à celle de travail et celle d'œuvre. Elle revêt une signification politique au sens le plus large si l'on en souligne deux conditions : celle de *pluralité* d'abord, celle de *concertation* ensuite.

a) *La condition de pluralité*. Dès le début de son livre, Arendt met fortement en valeur cette condition : « L'action, la seule activité qui mette directement en rapport les hommes, sans l'intermédiaire des objets et de la matière, correspond à la condition humaine de la *pluralité*, au fait que ce sont des hommes, et non l'homme, qui vivent sur terre et habitent le monde » (*CHM*, p. 41). Cette pluralité touche donc immédiatement aux fondements de la vie politique : elle est à ses yeux « spécifiquement *la* condition – non seulement la *conditio sine qua non*, mais encore la *conditio per quam* – de toute vie politique » (*CHM*, p. 42). Notre auteure va chercher, une fois encore, une illustration de sa pensée dans la langue quotidienne des Romains, « qui furent sans doute le peuple le plus politique que l'on connaisse » : à Rome, on employait comme synonymes les verbes « vivre » et « être parmi les hommes » (*inter homines esse*), ou encore « mourir » et « cesser d'être parmi les hommes » (*inter homines desinere*). En invoquant le premier chapitre de la *Genèse*, « Il les créa mâle et femelle », elle affirme qu'on trouve là, sous sa forme la plus élémentaire la condition même de l'action, à savoir que les humains sont à la fois égaux et différents, en tant qu'ils ne sont pas des répétitions reproductibles à l'infini d'un seul et unique modèle. « La pluralité est la condition de l'action humaine parce que nous sommes tous pareils, c'est-à-dire humains, sans que jamais personne soit identique à aucun autre humain ayant vécu, vivant ou encore à naître » (*CHM*, p. 42-43). Paul Ricœur a mis en évidence, dans cette condition de pluralité, l'extension des rapports interhumains au-delà du face-à-face je/tu, au-delà de la relation dialogale strictement dyadique, en direction du tiers ; le tiers est, par nature, inclus dans la pluralité : il sera donc inclus dans la relation constitutive du pouvoir[1]. Pourquoi en est-il ainsi ? Parce que l'action s'insère toujours dans un réseau d'autres actions, de relations humaines, qui fait qu'elle n'atteint presque jamais son but L'action politique est par nature imprévisible, du fait même de la pluralité qui en est la condition. Ajoutons que cette inclusion du tiers ne doit surtout pas être limitée à l'aspect instantané, contemporain, du vouloir-vivre-ensemble qui condense temporellement la relation de pluralité, mais étalée dans la durée : cette précision fait référence au souci constant d'Arendt d'arracher l'action humaine à sa fragilité temporelle, et d'honorer son ambition de « durer ». Nous touchons ici, au passage, à l'une des fonctions essentielles de l'insti-

1. P. Ricœur, *Soi-même comme un autre*, Paris, Seuil, 1990, p. 227-228.

tution : elle est une sorte de remède à la précarité des individus, au caractère éphémère des humains qui portent à juste titre le nom de « mortels ». Hannah Arendt en cherche le secret dans une faculté humaine sur laquelle elle a très souvent insisté, qu'il lui arrive de nommer « la plus haute faculté humaine » (*CHM*, p. 258) et à laquelle elle a donné un développement mémorable dans *La condition de l'homme moderne* : la faculté de faire des promesses.

> À la différence de la force, qui est le don et la propriété de chaque homme pris isolément [...], le pouvoir ne peut voir le jour que si des hommes se réunissent en vue de l'action, et il disparaît quand, pour une raison ou pour une autre, ils se dispersent et s'abandonnent les uns les autres. Se lier et promettre, s'associer et signer un contrat : tels sont donc les moyens qui préviennent la disparition du pouvoir [...]. Il y a dans la faculté humaine de faire des promesses et de les respecter un élément de la capacité de l'homme à bâtir un monde. De même que les promesses et les accords sont tournés vers l'avenir et fournissent quelque stabilité dans l'océan de l'incertitude future où l'imprévisible peut surgir de partout, de même la capacité de construire un monde concerne bien plus que nous-mêmes et que notre temps sur la terre, notre « successeur » et les « générations futures ». (*CHM*, p. 257-258)

Nous retrouverons plus loin ce souci de l'orientation vers l'avenir avec la question de la fondation.

b) *La condition de concertation.* « Le pouvoir correspond à l'aptitude de l'homme à agir, et à agir de façon *concertée* », avons-nous lu ci-dessus. Ainsi se trouve évoquée la sphère de l'action publique qu'Arendt envisage comme l'immense « tissu » (*web*) des relations humaines, au sein duquel chaque vie individuelle déploie sa brève histoire. Il n'est pas difficile d'y voir le réseau touffus des structures sociales et institutionnelles propres aux différentes sphères d'activité en commun, et, pour ce qui nous concerne ici, l'entrelacement des innombrables institutions sociales et politiques qui donnent un visage historique à cette condition de concertation marquant la réalité du pouvoir.

C'est là le remède originel que les Grecs ou les Romains ont inventé pour suppléer à la fragilité des affaires humaines : la fondation de la « polis », de la « civitas ». Ce que l'on peut, avec notre auteur, appeler « l'espace politique » naît directement de la communauté d'action, de ce qu'Aristote appelle magnifiquement « la mise en commun des paroles et des actes ». La cité politique proprement dite n'est pas d'abord à comprendre en sa localisation physique ou géographique : c'est plus fondamentalement l'organisation du peuple, qui vient de ce que l'on parle ensemble et l'on agit ensemble :

> son espace véritable s'étend entre les hommes qui vivent ensemble dans ce but, en quelque lieu qu'ils se trouvent. « Où que vous alliez, vous serez une *polis* ». Cette phrase célèbre [...] exprime la conviction que la parole et l'action créent entre les participants un espace qui peut trouver sa localisation juste presque n'importe quand et n'importe où. C'est l'espace du paraître au sens le plus large : l'espace où j'apparais aux autres comme les autres m'apparaissent, où les hommes n'existent pas simplement comme d'autres objets vivants ou inanimés, mais font explicitement leur apparition. (*CHM*, p. 258)

C'est cet « espace d'apparition » qui constitue la réalité que nous désignons aujourd'hui par l'idée d'espace public. H. Arendt cherche à en discerner les caractéristiques avec précision : elle s'attache à en souligner les traits *éphémères* et le caractère seulement *potentiel*.

> L'espace de l'apparaître commence à exister dès que les hommes s'assemblent sur le mode de la parole et de l'action ; il précède par conséquent toute constitution du domaine public et des formes de gouvernement, c'est-à-dire les diverses formes sous lesquelles le domaine public peut s'organiser. Il a ceci de particulier qu'à la différence des espaces qui sont l'œuvre de nos mains, il ne survit pas à l'actualité du mouvement qui l'a vu naître : il disparaît non seulement à la dispersion des hommes – comme dans le cas des catastrophes qui ruinent l'organisation politique d'un peuple –, mais aussi au moment de la disparition ou de l'arrêt des activités elles-mêmes. (*CHM*, p. 259)

Cet espace d'apparition, ce domaine public à l'intérieur duquel vont s'organiser les instances de concertation et fonctionner les institutions politiques du pouvoir-en-commun, ne présente pas seulement des traits éphémères, il possède, indépassable, un caractère *potentiel*.

> Partout où les hommes se rassemblent, l'espace public est là en puissance, mais seulement en puissance, non pas nécessairement ni pour toujours. Si les civilisations naissent et meurent, si de puissants empires et de grandes cultures déclinent et sombrent sans catastrophes extérieures, [...] c'est en raison de cette particularité du domaine public qui, reposant finalement sur l'action et la parole, ne perd jamais complètement son caractère potentiel. [...] On ne peut emmagasiner la puissance et la conserver en cas d'urgence, comme les instruments de la violence : elle n'existe qu'en acte. *Le pouvoir qui n'est pas actualisé disparaît.* (*CHM*, p. 259)

On mesure ici à quel point ce que Arendt appelle la condition de concertation est essentielle à la constitution et à la survie du pouvoir-ensemble. Sans doute pourrait-on voir une illustration parlante de cette exigence dans la connexion nécessaire que Gandhi voyait entre la désobéissance civile et ce qu'il appelait le « programme constructif », lorsqu'il affirmait que « le corps de la non-violence se disloque s'il n'y a pas une foi vivante dans le programme constructif ». « La puissance jaillit parmi les hommes lorsqu'ils agissent ensemble, et retombe dès qu'ils se dispersent ». La puissance que recèle, lorsqu'il est en acte, l'espace public d'apparition est, à un degré étonnant, indépendante des facteurs matériels, du nombre, des ressources. C'est cette particularité, et elle seule, qui permet de rendre compte d'une foule d'exemples historiques, parfois difficiles à interpréter. Un groupe relativement peu nombreux, mais « bien organisé », est susceptible de dominer longtemps des masses inorganisées ou de vastes ensembles populeux. Mais, à l'inverse, une révolte populaire contre un gouvernement, même s'il s'est doté d'une énorme supériorité de forces matérielles, peut acquérir une puissance irrésistible; et H. Arendt d'ajouter, avec une pointe d'humour, « il y a certainement de l'ironie à appeler cela "résistance passive" : c'est l'un des moyens d'action les plus actifs et les plus efficaces que l'on ait inventés » (*CHM*, p. 261).

Cela dit, il faut bien avouer, avec Arendt elle même, que cette strate profonde du pouvoir, non du pouvoir-sur mais du pouvoir-en-commun, surgie de la pluralité et caractérisée par la concertation, n'est nullement évidente, qu'elle est d'ordinaire invisible, tant elle est recouverte par les relations de domination. Il faut les grandes débâcles historiques, les crises de rupture dans lesquelles cette réalité profonde du pouvoir est sur le point d'être ruinée, pour la voir portée au jour sous les formes d'un vouloir-vivre ensemble qui se réveille de sa latence et met en mouvement, avec une énergie parfois proche du désespoir, les ressources inattendues des initiatives communes. Cette nappe phréatique, constitutif fondamental du pouvoir, ne se laisse discerner que dans ses irruptions discontinues au plus vif de l'histoire sur la scène publique. C'est pourquoi notre auteure accorde à cette initiative commune, à ce pouvoir-en-commun, le *statut de l'oublié*, qui a tant frappé Paul Ricœur lors de sa méditation sur l'œuvre de Hannah Arendt[1]. J'ajouterais volontiers que c'est sans doute ce statut de l'*oublié* qui explique que le concept de pouvoir, ainsi que nous le remarquions en commençant, soit demeuré très largement inaperçu de beaucoup des représentants les plus éminents de la philosophie occidentale et qu'il ait fait, d'une manière presqu'unanime, l'objet d'une interprétation erronée en termes de domination de l'homme sur l'homme.

1. P. Ricœur, « Pouvoir et violence », dans *Ontologie et Politique. Hannah Arendt*, Paris, Tierce, 1989, p. 141-159. J'exprime ici ma dette à l'égard de cette étude, aussi rigoureuse qu'éclairante.

Au terme de ces explicitations, nous comprenons mieux ce qu'Arendt a en vue lorsqu'elle définit le pouvoir : « Le pouvoir correspond à l'aptitude de l'homme à agir, et à agir de façon concertée. Le pouvoir n'est jamais une propriété individuelle : il appartient à un groupe et continue de lui appartenir aussi longtemps que ce groupe n'est pas divisé ». D'une telle compréhension du pouvoir il résulte immédiatement que lorsque, dans le langage courant, il nous arrive de déclarer qu'un homme est *au* pouvoir, il faut bien voir que nous sous-entendons par là qu'il a reçu d'un certain groupe le pouvoir d'agir en leur nom ; dès que ce groupe se dissout, son pouvoir se dissipe également. De même, s'il nous arrive de parler du pouvoir d'un homme, ou bien nous conférons déjà au terme « pouvoir » un sens dérivé, en signifiant le pouvoir qu'il a *reçu* d'agir au nom du groupe, ou bien nous parlons de manière impropre en faisant allusion, en fait, à sa « puissance ».

Ainsi le pouvoir présente-t-il, à l'inverse de la relation de domination, un caractère *non hiérarchique*. Continuons, avec notre auteur, à le spécifier en mettant en valeur son caractère non *instrumental*, à l'inverse de la relation de violence.

POUVOIR ET VIOLENCE

Commençons par rappeler que l'un des soucis de notre auteur, dirigé vers l'appréhension de la nature cachée du pouvoir, est de *distinguer* le pouvoir et la violence. Distinguer, et non séparer. Car Arendt sait bien que, dans les faits, on les trouve presque toujours mêlés ; mais ce n'est pas, à ses yeux, une raison pour les confondre. Au contraire. « Rien n'est plus fréquent que l'association du pouvoir et de la violence ; il est extrêmement rare de les trouver séparés l'un de l'autre et sous leur forme pure et donc extrême. Il n'en résulte pas cependant que [...] le pouvoir et la violence ne soient qu'une seule et même chose » (*SLV*, p. 147).

Qu'est-ce qui distingue proprement la violence à ses yeux ? Essentiellement, son caractère instrumental. « Le pouvoir, mais non la violence, est l'élément essentiel de toute forme de gouvernement. La violence, elle, est par nature *instrumentale* ; comme tous les instruments, elle doit toujours être dirigée et justifiée par les fins qu'elle entend servir. Ce qui exige ainsi une justification extérieure ne saurait représenter le principe constitutif essentiel » (*SLV*, p. 151-152). Hannah Arendt ne cesse d'insister sur ce caractère instrumental de la violence. Sous son aspect phénoménologique, la violence s'apparente à la puissance, car ses *instruments*, comme tous les autres outils, sont conçus et utilisés en vue de multiplier la puissance naturelle. La violence ne dépend ni de l'opinion, ni du nombre, mais des instruments dont elle peut disposer; les instruments de la violence accroissent et multiplient les forces humaines.

Ce caractère instrumental de la violence, par voie de retour, manifeste le caractère non instrumental du pouvoir : « le pouvoir trouve en lui-même sa propre fin ». Certes, il pourra arriver que des gouvernements se servent du pouvoir qui leur a été conféré en vue d'atteindre les objectifs qu'ils se sont fixés; mais, Arendt y insiste, la structure du pouvoir lui-même est antérieure à ces buts et leur survit. « Loin d'être un moyen en vue d'une fin, le pouvoir est en fait la condition même qui peut permettre à un groupe de personne de penser et d'agir en termes de fins et de moyens » (*SLV*, p. 152).

Les deux caractères *non hiérarchique* du pouvoir (il s'inscrit hors de la relation de domination de vouloir à vouloir) et *non instrumental* (il se présente hors de la relation fin-moyens) expliquent cet étrange jeu que l'on constate empiriquement dans les sociétés humaines, mais que l'on ne parvient pas toujours à interpréter correctement. C'est quand le pouvoir vient à faire défaut que la violence aura tendance à renforcer son emprise, mais – affirmation capitale – la violence n'en montre pas moins son *incapacité* radicale à instaurer quelque pouvoir politique que ce soit. « Le règne de la pure violence s'instaure quand le pouvoir commence à se perdre » (*SLV*, p. 154) et « La violence peut détruire le pouvoir, elle est parfaitement incapable de le créer » (*SLV*, p. 157). Aux yeux de notre auteur, il ne fait pas de doute que la décomposition du pouvoir est un phénomène plus instructif, quand à la nature véritable du pouvoir, que l'impuissance résultant de l'instauration de la violence. C'est, pense-t-elle, ce que démontrent les révolutions et les irruptions des pouvoirs populaires. Nous avons sur Hannah Arendt le précieux avantage aujourd'hui d'avoir eu sous les yeux le processus d'affaissement interne du bloc soviétique, symbolisé par la chute du mur de Berlin. Ces événements n'ont pas manqué d'illustrer la thèse d'Arendt : la description et l'interprétation des phénomènes de désintégration interne du pouvoir, laissant – ou ne laissant pas – le champ libre à l'explosion de la violence, constituent un solide appui pour la définition proposée du pouvoir selon ses caractères non hiérarchique et non instrumentalisé, c'est-à-dire pour une compréhension du pouvoir irréductible *et* à la domination *et* à la violence.

On approfondira encore la distinction entre pouvoir et violence si l'on examine leur rapport à la légitimité ou à la justification. Selon notre auteur, ce qui différencie ici la légitimation et la justification, c'est leur orientation temporelle : la légitimation cherche toujours à faire appel au passé, tandis que la justification, elle, se réfère à un objectif dont la réalisation se situe dans le futur. « La violence peut être justifiable, elle ne sera jamais légitime » (*SLV*, p. 153) : pour manifester l'éventuelle justification de la violence, il suffit de songer à ce que l'on appelle traditionnellement la « légitime défense » (dénomination impropre selon Arendt), lorsque le danger est immédiat et évident. Il n'en est pas de même du pouvoir : celui-ci « peut se passer de toute justification, du fait qu'il inséparable de l'existence des communautés politiques ; mais ce qui lui est indispensable, c'est la légitimité. [...] Aussitôt que plusieurs personnes se rassemblent et agissent de concert, le pouvoir est manifeste, mais il tire sa légitimité du fait initial du rassemblement plutôt que de l'action qui est susceptible de le suivre » (*SLV*, p. 152). Nous retrouvons ici l'idée-force que nous avons rencontrée ci-dessus en évoquant les conditions de pluralité et de concertation de l'action politique : dès qu'il y a groupe humain assemblé, dès que ses membres se mettent à parler ensemble et à agir ensemble, le pouvoir est là, actualisé ; il n'a pas besoin d'une autre justification, orientée vers je ne sais quelle finalité future. En revanche, « il tire sa légitimité du fait initial du rassemblement ». C'est toute la doctrine du consentement (*consent*) initial qu'il y a lieu d'évoquer ici. Arendt y revient à plusieurs reprises, mais c'est peut-être en proposant, dans une note substantielle, une analogie avec les règles d'un jeu qu'elle explicite le mieux ce qu'elle a en vue. Il y a les règles acceptées et les règles imposées. Ces dernières émargent à la problématique de la domination et finalement de la violence, alors que, dans le jeu, l'acceptation de la règle résulte du seul désir de jouer, c'est-à-dire de vivre selon le mode ludique articulé par la règle. Nous avons la notion de règles qui seraient directives sans être coercitives : « elles dirigent les rapports humains comme les règles dirigent le cours du jeu » ; « l'acceptation de la règle résulte de mon désir de jouer, et les hommes n'existant qu'en groupe, ce désir de jouer équivaut à celui de vivre » (*SLV*, p. 201). C'est cette analogie qui, en dépit de ses limites, éclaire la légitimité du pouvoir, issu du rassemblement d'un groupe humain et du consentement initial qu'il a, dans le passé, donné aux lois existantes. « C'est le soutien populaire qui donne leur pouvoir aux institutions d'un pays, et ce soutien n'est que la suite naturelle du consentement [*consent*] qui a commencé par donner naissance aux lois existantes » (*SLV*, p. 141). La référence à ce consentement initial n'est pas sans rapprocher le pouvoir d'une autre réalité qu'il y a lieu maintenant de comprendre, à savoir l'autorité.

Pouvoir et autorité

De même qu'elle a, dans « Sur la violence », présenté une définition assez précise, bien que concise, du pouvoir, puis de la violence, H. Arendt propose, au même endroit, une définition de l'autorité, qu'elle inclut parmi les concepts-clefs de la doctrine politique. Toutefois, si l'on veut saisir, avec une explicitation suffisante, sa pensée sur ce thème, il est indispensable de se reporter au gros article « Qu'est-ce que l'autorité ? », repris dans *Between Past and Future* [1]. Commençons par lire cette définition.

> L'*autorité*, qui désigne le plus impalpable de ces phénomènes, et qui de ce fait est fréquemment l'occasion d'abus de langage, peut s'appliquer à la personne – on peut parler d'autorité personnelle, par exemple dans le cas des rapports entre parents et enfants, entre professeurs et élèves – ou encore elle peut constituer un attribut des institutions – comme par exemple le cas du Sénat romain (*auctoritas in senatu*) [...]. Sa caractéristique essentielle est que *ceux dont l'obéissance est requise la reconnaissent inconditionnellement* : il n'est en ce cas nul besoin de contrainte ou de persuasion [...]. L'autorité ne peut se maintenir qu'autant que l'institution ou la personne dont elle émane sont *respectées*. Le mépris est ainsi le plus grand ennemi de l'autorité, et le rire est pour elle la menace la plus redoutable. (*SLV*, p. 145-146)

Ce qui caractérise essentiellement l'autorité, c'est, à l'exclusion de l'usage de la contrainte ou de la persuasion, le présupposé de la reconnaissance et du respect. C'est pourquoi tout pouvoir aspire à la dignité de l'autorité : peut-être, aucun d'entre eux ne peut-il durer sans elle. « Dans les communautés organisées, le pouvoir institutionnalisé prend souvent le masque de l'autorité, exigeant une reconnaissance immédiate et inconditionnelle; à défaut, aucune société ne pourrait fonctionner » (*SLV*, p. 146-147). L'autorité, c'est ce qui a pour vertu d'assurer au pouvoir la permanence, la durée, ou mieux : l'endurance. *Auctoritas*, en latin, vient du verbe *augere*, augmenter : l'autorité vient « augmenter » le pouvoir. D'où H. Arendt tient-elle sa conception de l'autorité ? Des Romains, une fois encore. Ce sont eux qui ont à la fois pensé et agi sous le signe de l'*auctoritas* : elle signifie pour eux l'énergie perdurante de l'acte de la fondation de la Ville : *ab Urbe condita*. Dans cette énergie de la fondation est contenue, comme en son noyau, la cohésion de la trilogie autorité – religion – tradition. Si l'*autorité* réside dans la fondation première, la *religio* est ce qui y relie immédiatement par le lien de la piété, et la *traditio* médiatement par la transmission des Anciens; la vertu perdurante de la fondation est à la fois autorité, religion, tradition. Dans l'expérience politique des Romains, l'autorité consistait spécifiquement dans cette « augmentation » que le

1. H. Arendt, *La crise de la culture*, *op. cit.* L'article « Qu'est-ce que l'autorité ? » (désormais cité *QA*) occupe les pages 121-185.

pouvoir reçoit de cette énergie perdurante de la fondation. Si tel est le modèle initial de l'autorité, on comprend pourquoi il a exercé une telle emprise sur l'histoire de l'Occident, mais aussi pourquoi il était, dès l'origine, condamné à l'éclipse, puis au déclin, enfin à la disparition. L'article d'Arendt « Qu'est-ce que l'autorité ? » présente une tonalité très nostalgique : il faut, dit-elle, s'interroger, non sur ce qu'*est* l'autorité (politique), mais sur ce qu'elle *fut*, parce qu'elle s'est enfuie du monde moderne, avec la religion et la tradition qui constituaient la trilogie de la fondation.

Notre auteure ne prend pas tout bonnement son parti de cette disparition. À ses yeux, le pouvoir a toujours besoin d'un facteur de légitimation, qui soit en même temps un facteur de durabilité. C'est à cette requête qu'avait répondu le modèle romain de l'autorité, assurée par le recours à la fondation. En fin d'article, Arendt évoque la Révolution américaine, la seule selon elle à avoir « réussi », parce que « les pères fondateurs, comme nous continuons, de manière caractéristique à les appeler, ont fondé un corps politique entièrement nouveau, sans violence et avec l'aide d'une constitution » (*QA*, p. 183). Dans la pensée d'Arendt, qui recèle sans doute ici une harmonique utopique, pouvoir et fondation (autorité) sont également nécessaires à la constitution du champ politique concret; mais il faut bien comprendre qu'ils ne coïncident pas. Le pouvoir est fugace, précaire, souvent virtuel, sa légitimité a souvent le statut de l'*oublié* : la fondation serait cela seul qui pourrait le rendre durable, lui conférer l'endurance. Le pouvoir a toujours besoin d'être augmenté par quelqu'équivalent de l'expérience romaine de la fondation. Ce besoin peut-il être satisfait aujourd'hui ?

Les dernières lignes de l'article semblent répondre par la négative : « Car vivre dans un domaine politique privé *et* d'autorité *et* du savoir concomitant que la source de l'autorité transcende le pouvoir et ceux qui sont au pouvoir, veut dire se trouver à nouveau confronté, sans la confiance *religieuse* en un début sacré, ni la protection de normes de conduites *traditionnelles* et par conséquent évidentes, aux problèmes élémentaires du vivre-ensemble des hommes » (*QA*, p. 185). Dans l'article cité ci-dessus (note 1, p. 110), Paul Ricœur note qu'Arendt semble ici en quelque manière anticiper l'interprétation que Claude Lefort propose de la démocratie : un régime conscient du vide de sa fondation et par conséquent condamné par ce vide au risque permanent de la délibération, de la gestion négociée des conflits. Finalement, Ricœur pense cependant qu'Arendt ne consent pas, en fin de compte, à un pouvoir qui n'aurait d'autorité que celle que lui conférerait le « consentement instaurateur du vivre ensemble » : elle a trop insisté sur la fragilité du pouvoir et la fugacité du consentement sur lequel celui-ci repose pour ne pas penser que le pouvoir demeure toujours en quête d'une *fondation* distincte de ce consentement, d'une fondation qui « augmente », qui *autorise* ce consentement et donc légitime le pouvoir. « Parce qu'il n'est pas de consentement sans fondation, la fondation est paradoxalement non à faire, mais à répéter » [1].

Tentons d'abord de ramasser, sous la forme brève de quelques thèses, la compréhension qu'Arendt propose du pouvoir.

1) Dans sa très grande majorité, la philosophie politique occidentale, de Platon à Marx, a compris le pouvoir en termes de rapport de gouvernants à gouvernés, de commandement et obéissance, comme un rapport de domination. Ce faisant, elle a entériné le fait de la domination de l'homme par l'homme, et développé une culture de l'oppression et de la violence.

2) Les Révolutions de la fin du XVIIIe et du XIXe siècles, les expériences des totalitarismes au XXe siècle, ainsi que les irruptions modernes de pouvoir populaire (conseils ouvriers, vrais soviets, printemps de Prague, actions de désobéissance civile, etc.) obligent à mettre en question cette compréhension du pouvoir comme domination, comme pouvoir-sur.

3) Dans son acception originaire, le pouvoir correspond à l'aptitude de l'homme à agir collectivement et de manière concertée. Il n'est jamais une propriété individuelle : il appartient à un groupe et continue de lui appartenir tant que ce groupe n'est pas divisé. Il n'est donc pas d'abord un pouvoir-sur, mais un *pouvoir-en-commun*.

4) Alors que le pouvoir, inséparable de l'existence des groupes politiques, trouve en lui-même sa propre fin et n'a pas besoin de justification, la violence est de l'ordre des moyens et se distingue par son caractère *instrumental*. Même s'il est très fréquent de trouver, de fait, associés le pouvoir et la violence, le pouvoir diffère de la violence selon sa nature propre. Le pouvoir est, par essence, *non-violent*.

5) Le règne de la violence tend à s'instaurer dès que le pouvoir tend à se perdre. La violence peut détruire le pouvoir, mais elle est parfaitement incapable de le créer.

6) Même si, à la limite, l'usage de la violence peut éventuellement recevoir une *justification* (on aimerait mieux dire : une *excuse*) de la finalité qu'elle se propose, la violence n'est jamais *légitime*. Le pouvoir, qui est de l'ordre des fins, se passe de justification; mais la légitimité lui est indispensable.

1. P. Ricœur, « Pouvoir et violence », art. cit., note 40, p. 158.

7) L'autorité, elle, a pour caractéristique essentielle la reconnaissance inconditionnelle. Elle ne peut se maintenir que respectée; elle a donc pour ennemi le mépris et pour menace le rire.

8) Fugace et précaire, le pouvoir recherche durabilité et légitimation dans l'*autorité*, en-deçà de ce que lui confère le consentement instaurateur : aussi est-il toujours en quête d'une *fondation*, présumée mais oubliée...

Dans leur brièveté, ces huit thèses nous paraissent résumer la compréhension qu'Hannah Arendt propose du pouvoir, essentiellement du pouvoir politique. Risquons, pour conclure, une remarque finale, destinée à amorcer une évaluation critique de ses élaborations, qui apprécie leur portée tout en marquant certaines de leurs limites. Dans notre introduction, en insistant sur l'originalité de la conception arendtienne du pouvoir, nous soulignions que cette conception ne pouvait qu'attirer l'intérêt du citoyen ou de l'homme politique soucieux de mettre fin à toutes les conduites et institutions qui perpétuent la domination de l'homme sur l'homme, et plus encore l'intérêt de tous ceux qui désirent œuvrer à l'avènement d'une société démocratique correspondant aux requêtes de la *non-violence*. Il nous semble que les élaborations d'Arendt, originales en ce qu'elles rompent avec l'acception traditionnelle du pouvoir-domination et qu'elles permettent une interprétation éclairante des totalitarismes et des irruptions modernes du pouvoir populaire, donnent beaucoup à penser : elles permettent de *bien poser les questions* du citoyen, de l'homme politique ou du militant. Bien poser les questions : *pas plus*. Car il est manifeste que l'apport d'Arendt demeure préalable, et de quelque façon en deçà de réponses qu'ils sont en droit d'escompter.

Car si le pouvoir tient, de son constitutif même, en tant qu'appartenant à tout groupe humain, sa légitimité intrinsèque, et donc, par la vertu du consentement instaurateur, un caractère de *non-violence*, une question surgit, immédiate et impérieuse : comment ce pouvoir doit-il s'organiser, instaurer la « concertation », susciter les institutions, diriger son action, afin de conserver, dans les vicissitudes de la durée historique, la vertu de ses origines, l'autorité de sa fondation ? Selon quelles structures, quelles institutions doit-il agencer et conduire « sa parole et son action » afin de préserver l'autorité et la non-violence de son pacte fondateur, d'assurer la durée de sa légitimité et se garantir, en dépit de forces contraires, contre la rechute dans la contrainte, la domination, et finalement la violence ? En concevant le pouvoir comme *pouvoir-en-commun* avant de le saisir comme pouvoir-sur, en le distinguant, radicalement de la violence comprise selon son caractère instrumental, H. Arendt ne nous dit guère – ce n'était nullement son propos – selon quelles procédures, quelles structures, quelles institutions ce groupe doit organiser son pouvoir, ses pouvoirs, pour *conserver* à l'exercice historique de celui-ci ce caractère non-violent qu'il tient de son constitutif même.

Certes, on pourra glaner, disséminées dans son exposé, de nombreuses suggestions qui orienteront les réponses. Les exemples historiques qu'elle scrute au passage (l'*isonomè* de la cité grecque ou la *civitas* romaine, les Révolutions américaine et française qui posent les problèmes de l'autorité du *pouvoir constituant* et de la démocratie représentative, le contre-exemple des totalitarismes, les nombreuses irruptions d'un pouvoir populaire au XXe siècle, les exemples de la désobéissance civile, ...); la philosophie de l'action qu'elle propose en évoquant la condition de pluralité (nécessité de la séparation des pouvoirs, ...) et surtout la condition de concertation (orientant vers une participation active et actuelle aux décisions collectives, ainsi que vers la nécessité de l'organisation décentralisée); sa conception de l'espace public, de la nature volatile qu'il tient de son caractère seulement potentiel et donc la nécessité de le réactualiser périodiquement (instauration du débat public permanent, de la démocratie participative, pratique du vote comme acte emblématique de la condition de citoyen, ...); l'exigence pour tout pouvoir établi d'en appeler régulièrement au consentement instaurateur, toujours en train de sombrer dans les profondeurs de l'oubli, pour perdurer, pour acquérir et conserver l'autorité (rôle de la mémoire, des symboles civiques et politiques, des fêtes, ...); peut-être la quête d'une fondation originelle sans doute à jamais introuvable (besoin d'expliciter, autant que faire se peut, les sources de la Constitution, ...), etc. : si elles orientent, et parfois de manière très évocatrice, les réponses, ces suggestions ne sauraient constituer, à elles seules, des réponses suffisantes aux questions qu'on ne peut éviter de poser quant à l'organisation concrète, historique, des institutions publiques et privées d'une société démocratique. H. Arendt ne répond guère à ces questions, ce qui n'était pas ici son propos et réclamerait l'instauration d'une recherche d'un autre type. Mais il ne fait guère de doute qu'elle ait beaucoup œuvré à les *bien poser*, et dans les termes d'aujourd'hui. Mais qui donc a dit qu'une question bien posée contient déjà plus de la moitié de la réponse ?

NON-VIOLENCE ET RECONNAISSANCE MUTUELLE

CHAPITRE X

NON-VIOLENCE : RELIGION OU ÉTHIQUE ?*

S'interroger sur la non-violence pour déterminer si l'action qu'elle qualifie, la stratégie qu'elle commande, l'attitude fondamentale qu'elle implique, appartiennent à l'ordre de l'*éthique* ou à la sphère *religieuse*, présuppose, bien entendu, que l'on se soit au préalable suffisamment expliqué sur l'idée de la non-violence, sur son concept. Pour cela, méditons un peu sur la réalité à laquelle le concept réfère.

Notre recherche suppose acquises les élaborations proposées ces dernières années dans les cercles et les mouvements non-violents, et par exemple celles que l'on lira dans le livre de J.-M. Muller, *Dictionnaire de la non-violence*[1]. Elle admet aussi que le champ de la non-violence ne se limite pas aux questions militaires liées à la Défense et à la guerre nationale, mais s'étend à tout le domaine humain : relations personnelles, rapports politiques, gestion des conflits sociaux de toute nature.

Notre interrogation commencera par une question sur la violence. Avertissons tout de suite le lecteur : nous devrons ultérieurement stigmatiser les dangers de ce point de départ et dénoncer le contre-sens vers lequel il ne peut manquer de nous emmener…

UNE VIOLENCE DE LA NATURE ?

La vieille notion, « classique », de violence, qui la confond avec la *force physique* et en fait une caractéristique de la « nature » hante toujours les

* *Alternatives Non-Violentes*, n° 64, janvier 1987, p. 45-51.

1. J.-M. Muller, *Dictionnaire de la non-violence*, Paris, Éditions Le Relié, 2004. Voir aussi les travaux de Ch. Mellon, J. Sémelin, A. Refalo, F. Vaillant, …

esprits et égare souvent la recherche, dès le départ. Il faut évoquer ici, comme incontournable, notre expérience contemporaine de la violence, puisqu'elle va imposer une radicale révision des points de vue antérieurs sur la violence de la nature et sur sa prétendue élimination de nos sociétés par le seul moyen de la raison et de la culture.

En ses formes contemporaines, la violence se révèle en effet éminemment *rationnelle* et œuvre de *volonté intentionnelle*. Dans les figures qu'elle prend au quotidien [1] dans ce que certains appellent la violence médiatique, dans la violence économique, froide et meurtrière, qu'exerce de plus en plus le (dés)ordre libéral mondial, et surtout dans les modèles historiques du fascisme et du totalitarisme [2], on voit à l'œuvre une violence qui, pour s'exercer, a su choisir les armes que l'on pouvait estimer les plus susceptibles de la désarmer : la raison calculatrice, les sciences et les techniques.

Si l'on accepte de méditer ces formes modernes de la violence, ces formes qui ont assimilé raison et culture, on ne sera pas nécessairement conduit à vilipender la raison et à affirmer, comme certains qui ne savent guère ce qu'ils disent, que toute raison est violence. Mais on sera certainement amené à concevoir la violence tout autrement que ne le faisaient les auteurs « classiques » qui la liaient à son origine « naturelle » et en voyaient quelque archétype dans l'hypothétique « état de nature », cet état qui menacerait la société humaine en cas de rupture du contrat social et de dissolution de l'État de droit, en la ramenant sous la loi de la jungle.

Nous n'avons plus le droit de penser la violence comme le simple exercice de la force, qu'une force plus forte pourrait contenir ou faire plier : la violence dont nous faisons aujourd'hui l'expérience est réfléchie, elle sait tout de la force naturelle. Il faut bien le reconnaître : elle n'est pas moins civilisée, en sa barbarie, que le plus civilisé des États civils, et elle sait être aussi rationnelle, en son exercice d'inhumanité diabolique, que le calcul technique le plus sophistiqué.

La violence, donc, n'est pas « naturelle ». Aucun auteur récent n'a su, mieux qu'Éric Weil, nous le faire comprendre. Dans sa *Philosophie morale* [3], il écrit : « La roche tombante qui écrase une maison avec ses

1. *Cf.* la suggestive étude de P. Baudry, *Une sociologie du tragique. Violence au quotidien*, Paris, Le Cerf-Cujas, 1986.

2. Irremplaçables sont ici les livres de H. Arendt, *Les origines du totalitarisme*, t. I, *Sur l'Antisémitisme*, Paris, Calmann-Lévy, 1973 ; t. II, *L'Impérialisme*, Paris, Fayard, 1982 ; t. III *Le système totalitaire*, Paris, Seuil, 1972. Voir aussi Cl. Lefort, *L'invention démocratique*, Paris, Fayard, 1981.

3. É. Weil, *Philosophie morale*, Paris, Vrin, 1961. La citation reproduite se trouve à la fin du § 6, p. 20.

habitants, le lion qui tue et dévore sa proie, ne sont violents que pour l'homme qui, lui, a déjà l'idée de la *non-violence* et qui, pour cette raison, peut voir la violence dans la nature. Il n'y a du non-sens que du point de vue du sens » (p. 20).

De toute évidence [1], la nature, gouvernée par des lois rationnelles que la connaissance scientifique formule, ne saurait être déraisonnable, violente. Le mouvement de la roche qui tombe ou celui du lion qui chasse sont de la compétence de la pensée rationnelle, qui les montre rigoureusement déterminés par les lois de la mécanique, de la physique ou de l'éthologie : en aucun cas, on ne saurait prétendre que ces mouvements pourraient les transgresser ou les violer. Nul ne trouvera raisonnable d'exiger de la roche qu'elle s'écarte de sa course pour « épargner » la maison qu'elle va écraser avec ses habitants, ni de s'attendre à ce que le scorpion « épargne » sa proie !

Si l'on trouve légitime, cependant, de nommer *violentes* ces actions, ce ne peut être, à l'évidence, que dans la perspective d'une tout autre *requête*. On veut par là suggérer qu'elles excèdent les limites d'un raisonnable que fixerait pour elles une considération de tous les êtres qui voudrait leur conférer un droit égal à vivre et à se mouvoir. Elles ne sont dites violentes que *par l'homme* et *pour l'homme*, en fonction d'une requête qui transcende absolument l'ordre naturel, que l'homme est le *seul* à pouvoir formuler et qu'il est seul, aussi bien, à pouvoir assumer ; c'est proprement une requête de l'*esprit* [2]. Une demande d'universelle paix en laquelle se dit sa participation au monde de l'esprit.

En réalité, ce que demande l'esprit quand il affirme que la nature est violente, c'est que nul homme, capable de ressentir et de juger comme déraison la chute de la roche écrasant une maison avec ses habitants, *ne se laisse conduire*, *comme une roche*, par les seules forces naturelles qui

1. Nous suivons le commentaire que donne de ce texte H.-B. Vergote, dans « Esprit, violence et raison », *Études*, mars 1987, p. 369-370. Dans cette première partie, je m'inspire souvent de ce bel article.

2. Il faudra revenir une autre fois sur l'idée d'« esprit » et sur la philosophie qui tente d'en développer le concept. Signalons sans attendre la modeste, mais très intéressante note de J.R. de Renéville, « Grimmigkeit », *Les Études Philosophiques*, 2 (1986), p. 227-230 : il montre la confluence, en Europe, de deux racines sémantiques très différentes, engageant deux conceptions radicalement différentes de l'*esprit*. La première, méditerranéenne (*ruah* hébreu, *pneuma* grec, *anima* ou *spiratio* latins) évoque le souffle, la brise subtile : la seconde, germanique (*Geist* allemand, *ghost* anglais, *heda* sanscrit, *thumos* grec) évoque l'agitation, la colère, la tempête, la violence. Faut-il voir dans cette confluence sémantique, contingente, la responsable de l'orientation erronée qu'a prise une certaine philosophie – voire une théologie – de l'*esprit*, et corrélativement de la cécité intellectuelle, devenue chronique en Europe, sur les racines de la violence ?

agissent sur lui ou le mènent, au risque, comme la roche, d'écraser ceux qui l'entourent[1].

LA NON-VIOLENCE : UNE EXIGENCE ÉTHIQUE, D'ORDRE SPIRITUEL

Ce que demande l'esprit, c'est plus encore. Positivement, il exige que cet homme, qui en reconnaissant métaphoriquement « violente » la nature, s'identifie lui-même comme *spirituel*, se conduise désormais lui-même *selon la vue* qui lui a permis de voir la « violence » dans la nature, vue qui dépasse totalement la nature et qui est une vision d'esprit. C'est donc une disposition éthique, d'ordre spirituel, par laquelle l'homme affirme son monde, celui de l'esprit.

S'interroger sur l'origine de cette disposition spirituelle n'est pas ici notre propos; il faudra y revenir une autre fois. Disons seulement qu'il ne faudrait pas manquer d'invoquer la pensée grecque à l'aurore de la philosophie. Dans la considération qui fixe les limites du raisonnable en fonction d'une vision de la totalité des relations possibles entre tous les êtres, on reconnaîtra l'« *esprit panoptique* » dont les penseurs grecs présocratiques faisaient déjà le modèle, l'archétype de la vie spirituelle. Il est loisible d'identifier dans cette représentation de l'esprit panoptique, comme porteuse de coexistence de tous les êtres sous un même regard, une origine historique et culturelle en l'homme de l'idée de la *non-violence*. Une origine philosophique et éthique, donc, et non proprement religieuse.

En revanche, il convient de déployer quelque peu la figure de cette attitude éthique primordiale et de ce qu'elle comporte en fait de contenus et de références éthiques constituantes. L'interprétation originale et forte qu'a donnée Éric Weil du fameux *savoir absolu* de Hegel peut nous y aider puissamment. Contre ceux qui croyaient avoir compris le savoir absolu comme une connaissance DE l'absolu (génitif objectif) et aboutissaient ainsi à la clôture du sens et, inévitablement en fin de compte, à la violence, Éric Weil l'interprète (et tous ceux qui l'ont lu ratifient son interprétation) comme une exigence *spirituelle*, comme une ouverture de l'homme à l'action « qui est création du sens de l'homme par l'homme » : elle aboutit à un *refus principiel de la violence*, la seule attitude qui ouvre sur l'espérance d'une humanité réconciliée et pacifiée.

1. *Cf.* H.-B. Vergote, « Esprit, violence et raison », art. cit., p. 370.

Cette interprétation pose l'esprit humain non comme une *force*, mais comme une attitude : attitude éthique qui, à l'opposé d'une volonté d'homogénéiser les êtres et les situations, de réduire au Même les opposés, est la reconnaissance des vérités relatives disséminées en de multiples points de vue. Devant toute position naturelle ou rationnelle, cette attitude d'esprit applique inlassablement le principe essentiel d'une pensée de la relation, qui affirme que l'on ne doit jamais penser un terme sans un autre si l'on veut espérer comprendre vraiment le monde et l'accueillir.

C'est seulement dans une telle perspective que la violence est, enfin, comprise. Violence *intellectuelle*, d'abord, d'un esprit qui ne souffre pas la différence et la singularité des êtres, qu'il annihile dans la réduction à un unique principe d'explication. Violence *ontologique* ensuite, qui prête au soi-disant Réel la puissance de se servir des êtres pour accomplir, à travers eux et *sans eux*, sans leur aveu, son unique dessein d'autoréalisation, seul légitime [1].

Dans un article intitulé « Éthique et esprit » [2], Emmanuel Levinas écrivait superbement : « Est violente toute action où l'on agit comme si on était seul à agir, comme si le reste de l'univers n'était là que pour recevoir l'action ; est violente, par conséquent, aussi, toute action que nous subissons sans en être en tous points les collaborateurs ».

Non, la violence n'est pas « naturelle », elle n'est pas une simple variété de la force, de la puissance, de la contrainte : à la lumière de l'esprit qui la comprend exactement comme son autre absolu, elle apparaît elle aussi comme une manière d'être : celle qui nie, dans la pratique, la spiritualité comme possibilité qu'a l'être humain de reconnaître et de respecter l'altérité de ce avec qui il est en relation et peut exercer son action, qu'il s'agisse de la nature ou d'autrui. La violence, opposé d'une attitude éthique – la non-violence, qui la précède et la révèle [3] – entre, du fait même du jugement qui la pose et la juge, dans le champ de l'*éthique*.

1. *Cf.* H.-B. Vergote, « Esprit, violence et raison », art. cit., p. 368.

2. Un article de 1952, repris dans *Difficile liberté*, Paris, Albin Michel, 1963.

3. On prend ici conscience de la dangereuse inversion sémantique du vocable non-violence, qui donne naturellement à penser – mais à tort – que la non-violence serait la *négation* ou le *refus* de la violence qui la précéderait, et qu'ainsi on ne pourrait identifier la non-violence qu'après avoir répertorié et défini la violence, en toutes ses formes. C'est exactement l'inverse qui est vrai : c'est par rapport à une requête d'esprit que la violence peut apparaître et être identifiée comme telle. « *Il n'y a de non-sens que du point de vue du sens* » (É. Weil).

ÉTHIQUE OU RELIGION ?

Ainsi notre réflexion nous amène-t-elle à la conviction raisonnée que la non-violence appartient, selon sa catégorie, à l'ordre éthique, à l'ordre moral et politique : elle est l'exigence même, la requête qui constitue l'esprit. Elle est une disposition, une attitude éthique qui résulte d'une vue intellectuelle et d'une prise de position fondamentale – osons la nommer : ontologique – sur le réel, sur la place et la signification de l'homme dans ce réel, sur le *sens* de l'homme. Si l'on n'avait pas peur des termes anciens et doucement désuets, on dirait qu'elle est une vertu[1], une vertu morale et politique ; mieux : la condition de toute vertu, la condition de possibilité de tout agir humain dans ses dimensions morales et politiques.

Reconnaissons-le : cette *attitude éthique* nous arrive, le plus souvent, dans l'histoire qui est la nôtre, *revêtue de religion*. Plusieurs de nos grandes religions – celles, du moins, qui intègrent l'exigence morale à l'intérieur de la vie religieuse et que l'on a pris l'habitude, pour cela, de nommer religions éthiques – ont, tout naturellement, intégré la vue intellectuelle et ontologique d'où dérive la non-violence (non sans l'oublier souvent !) au sein de leurs représentations du monde et de la divinité. À la lumière des considérations qui précèdent, nous comprenons mieux pourquoi il en a été ainsi et pourquoi il est normal, légitime, qu'il en soit ainsi. Oui : dans son authenticité, l'affirmation religieuse possède, en principe, dans l'énergie spirituelle qui la constitue, la capacité d'inclure l'exigence éthique de la non-violence et de la nourrir de motivations, de sentiments, d'inclinations proprement religieuses susceptibles de lui conférer une efficacité inédite. Les exemples historiques que nous invoquons le plus souvent – l'action politique de Tolstoï, de Gandhi, celle de Martin Luther King, et de tant d'autres… – nous le prouvent à l'envi.

Il me semble cependant que, dans les circonstances historiques qui sont les nôtres, on doit s'interroger sur ce lien factuel entre exigence éthique et affirmation religieuse. Le mouvement non-violent ne devrait-il pas, de

1. Dans son sens ancien, par exemple grec (chez Aristote notamment), la *vertu* (*arétè*) d'un outil ou d'une institution, c'est la qualité qui lui permet d'atteindre son but et d'accomplir au mieux sa tâche, son œuvre propre : c'est donc d'abord une « excellence ». Il en est de même pour l'homme : la vertu est cette « excellence » qui lui permet d'accomplir au mieux sa tâche spécifique d'homme, de mener son activité propre à la perfection, et donc d'atteindre son bien suprême : le bonheur. Étant à la fois nature (*phusis*) et esprit (*noûs*), l'homme devra donc perfectionner ces deux parties de lui-même : il devra développer en lui les *vertus morales* du désir, du caractère, de l'éthos, et les *vertus intellectuelles* de la pensée. On voit que le sens moral, voire moralisant, que le mot vertu prendra ultérieurement n'est qu'un sens second, dérivé, voire altéré.

manière délibérée et claire, rapatrier l'attitude ontologico-éthique de la non-violence dans son ordre propre, celui de *l'éthique sociale et politique*, au lieu d'entretenir l'équivoque selon laquelle la non-violence serait peu ou prou d'essence religieuse et qu'elle exigerait donc quelque chose qui s'apparente à la conversion à laquelle appellent les apôtres des diverses religions ?

Plusieurs raisons, de nature bien différente, me semblent converger en faveur de ce rapatriement.

1) Dans nos sociétés pluralistes, seule une éthique séculière est susceptible de régler la vie des citoyens en matière économique, sociale et politique.

C'est évident : le terrain sur lequel nous travaillons – celui des relations personnelles ou de groupes, celui des conflits sociaux, celui des luttes politiques, celui des relations internationales, etc. – est le terrain *de tous* ; les réalités que nous rencontrons et que nous affrontons sont celles *de tous* ; les analyses que nous proposons sont du type de celles qui doivent être accessibles à *tous*, sans référence religieuse nécessaire. Mais surtout les *responsabilités* auxquelles nous appelons, le projet politique à long terme qui est le nôtre (justice, équité, désarmement, paix, ...) et les *actions* immédiates que nous préconisons, concernent les acteurs sociaux d'une société sécularisée et pluraliste : ils doivent donc obéir à une logique de proposition d'action, politique et sociale, engageant une éthique *commune à tous*. Revendiquer pour eux un statut de spécificité ou même de conviction religieuse, ce serait vicier la signification et la portée de notre action.

Dans une société comme la nôtre, en principe démocratique et pluraliste, il me semble du plus haut intérêt que le choix de l'attitude *non-violente* soit reconnu dans l'opinion publique comme relevant fondamentalement d'une éthique commune à tous, à visée universelle, que je nomme volontiers *éthique séculière* ou *éthique de la raison publique*.

Cela ne signifie nullement la disqualification des traditions religieuses diverses. En effet, selon une sécularité et une laïcité bien comprises, la recherche d'une éthique commune, susceptible d'ouvrir à chacun et à tous un avenir, doit, loin de se rétrécir à la conservation frileuse d'un plus petit commun dénominateur, s'enrichir sans cesse de tous les courants et familles d'esprits qui composent la société et nourrir le débat public ininterrompu sans lequel il n'est pas de démocratie.

2) Les pesanteurs des religions instituées, et surtout le fanatisme qui guette l'affirmation religieuse, constituent un péril permanent pour l'authentique spiritualité de la non-violence.

Nous avons, ci-dessus, fait la part belle aux traditions religieuses en reconnaissant, en principe, leur droit à reprendre à leur compte l'attitude de l'esprit que nous avons identifiée comme constituant la non-violence. Ce que nous montrent les religions historiques que nous connaissons est, en fait, fort différent. La religion se révèle, pratiquement, pour le non-violent, un allié rarement sûr et trop souvent peu crédible.

Plusieurs facteurs, ici, devraient sans doute être pris en compte. Ils apparaissent avec une force proprement effrayante dès que l'on considère, par exemple, le phénomène de la *guerre sainte*, que l'on est obligé de constater très largement répandu dans l'histoire du judaïsme, dans celle de l'islam, dans celle du christianisme – pour ne parler que d'eux. À cet égard, on pourra se reporter au n° 48 d'*Alternatives Non-Violentes* « Guerres saintes, guerres justes » ou à un utile numéro des *Études Théologiques et Religieuses 56* (1981), intitulé « La guerre sainte ». L'étude de la guerre sainte israélite et de ses avatars successifs, et celle du pacifisme pharisien et de la sublimation de l'idée de guerre aux origines du rabbinisme ; la compréhension de la nature profonde du *djihad* islamique et des étonnantes métamorphoses dont il est susceptible ; l'histoire des croisades, de leur légitimation théologique, et celle des guerres de religions au sein de l'ancienne chrétienté : *toutes* comportent trop de leçons décisives pour être jamais oubliées. Les religions historiques offrent un bilan de violences légitimées qui les empêchent à jamais de se présenter comme des traditions fiables, acceptables sans critique rigoureuse, qualifiées pour véhiculer l'exigence spirituelle de la non-violence.

Entre bien d'autres, sans doute, deux de ces facteurs paraissent décisifs.

a) Le premier résulte des pesanteurs et contraintes spécifiques qui sont celles de toute *institution* et qui prennent une efficacité redoutable quand il s'agit de religion. Il faudra bien, un jour, analyser en détail la pathologie propre du pouvoir religieux, celui qui réunit par principe une triple compétence en matière de vérité, en matière de droit et de légitimation, en matière de pratique et de pouvoir. Claude Lefort a fort justement identifié dans ce qu'il appelle « l'invention démocratique »[1] « l'événement sans précédent que constitue la désintrication du pouvoir et du droit, ou si nous avons bien apprécié ce que met en jeu le droit, la désintrication simultanée du principe du pouvoir, du principe de la loi et du principe du savoir » (p. 65). L'institution du pouvoir religieux, qui ne peut par nature pousser à terme cette désintrication, ne demeure-t-elle pas encline à la plus grande violence ?

1. Cl. Lefort, *L'invention démocratique*, Paris, Fayard, 1981, p. 65.

b) Le second facteur, propre à l'âme croyante, est l'inclination qui, poussée à son terme, mène au *fanatisme*. Il y a dans l'affirmation religieuse une relation de proximité redoutable avec l'*ultime*, avec l'absolu. *Corruptio optimi pessima* : « Lorsqu'elles se corrompent, les réalités les plus hautes engendrent le pire ». Si elle n'y prend garde, l'âme croyante aura un penchant constant et incontrôlé à revêtir des caractères de l'absolu des enjeux, des souhaits, des normes dont elle a cessé de percevoir la particularité, la contingence ou même la malice. Violence intellectuelle de la pensée religieuse d'abord, qui ne souffre pas la différence et confond sa représentation de « Dieu » avec Dieu lui-même; violence ontologique du vouloir religieux ensuite, qui prête à la prétendue divinité la puissance de se servir des êtres pour accomplir, à travers eux et parfois sans leur aveu, le dessein unique de la manifestation de sa Gloire. Non, décidément : la spiritualité de la non-violence est une attitude trop fragile et trop précieuse pour être, sans plus, abandonnée entre les mains des religions…

3) L'éthique de la non-violence est l'un des principaux critères permettant d'authentifier la spiritualité du dieu proposé par les religions.

De tout ce qui précède, il résulte que s'il est légitime de reconnaître aux religions la faculté de reprendre l'exigence éthique et de la motiver religieusement de manière spécifique, il est plus important encore de reconnaître à l'exigence éthique la charge indéclinable de constituer une « critériologie » du divin : passer au crible de l'authenticité ce que les traditions historiques des religions s'efforcent de faire passer pour dieu.

Grâce à elle, il est possible de réinterroger les traditions spirituelles des religions positives, afin d'y discerner selon quelles structures s'y est développée une authentique spiritualité. On apprendra dès lors à mieux la distinguer de ses caricatures violentes et mortifères.

Nous deviendrons ainsi lucides sur tant d'invocations de l'absolu, sur tant d'allégations du sacré, sur tant d'impératifs religieux, dans lesquels s'alimentent plus d'une hystérie fusionnelle contemporaine, maint néo-paganisme, mainte exaltation mystique de la force – sur quoi se sont appuyés et s'appuient encore tant d'organisations fascistes et tant de groupes appelant à de saintes croisades… Ils prétendent bien revenir aux sources du religieux en se laissant porter par ce qu'ils croient être la force immanente du divin qui les meut en mouvant toute chose. Or, si Dieu, sans doute, ne peut manquer d'être divin, *tout ce qu'on tient pour divin ne saurait être de Dieu*, et n'est bien souvent qu'une idole, caricature mortifère d'un divin authentique. La puissance sacrée qui prend possession des êtres et des foules, qui fait mouvoir les groupes par les forces irrationnelles de la peur, de la race ou de la magie, ne saurait être de Dieu : quelque divine et « spirituelle » qu'elle puisse apparaître à certains, elle est violence pure. Une spiritualité vraie ne saurait rien avoir de commun avec elle.

La spiritualité ne peut exister que là où se reconnaissent des êtres différents que l'esprit – et lui seul – met en relation, dont l'esprit constitue la fondamentale relation. Elle est la réponse libre du fidèle à la libre invitation de son dieu ; voilà pourquoi elle est foncièrement *non-violence* à l'égard de toute créature, en réponse à la non-violence déclarée du créateur. Son tout premier fruit est de rendre possible l'accueil et le dialogue entre tous les êtres, dès lors que chacun d'eux, dialoguant avec son dieu, apprend de lui, qui seul est l'absolu, seul est saint, à relativiser sa propre vue.

Ainsi l'attitude de la non-violence, en tant qu'authentique spiritualité, se voit-elle attribuer l'inaliénable dignité d'être *critère du religieux* authentique. Mais qui ne voit qu'elle ne jouera ce rôle, qui est le sien, que si elle est rapatriée dans son élément natif, qui est celui de l'éthique ?

CHAPITRE XI

LUTTER CONTRE LA VIOLENCE DES RELIGIONS LES ATOUTS DE LA NON-VIOLENCE*

En dépit de la présence fréquente, parfois obsédante, du terme « religion » dans plusieurs des questions qui agitent aujourd'hui l'opinion publique, il n'est pas facile de s'entendre sur une signification précise du fait religieux. Bien des débats tournent court ou se montrent au contraire interminables, et finalement vains, faute d'un entente préalable suffisante sur ce que l'on désigne par « religion ». S'interroger à nouveaux frais sur les difficultés, les exigences, les atouts de la lutte non-violente contre les violences des religions requiert donc, au départ, un éclaircissement sur le fait religieux, sur la manière dont nous l'analysons et le comprenons, et sur les raisons pour lesquelles les religions instituées ont été et continuent d'être un facteur majeur des violences qui déchirent nos sociétés. C'est seulement sur la base de ces analyses, de leur perspicacité et de leur pertinence, qu'apparaîtront les incomparables atouts des attitudes non-violentes pour contrer les violences qui prennent leur source au sein des religions historiques.

CHOIX D'UNE APPROCHE DU FAIT RELIGIEUX LA RELATION À L'ULTIME

Commençons par relever la manière dont les religions se manifestent empiriquement aux yeux des observateurs. Appuyées par des structures établies sur des traditions, des textes fondateurs et leurs interprètes auto-

* *Alternatives Non-Violentes*, n° 135, été 2005, p. 3-12.

risés, les religions apparaissent d'abord comme des systèmes de croyances, de rites et d'actions qui permettent aux humains d'entrer, collectivement en relation avec ce qu'elles présentent comme l'« Ultime ». De quelque nom qu'elle lui donne – Origine, Cause Première, Principe fondamental, Fin dernière, Sacré, Toute-Puissance, Absolu, Inconditionné, *Causa Sui*, Valeur suprême, Réalité dernière, etc. – la religion se définit comme s'occupant de tout ce qui concerne le rapport de l'homme à l'ultime.

Sous une immense variété de formes, si diverses qu'il est exclu de les décrire et de les appréhender toutes dans un même modèle formel, les religions comportent et proposent trois espèces de contenus. D'abord *des objets à connaître* présentées comme des *représentations* de l'ultime : récits primordiaux, mythes, symboles, croyances, formules magiques, emblèmes, révélations, articles dogmatiques, doctrines, etc. Ensuite, des *rites à pratiquer*, *conduites cultuelles* censément adéquates pour se rapporter à l'ultime afin de conjurer ses menaces ou se concilier ses faveurs : rites, fêtes, cérémonies, rubriques, célébrations, liturgies, bénédictions, exorcismes, purifications, pèlerinages, temps liturgiques, espaces et monuments sacrés, etc. Enfin, des *normes morales* prescrites comme des *interdits* ou des *obligations* définissant les règles de comportement condamnées ou impératives, et ordonnées avec une autorité *absolue* présentée comme émanant, le plus souvent directement, de l'*Absolu*. Ce qui caractérise le plus nettement ces trois espèces de contenus, c'est qu'ils codifient, avec l'autorité que donne la revendication d'être le représentant unique et légitime de l'ultime, la manière dont les humains doivent croire, célébrer, agir pour se rapporter à lui en vérité.

Pour cerner de plus près le fait religieux tel qu'il se présente *aujourd'hui* dans les principales religions instituées, il convient de distinguer deux expressions assez différentes de la religion. Distinguer, et non séparer : car ces expressions sont le plus souvent mêlées, dans des proportions variables. Distinguons donc dans le fait religieux la *requête identitaire* et le *besoin de sens*.

1) L'être humain est un animal religieux d'abord parce qu'il ressent un besoin premier, radical, de se *relier* à ses semblables, de se découvrir inscrit dans une lignée, de faire corps avec ceux à qui il ressemble. Tout groupe humain tient pour sacré ce qui l'empêche de voler en éclats ; c'est pourquoi il a un besoin vital de symboles. Le symbole est chose productive : il est (le grec *sum-bolon*) ce qui rassemble les fragments. Par ses symboles, le sacré n'est pas là pour faire décor, il est là pour faire corps (Régis Debray). Beaucoup de sociologues des religions ont vu dans ce besoin de *se relier* l'origine des religions. L'étymologie vient à leur aide : depuis Cicéron, on rattache volontiers – première interprétation – le mot « religio » au verbe

latin *religare*, qui signifie lier, relier, rattacher. C'est dans cette première source du fait religieux, le besoin de se savoir relié à ses semblables, que l'on peut comprendre bien des *réveils identitaires* qui alimentent maintes violences déchirant les sociétés contemporaines, aussi bien les sociétés occidentales développées que celles qui sont plus anciennes et plus traditionnelles, au Moyen-Orient, en Afrique ou en Asie. L'irruption des moyens offerts par l'industrie, le développement anarchique des communications, les injustices suscitées dans le partage des biens, en particulier entre le Nord et le Sud, une mondialisation trop rapide, la perte des repères coutumiers, l'effacement des pratiques et des symboles traditionnels générateurs d'identité : tout un faisceau d'influences diverses suscite des réveils identitaires qui touchent toute la planète et se traduisent souvent par des violences à motivations religieuses ou, pire, par le succès de l'instrumentalisation du religieux par le politique.

2) L'être humain est aussi, et peut-être surtout, un animal religieux parce qu'il ne peut pas éviter de se trouver confronté aux grandes questions qui font partie de la condition humaine : celle de l'origine, celle de la souffrance, du mal subi, celle – plus grave encore – du mal commis, celle de la mort de l'aimé, celle de sa propre mort, d'autres encore. L'être humain questionne l'énigme qu'est à ses propres yeux sa propre existence : c'est alors qu'il sent monter en lui le *besoin de sens*. Il se *recueille* en lui-même, afin de pouvoir *accueillir*, tel qu'il se présente, ce qu'on peut appeler le sacré de l'existence, l'Ultime. Le fait religieux doit être saisi dans ce geste de *recueil*. Ici encore, l'étymologie appuie cette lecture : on rattache aussi – seconde interprétation – le mot « religio » au verbe latin *relegere*, qui signifie recueillir, revenir en soi, réfléchir, repasser dans sa mémoire. Il ne faut pas en rester à une approche sociologique et institutionnelle de la religion, aussi légitime et nécessaire qu'elle soit : il faut prendre en compte une dimension beaucoup plus intime, qu'on pourra appeler « spirituelle ». Face au tragique et à l'inconsistance d'une aventure terrestre qui suscite le sentiment de l'absurde, les religions se présentent comme des propositions de *sens*. Elles prétendent offrir une interprétation des expériences obscures, spécialement les plus négatives, et donc un commencement de *signification* ; elles se présentent en même temps comme des voies tracées pour un itinéraire pourvu d'une *direction*. Au lieu de s'éprouver vouée à l'absurde, au non-sens, au lieu de se découvrir figée sur place, piégée dans une impasse, l'existence religieuse se perçoit, au moins de manière inchoative, comme signifiante et orientée.

C'est donc sous la double forme de la *requête identitaire* et de la *quête de sens*, souvent conjointes mais qu'il est expédient de distinguer, que la religion se définit comme s'occupant de tout ce qui concerne le rapport de l'être humain à l'Ultime. Avec l'autorité que lui confère la revendication d'être le seul représentant vrai et légitime de l'ultime, la religion codifie la manière dont les humains doivent croire, célébrer, agir pour « obéir » à l'Ultime, pour se comporter vis-à-vis de lui comme il le réclame.

Toute la question des violences exercées par l'homme religieux ou au nom des impératifs dictés par la religion dérive donc des conceptions que chaque religion se fait et propose de l'Ultime. C'est celles-ci qu'il faut scruter, comprendre, analyser si l'on veut mettre en évidence les atouts que possède l'action non-violente dans son affrontement avec les violences religieuses.

La vulnérabilité spécifique de la relation à l'Ultime

Un célèbre axiome médiéval nous oriente ici vers l'essentiel : « CORRUPTIO OPTIMI PESSIMA », qu'on peut traduire par : « la corruption de la meilleure chose engendre la pire ». Rien n'est plus menaçant, ni plus enclin à la perversion que la prétention de « régler » la relation à l'ultime. Le spectacle que nous offre l'histoire des violences exercées au nom de l'ultime nous instruit à satiété sur cette extrême fragilité du rapport à l'ultime. La manipulation de l'ultime ressemble à celle de la nitroglycérine : le moindre écart, la moindre erreur, et c'est l'explosion ... de violence. Dans les autres secteurs de l'existence, qui comportent tous une tolérance, une certaine dose de « *relatif* », les écarts ou les erreurs pourront, selon leurs conséquences, être plus ou moins bien tolérés. Avec l'« absolu », l'ultime, la tolérance est exclue. L'ultime appelle l'intolérable. Et l'intolérance engendre la violence.

C'est donc à raison de sa nature profonde – la gestion du rapport à l'ultime –, que la religion est le secteur de l'existence le plus fragile, le plus vulnérable aux dépravations, le plus menacé de perversion : sa corruption entraîne vers le pire. Est-ce un hasard si l'histoire des religions – depuis les sacrifices humains jusqu'aux guerres de religion, aux horreurs de l'inquisition et aux kamikases terroristes – coïncide souvent avec l'histoire des violences les plus extrêmes ?

De même que nous avons dû distinguer les deux expressions caractéristiques du fait religieux, sa dimension horizontale présente dans la requête identitaire, et sa dimension verticale exprimée dans la quête de sens – nous pouvons aussi reconnaître les deux directions principales des perversions religieuses.

1) La perversion de la *requête identitaire*, lorsqu'elle s'habille des oripeaux de l'ultime, ouvre carrière à toutes les pathologies de l'identité

collective. Racismes, antisémitismes, exaltations de la race, messianismes délirants, nationalismes agressifs, impérialismes exacerbés, communautarismes extrêmes, etc., bref toutes les idéologies et les attitudes fondées sur *la négation de la différence*. Disons, pour annoncer la suite de notre réflexion, que c'est précisément ici, dans la lutte contre le refus des différences, que la non-violence présente ses meilleurs atouts pour juger de la *vérité* d'une religion, et que l'action non-violente propose ses meilleures *armes* pour lutter avec succès contre les violences religieuses.

2) La perversion de la *quête de sens*, de son côté, n'est pas moins pathogène que la précédente; peut-être même est-elle plus redoutable encore, dans la mesure où elle affecte la pensée et l'action d'un coefficient de conviction intime. C'est sans doute ici que le rapport à l'ultime décline sa vulnérabilité maximale. Le poison subtil de la dimension verticale ouverte par la quête de sens infectera les innombrables formes de la pathologie de la certitude. Fanatismes dogmatiques, sectarismes orgueilleux, illuminismes militants, irrationalismes délirants, et toutes les formes de revendication du monopole de l'accès à la vérité. Que la religion se mue en institution de la vérité constitue un troublant paradoxe et un formidable défi. Une institution qui avance, au nom de l'ultime, la prétention de définir la vérité religieuse et d'en détenir le monopole peut-elle éviter de sombrer dans la violence[1]? Les illustrations que nous offre l'histoire parlent d'elles-mêmes: répression des hérétiques sous toutes ses formes, Inquisition allant jusqu'aux exécutions capitales, goulags, autodafés, fatwas, ordalies, destruction de livres par le feu, etc. Quelles violences l'invocation de l'ultime n'a-t-elle pas couvert? C'est peut-être en ce point focal que le principe de non-violence est sommé de décliner ses titres, et que les diverses formes de l'action non-violente doivent être inventées et mises en œuvre pour atteindre la violence jusqu'en ses sources originelles.

La religion jugée par l'éthique

La vulnérabilité du rapport religieux que l'être humain cherche à nouer avec l'ultime aurait dû instruire les religions positives et les amener à se doter de moyens, d'institutions d'alerte, d'antidotes, de vaccins. Il n'en est rien. De par sa prétention à définir la relation à l'ultime, la religion instituée ne favorise pas, à partir de sa propre dynamique, le développement de la

1. M. de Certeau a passé une partie de sa vie à réfléchir à ce paradoxe, et aux voies susceptibles de relever ce défi.

distance requise pour exorciser ses propres démons. Facilement aveuglé par le vertige et l'incandescence que secrète sa quête de l'ultime, l'homme religieux n'est pas enclin à observer les dérives de sa propre recherche, à percevoir les maléfices de ses conduites, bref à se méfier de lui-même. Le voisinage de l'ultime entraîne plus au fanatisme qu'à l'autocritique. Pour demeurer humaine et ne pas se corrompre dans le démoniaque, la religion ne peut guère compter sur elle-même. Elle doit être *rectifiée*, interrogée, protégée contre elle-même par une instance qui, par bien des côtés, lui est *extérieure*. Une instance *critique*, au sens le plus originaire du mot. La religion ne peut être protégée de sa perversion, du retour de ses démons, que par l'admission d'une instance critique. Religion et critique ont donc absolument besoin l'une de l'autre : sans la religion, la critique est stérile, infirme, mais sans la critique, la religion devient le berceau de l'horreur.

Le noyau dur de cette instance critique, c'est l'Éthique. Tel est le second choix de notre problématique. Le comportement moral joue le rôle inaliénable d'une pierre de touche de la vérité d'une religion : il en est une infaillible vérification. La plupart des grandes religions n'ont pas manqué de le pressentir, sans toujours en tirer toutes les conséquences. L'éthique s'affirme comme un critère de l'ultime. La conscience de soi qu'engendre l'intériorisation d'une exigence éthique véritable contiendra désormais, comme nous l'a enseigné avec vigueur Jean Nabert[1], une « critériologie du divin ». Le sujet moral porte en lui, irrécusables au fond de sa conscience, un ensemble de critères auxquels il soumet toute proposition du divin qui lui est faite. Il ne lui est plus possible de considérer comme *croyable*, comme digne de son assentiment intime, toute révélation de l'ultime qui pactiserait, de quelque façon que ce soit, avec la violence. Il ne veut plus juger comme *praticable*, comme digne d'être exécuté, tout commandement de l'ultime qui l'engagerait de nouveau vers la violence. Indubitablement, l'éthique constitue un critère de l'ultime.

À vrai dire, l'affirmation du caractère *extérieur* de l'instance éthique par rapport aux traditions religieuses appelle des précisions. Les traditions religieuses qui sont parvenues jusqu'à nous sont toutes extrêmement composites. Elles véhiculent tout et son contraire. Il est très facile d'en administrer la preuve. On peut tirer, on a tiré, on continue de tirer du Coran des légitimations religieuses en faveur du djihad, tout comme des condamnations religieuses non moins sévères de celui-ci, comme dans certaines

1. J. Nabert, *Essai sur le mal*, Paris, Le Cerf, 1996 ; et surtout *Le désir de Dieu*, Paris, Le Cerf, 1996. Pour aborder ce philosophe difficile d'accès, on pourra s'aider de P. Naulin, *Le problème de Dieu dans la philosophie de Jean Nabert*, Clermont-Ferrand, Publications de la Faculté des Lettres et Sciences humaines de Clermont-Ferrand, 1980.

traditions de la mystique musulmane, éprises d'intériorité et de tolérance. Il en a été de même d'innombrables textes de la tradition judéo-chrétienne, invoqués pour justifier les guerres de religion, les croisades, et tant d'autres violences sexuelles, ethniques, sociales, politiques. Qu'est-ce qui nous fait choisir, dans une tradition de textes présentés comme « révélés » qui contiennent des affirmations contradictoires, d'en privilégier certains et d'en omettre d'autres, sinon un principe d'interprétation qu'on doit ainsi bien dire, de quelque façon, *extérieur* à cette tradition, au nom d'une autorité *autre* que celle de cette tradition? On n'aborde jamais un texte religieux, même un texte que l'on tient pour révélé, sans amener avec soi, préalable et donc pour une part, extérieure à lui, toute une « critériologie du divin », pour parler comme Jean Nabert, c'est-à-dire tout un ensemble de convictions de conscience qui nous font refuser des pans entiers de traditions religieuses qui ne peuvent plus, pour nous, porter une proposition croyable du divin.

À cette extériorité d'un principe critique d'interprétation, on pourra objecter d'abord que ces critères que nous imposons à toute révélation du divin sont eux-mêmes le fruit d'une longue tradition éthique et religieuse en humanité, dans laquelle, sans être la seule, la révélation judéo-chrétienne occupe à coup sûr la première place, au moins chez nous. On objectera ensuite que l'instance éthique s'est trouvée *reprise au sein* de la tradition juive : c'est la tradition prophétique. On doit pourtant faire remarquer que la tradition sacerdotale juive n'a jamais, en fait, accepté en son fond l'interpellation éthique lancée par les prophètes[1]. C'est un fait que la plupart des prophètes ont été assassinés, Jésus bien sûr parmi eux, et que les responsables et chefs religieux ont toujours joué un rôle décisif dans ces assassinats. Certes, on se réjouira de la présence de la littérature prophétique au sein de la Bible juive et la Bible chrétienne; on ne récusera nullement la dimension éthique présente au cœur du message évangélique. C'en est assez pour tenir que l'instance critique de l'éthique puisse être *reprise* au cœur de la conscience religieuse, qui la couronne d'une signification nouvelle; mais ce n'est pas assez pour que l'instance éthique cesse d'être autonome et se présente, ainsi que nous l'avons affirmé, comme une instance *critique* de la religion, de quelque façon *extérieure* à elle.

1. « À quoi bon m'offrir tant de sacrifices, dit le Seigneur? Cessez de m'apporter de vaines offrandes. L'encens, j'en ai horreur. Vous avez beau multiplier vos prières, je ne les écoute pas… Cessez de faire le mal, apprenez à faire le bien, recherchez la justice, mettez au pas l'oppresseur ! … », *Isaie*, 1, 11-17.

AU FONDEMENT DE L'ÉTHIQUE : LA NON-VIOLENCE

C'est le dernier pas de notre démarche. Au fondement de l'éthique, nous trouvons la non-violence. Celle-ci est à la fois le principe fondateur de l'éthique et l'option concrète qui s'impose.

1) On peut aisément montrer que toutes les sagesses morales contiennent, sous une forme ou l'autre, le commandement formel « Tu ne tueras pas », qui reçoit universellement[1] la formulation négative dite de la Règle d'Or : « Ne fais pas aux autres ce que tu ne veux pas qu'on te fasse à toi-même ». Nous définissons volontiers comme « violente » *toute pensée, toute action, toute institution qui porte effectivement atteinte à la vie ou à la dignité d'autrui.* Corrélativement, nous appelons « non-violence » – non pas la négation abstraite de la violence, ni la dénégation de la conflictualité présente au cœur de tant de relations interpersonnelles et sociales –, mais *la décision de principe de refuser toute pensée, toute action, toute institution qui porte atteinte à la vie ou à la dignité d'autrui.* Ainsi formulée, il est manifeste que la non-violence n'est autre que le principe fondateur de l'éthique.

2) Il faut immédiatement ajouter que, principe fondateur de l'éthique, la non-violence constitue aussi l'exigence qui qualifiera les caractéristiques et les moyens de l'action projetée, *chaque fois que cette option est possible* et dans toute la mesure où elle est possible. Pourquoi cette réserve ? Les circonstances de la vie sociale et politique, nous ne le savons que trop, imposent parfois des conditions extrêmes où l'éventail des moyens d'agir, en dépit de toutes nos tentatives, en vient finalement à se rétrécir et à exclure toute action purement réglée sur la non-violence. Le refus d'un action qui comporte l'usage des moyens de la violence signifierait alors à la fois la lâcheté[2], l'abandon des solidarités qui nous lient à nos proches ou à nos concitoyens, la bride lâchée à l'injustice ou à la tyrannie. Dans ce cas, on dira que le choix risqué de moyens violents pourra éventuellement recevoir une *excuse a posteriori*, fondée sur la nécessité (par ex. recherche du moindre mal), mais cela n'équivaudra jamais à une *légitimation* : la violence est toujours illégitime. Le jugement éthique, qui voit dans la violence

1. Ainsi que le montre sans conteste le gros recueil de textes édité par l'UNESCO en 1968 sous la direction de J. Hersch, *Le droit d'être un homme*.

2. On ne connaît pas assez ce texte de Gandhi : « Là où le choix existe seulement entre la lâcheté et la violence, il faut se décider pour la solution violente. [...] J'aimerais mieux que l'Inde défendît son honneur par la force des armes plutôt que la voir assister lâchement et sans se défendre à sa propre défaite. Mais je n'en crois pas moins que la non-violence est *infiniment supérieure* à la violence », *Tous les hommes sont frères*, Paris, Gallimard, 1969, p. 182-183.

l'atteinte à autrui dans sa vie ou sa dignité, lui oppose un non catégorique et lui refusera, partout et toujours, toute légitimité.

Principe fondateur de l'éthique, la non-violence commande impérativement l'exigence qualifiant les moyens de l'action, dans toute la mesure où elle est possible.

CONTRE LA VIOLENCE DES RELIGIONS LES ATOUTS DE LA NON-VIOLENCE

L'enchaînement des quatre étapes de notre démarche nous amène à nos conclusions. Si la non-violence est le principe fondateur de l'éthique (§ IV) et si l'éthique constitue une instance critique de toute religion (§ III), il devient possible, et même nécessaire, d'*interroger* les religions historiques pour vérifier la place qu'elles réservent à la non-violence, et par là *juger* de leur vérité, de leur authenticité, de leur titre à se proposer comme digne de croyance. Apparaissent ainsi quelques-unes des *interpellations* que l'homme épris de non-violence, appliquant les critères de sa conviction, adresse à l'homme religieux : l'appeler à purifier le visage de l'ultime dont il se constitue le témoin, tâche qu'il ne peut éluder ni récuser sans faire apparaître l'imposture de son témoignage. *La non-violence juge les religions.*

Il y a plus. La démarche que nous avons entreprise nous mène bien au delà d'un simple jugement: elle nous oriente et nous instruit dans la perspective de l'action. Le choix proposé pour approcher le fait religieux – la relation à l'ultime – (§ I), couplé avec l'analyse menée pour faire percevoir sa vulnérabilité spécifique (§ II), permet de comprendre à quelle profondeur l'éthique de la non-violence s'en prend à la violence des religions en ses sources originelles. Et donc d'apprécier les vraies ressources et les incomparables atouts dont dispose l'action non-violente dans ses luttes contre les violences dont se rendent coupables les religions historiques. « La non-violence oriente les luttes contre les violences religieuses ».

1) Nous l'avons souligné: la perversion de la *recherche identitaire*, lorsqu'elle s'habille des oripeaux de l'ultime, ouvre carrière à toutes les pathologies de l'identité collective, toutes les attitudes fondées sur le *refus des différences* et qui enferment l'être humain dans les limites mutilantes de son clan, de sa secte, de sa race, de sa nation, de sa religion, etc. C'est bien ici, dans ses luttes contre ce refus des différences, surtout celles qui se prétendent gagées sur l'ultime et qui déploient les violences extrêmes, que l'action non-violente propose ses meilleurs armes. En refusant *a priori* et dans tous les cas toute atteinte à la vie et à la dignité d'autrui, de TOUT

autrui, l'action non-violente fait signe, au delà de tous les enfermements mutilants et mortifères, vers la plénitude de l'humain. Elle clame que rien ne saurait limiter l'universalité humaine. Elle mène sa lutte, non pas avec le mépris mais contre tout mépris, non pas avec la haine mais contre toute haine, en refusant totalement la menace, la terreur, la contre-violence ; elle se développe en gardant le souci non de vaincre l'adversaire, mais de l'éveiller, de l'amener à *reconnaître l'autre*, avec l'espoir de toucher ce point enfoui de sa conscience où il aura chance de découvrir qu'il est *d'abord* un humain, homme parmi les hommes.

Quand les artisans de la non-violence déploient les formes spécifiques de leurs actions ou de leurs stratégies, quand ils organisent une *marche pour la paix*, quand ils lancent des *pétitions* pour amorcer une campagne de sensibilisation ou de conscientisation de l'opinion publique, quand ils invitent à un *sit-in* d'intervention directe ou de protestation contre une injustice ou un abus, quand ils engagent cette action grave et risquée qu'est une *grève de la faim* limitée ou même illimitée, etc. – c'est le plus souvent, au delà de l'objectif précis qu'ils assignent à leur action, à des idoles qu'ils s'opposent, à de faux absolus qu'ils s'attaquent, à des forces cherchant à instrumentaliser la religion qu'ils font obstacle. Le cas le plus typique à cet égard est peut-être les luttes qu'il faut entreprendre contre les chefs religieux lorsque, forts de la caution de l'ultime qu'ils revendiquent, ils prétendent, au bénéfice supposé de leur communauté religieuse, obtenir de leurs fidèles une obéissance aveugle, inconditionnelle : la lutte non-violente pourra, le cas échéant, prendre la forme de la *désobéissance ecclésiale* (voir l'encadré ci-dessous).

La désobéissance ecclésiale

Par désobéissance ecclésiale, il ne faut pas entendre seulement l'objection de conscience que chacun a le droit, et le devoir, d'élever face à un ordre ou une loi qu'il juge injuste. La désobéissance ecclésiale concerne un groupe de fidèles croyants qui, en face d'une injonction ou d'une prescription religieuse qu'ils ne peuvent accepter, recréent une autre manière de faire communauté par une initiative publique de « désobéissance » à l'autorité religieuse. Ils appellent d'autres fidèles à les rejoindre dans leur refus, d'où la forme de l'appel public à la désobéissance. Il s'agit de désobéir à une obligation ou une interdiction précise, dans la pleine conscience du lien qui unit les fidèles entre eux au nom même de leur croyance, ainsi que dans la pleine conscience de la légitimité d'une autorité religieuse qui a reçu la charge de réguler les formes concrètes de la vie communautaire dans la fidélité aux origines, aux textes fondateurs et à la tradition authentique qui en transmet le témoignage.

On ne se propose pas ici de présenter dans le détail les formes que peut prendre cette forme d'action, ni surtout les *conditions* qui peuvent justifier un acte qui revêt une évidente gravité, mais seulement d'en faire comprendre les ressorts. La désobéissance ecclésiale trouve son *fondement* dans la conviction que l'obéissance à l'autorité religieuse n'est jamais inconditionnelle, et qu'elle ne doit jamais être sacralisée. Car cette obéissance engage la condition et la responsabilité des fidèles devant l'ultime : ils porteront donc une part de la responsabilité d'une iniquité, de sa violence, dès lors qu'ils obéissent à une décision abusive, gravement infidèle à la lettre ou à l'esprit des origines. Le consentement, même passif, entraîne ici la culpabilité : nous ne sommes pas seulement responsables de ce que nous faisons, mais de ce que nous laissons faire. Bien souvent, les pouvoirs religieux réclament des fidèles une obéissance aveugle, une soumission absolue au nom de l'autorité absolue dont ils se disent revêtus : c'est là une revendication *idolâtrique*. Face à une injonction qu'ils perçoivent comme infidèle, et donc violente, les fidèles « désobéisseurs » affirment donc la primauté de la conscience religieuse, l'absolue intériorité de la relation à l'ultime, et clament que ne peut être annulée la distance entre l'Ultime et ceux qui reçoivent la charge redoutable de représenter celui-ci, autant que de besoin, au service de la communauté religieuse.

La violence se définit, le plus généralement, comme toute atteinte à la vie et à la dignité d'autrui. La violence religieuse possède ce privilège peu enviable d'attenter à la dignité inviolable de la conscience religieuse, celle qui répond de sa relation à l'Ultime. La *désobéissance civile* s'appuie sur l'article 2 de la Déclaration universelle des Droits de l'Homme de 1948, qui stipule comme « naturel et imprescriptible » le droit à « la résistance à l'oppression » (cf. *supra*, chap. V, p. 56) : ce droit représente le « pouvoir constituant » du peuple qui transcende toute Constitution et fonde son caractère démocratique. La *désobéissance ecclésiale*, elle, s'appuie sur la tradition prophétique, qui appelle à la lutte contre les idoles : ce devoir exprime directement l'imprescriptible liberté spirituelle qui constitue la conscience religieuse en son intériorité ultime. Ici encore, on remarquera que la religion, parce qu'elle prend en charge la relation à l'Ultime, pousse à l'extrême les traits caractéristiques que l'on rencontre dans tout conflit où se trouve engagé une autorité ou un pouvoir. La *désobéissance ecclésiale* représente une forme originale de la lutte non-violente contre les violences prétendument exercées au nom de la religion : elle les destitue en les dénonçant comme idolâtriques, et elle constitue, comme telle, une force et une dynamique ecclésiales qui en appellent à la découverte d'un visage moins profanateur de l'Ultime.

2) La *quête de sens*, seconde direction que nous avons proposé, sans la séparer de la précédente, de distinguer dans l'attitude religieuse, recèle aussi ses perversions : elles sont souvent plus redoutables encore, dans la mesure où la quête de sens réclame et engage la conviction intime : la relation à l'ultime décline ici sa fragilité extrême. Que la religion se présente

comme institution détenant le monopole de l'accès à la vérité ultime, c'est là un paradoxe troublant et un formidable défi. Le non-violent se trouve ici confronté avec les diverses formes des *pathologies de la certitude* : sectarismes, dogmatismes, fanatismes, inquisitions en tous genres, ordalies, goulags, ghettos, fatwas, etc., etc. Cependant, sa principale force, qui est un *atout maître*, est qu'il se présente, lui, dans la lutte non-violente, dépourvu de toute proposition de l'ultime, de toute caution revendiquée de l'ultime. Sa seule certitude est négative : rien, ni personne ne peut justifier ou légitimer de porter atteinte à la vie et à la dignité d'autrui. Ainsi espère-t-il éviter par principe toutes les violences qui se prétendent couvertes par l'invocation de l'ultime. S'il s'avance dans le champ clos des guerres de religion, des affrontements menés au nom de l'ultime, il ne sera l'adversaire d'aucun des protagonistes de l'absolu : mais il sera l'adversaire résolu de toute violence, d'où qu'elle vienne, l'adversaire de tous ceux qui piétinent le contrat fondateur de l'humain.

Quand les artisans de la non-violence appellent à une *campagne de non-coopération*, quand ils tentent une entreprise de *médiation* au sein d'un conflit mettant en jeu des forces religieuses, quand ils organisent ou prennent part à une action d'*interposition* entre adversaires invoquant leur religion, quand ils pratiquent une *intervention civile* ou s'engagent dans les *brigades de paix*, etc. – les non-violents savent qu'ils touchent, selon une profondeur variable, en ce point focal où la conviction religieuse intime abrite sa source, et donc où la violence gagée sur la religion distille ses poisons les plus vénéneux.

Cependant, le vrai non-violent sait que, *lui non plus*, il n'est jamais à l'abri des pièges très subtils que lui tend sa propre appartenance religieuse, s'il en a, ou même ses convictions humanistes, s'il se déclare agnostique ou athée. Il se rappellera qu'il lui faut rester vigilant, qu'il ne doit jamais baisser la garde, qu'il devra continuer à se méfier de lui-même : peut-être trouvera-t-il alors secourable de se souvenir que l'une des armes préférées des acteurs de la non-violence, c'est l'*humour* (voir l'encadré ci-dessous).

Un précieux atout de la lutte non-violente : l'humour

Nous l'oublions trop souvent : habilement manié, l'humour peut se révéler une arme redoutable pour désarmer la violence, aussi bien la violence interpersonnelle de l'existence quotidienne que les violences de la vie sociale et politique. En lui-même, l'humour constitue déjà une ébauche de résistance : il est un défi lancé à l'adversaire. Il prend le plus souvent à contre-pied ses attitudes, ses programmes, ses tactiques. Il amuse, il détend l'atmosphère, et se révèle donc apte à susciter parmi les témoins du conflit, et parfois au-delà, un mouvement de sympathie, de bienveillance : qui a mis les rieurs de son côté a déjà marqué un point. Il contient aussi, pour l'acteur non-violent lui-même, une précieuse vertu : il n'alimente pas le cercle violence/contre-violence ; s'il sait ne pas verser dans l'ironie ou la dérision, l'humour protège contre la haine et éloigne du mépris.

Il y a plus. Comme l'a bien compris Hannah Arendt, l'humour a pour caractère original de manifester que l'autorité revendiquée par l'adversaire n'est déjà plus qu'un pouvoir. « La caractéristique essentielle de l'autorité est que ceux dont l'autorité est requise *la reconnaissent inconditionnellement* : il n'est nul besoin de contrainte ou de persuasion. [...] L'autorité ne peut se maintenir qu'autant que l'institution ou la personne dont elle émane est *respectée*. C'est pourquoi le mépris est le plus grand ennemi de l'autorité, et le "rire" est pour elle la menace la plus redoutable » (H. Arendt, « Sur la violence » dans *Du mensonge à la violence*, Paris, Calmann-Lévy, 1972, p. 145-146). Au sein d'un conflit en sa phase aiguë, l'humour – quand il est possible... ! – manifesté ou non par le rire, est un signal clair envoyé à l'adversaire : il lui signifie que c'en est fini de l'autorité qu'il revendique.

Il n'est pas difficile de comprendre pourquoi ces caractéristiques de l'humour le qualifient, de manière éminente, dans la lutte contre les violences exercées par les hommes « religieux » ou au nom de la religion. Puisqu'elle prétend s'occuper de tout ce qui concerne le rapport à l'Ultime, la religion pousse à l'extrême les traits caractéristiques que l'on rencontre dans tout conflit où se trouve engagé un pouvoir. L'autorité dont se réclame le maître de religion est une autorité *absolue*, qui appelle l'assentiment *intime* et *inconditionnel* du fidèle. Puisqu'elle revendique le monopole de la vérité, et d'une vérité gagée sur l'absolu, elle se vêt toujours de sacralité et réclamera un adhésion marquée de révérence religieuse. C'est pourquoi l'humour, quand il est possible, se révèle particulièrement dévastateur. L'air de rien, il destitue l'autorité absolue, il dénie l'inconditionnalité qu'elle revendique, il attente au sacré dont elle aime à se draper, il est profanateur, sacrilège. C'est bien dans la lutte contre les violences des religions que l'humour révèle le mieux les virtualités dont il est susceptible, et que se vérifie au mieux le mot de H. Arendt quand on l'applique à la religion : « Le "rire" est pour elle la menace la plus redoutable ».

CHAPITRE XII

POUR UN BON USAGE DE LA PEUR UNE PROPOSITION DE HANS JONAS*

Bien des arguments développés par les partisans de la « décroissance », dont beaucoup font état de données chiffrées impressionnantes, s'efforcent de susciter dans le public – qu'ils en aient conscience ou non – des sentiments d'inquiétude, voire de *peur*. Bien entendu, ces arguments doivent être examinés un à un, passés au crible, discutés sur le fond avec rigueur, leur information doit être vérifiée avec soin. L'utilisation de tels arguments pose néanmoins une question générale. La sagesse populaire affirme que « la peur est mauvaise conseillère ». Pourtant, l'un des plus célèbres théoriciens allemands de la civilisation technologique, de la fragilité des équilibres naturels et de la sagesse écologique, Hans Jonas, n'hésitait pas, devant la gravité et l'urgence des menaces, à recommander de développer une rhétorique de la peur.

L'un des thèmes de son livre *Le Principe responsabilité*[1], vendu à plus de 150000 exemplaires en quelques années, qui a le plus retenu l'attention plaide pour ce qu'il appelle UNE HEURISTIQUE DE LA PEUR – une heuristique, c'est-à-dire une méthodologie d'investigation conduisant à la découverte. Les positions de H. Jonas sur ce point méritent un examen attentif. Y a-t-il, sur ces sujets de péril écologique et de décroissance, une *rationalité* propre à la peur ?

PUISSANCE TECHNOLOGIQUE ET RESPONSABILITÉ INDÉFINIE

L'idée de départ, qui n'est guère discutable, est que la puissance technologique moderne de la civilisation industrielle crée un type de

* *Alternatives Non-Violentes*, n° 144, septembre 2007, p. 22-27.

1. Paris, Le Cerf, 1990

problèmes éthiques inconnus jusqu'à ce jour. Nous ne pouvons absolument plus penser que les interventions humaines sur l'environnement demeurent superficielles et que la « nature » est susceptible, comme naguère, de rétablir ses équilibres fondamentaux. Jonas parle de « la transformation de l'essence de l'agir humain » (titre du chapitre I). Nous *savons* que notre ingérence technologique a des effets irréversibles, de par ses ordres de grandeur (énergie dépensée par tête, nuisances diverses, accumulation de déchets de toutes sortes, ...) et de par sa logique cumulative « devenue, d'une certaine manière, sauvage » (p. 176) que personne ne peut plus contrôler. On peut formuler ce paradoxe : l'homme contrôle la nature par le moyen d'une technique qu'il ne contrôle plus...

C'est sur le fond de catastrophe possible, voire annoncée, que Jonas construit un nouveau concept de *responsabilité*. Nouveau, pourquoi ? L'ancienne conception était de n'avoir à répondre que de ses faits et gestes, d'en subir les conséquences, éventuellement de réparer le tort causé à autrui : la responsabilité était mesurée sur ce qui est fait, sur l'action accomplie. L'une des idées-forces de Jonas est celle-ci : il faut aujourd'hui penser le devoir non plus à partir de l'action effectivement accomplie, mais à partir du POUVOIR FAIRE. Pouvoir oblige – au sens strict de l'obligation morale. C'est parce que nous avons le *pouvoir* de provoquer, ne serait-ce que par négligence, insouciance ou imprévision, la destruction des conditions nécessaires à la perpétuation de la vie humaine dans des conditions vraiment humaines, que nous avons l'*obligation* de préserver ces conditions d'une vie future. Cette responsabilité procède *de l'avenir*, aussi étrange que cela paraisse : elle porte sur l'existence même d'un avenir et elle est exigée par lui. Il faut donc affirmer, au sens le plus rigoureux du terme, que cette responsabilité est *in-définie*. C'est donc là un concept entièrement nouveau. Deux propriétés inédites en découlent. Premièrement, la responsabilité n'est plus une relation douée de réciprocité : nous sommes obligés par l'humanité à venir qui, n'existant pas présentement, ne peut pas être dite, elle, obligée à quoi que ce soit à notre égard. Deuxièmement, son objet propre est le précaire, le périssable en tant que périssable : « On ne peut être responsable que pour ce qui change, pour ce qui est menacé de dépérissement et de déclin, bref pour le périssable dans son caractère périssable » (p. 174, traduction revue). On comprend que ces deux propriétés conduisent Jonas à choisir comme paradigme éminent de cette responsabilité nouvelle celle des *parents* vis-à-vis de *l'enfant à venir*, fragile, périssable : c'est le type même de la responsabilité non réciproque.

Ce nouveau concept de responsabilité s'exprime, suivant la forme de la morale kantienne mais selon un contenu entièrement différent, dans la formulation d'un *impératif catégorique*. Hans Jonas, suivant encore Kant, en fournit quatre énoncés, p. 30-31, qui visent la même chose mais déploient des harmoniques différentes et complémentaires. Transcrivons ici le premier de ces énoncés : « Agis de façon que les effets de ton action soient compatibles avec la permanence d'une vie authentiquement humaine sur terre ».

À première vue, cet impératif ne suscitera guère d'objection : la plupart des hommes l'identifieront comme une exigence, plus ou moins explicite, de leur conscience morale. Ce n'est donc pas son contenu, mais bien son *caractère catégorique*, inconditionnel, intransigeant, qui va entraîner des conséquences inattendues et même paradoxales, et introduire l'une des insistances les plus originales de Hans Jonas : la légitimité, la fécondité, plus : la nécessité de la peur[1].

L'INCONNU DU RISQUE ET LA NÉCESSITÉ MORALE DE LA PEUR

L'avenir indéterminé (indéterminable ?) est le seul véritable horizon de la responsabilité. Le troisième énoncé de l'impératif proposé par Jonas parle de « survie *indéfinie* de l'humanité », dont la possibilité *doit* être préservée. La question surgit, pressante : peut-on *savoir* si nos actions d'aujourd'hui (modes de vie et de consommation, dépenses d'énergie, ingérences dans les équilibres, etc.) ne risquent pas de mettre en danger la vie humaine et la rendre altérée ou impossible dans l'avenir ? La réponse est : *non !* Nous ne *savons pas* ce que fait À la nature ce que nous faisons DE la nature – et nous savons que nous ne le savons pas. Reconnaître notre ignorance est simplement un acte de franchise.

Cet aveu porte en lui, irréductible, l'attestation d'une exigence morale. Les maux réels dont nos entreprises techniques menacent l'humanité future, nul ne les connaît : nous sommes donc *tenus* de les *imaginer* : c'est là le premier impératif, « pour ainsi dire l'obligation liminaire » (p. 50), de la nouvelle éthique de la responsabilité. Et comme cette imagination, si elle demeurait seule, se réduirait à une fantasmagorie de science-fiction, il nous faut mobiliser des *sentiments* qui prennent la mesure des maux imaginés. *Nous devons donc nous faire peur*, nous « laisser affecter par le salut ou le malheur des générations à venir » (p. 51). Telle est « la seconde obligation liminaire de l'éthique ici cherchée, après la première » (*ibid.*).

Cette peur, qui est donc une peur délibérée, est un vrai sentiment moral. On pourra remarquer qu'elle joue, chez Jonas, le rôle du respect chez Kant.

1. On remarquera que c'est le thème de la peur qui ouvre et qui clôt *Le Principe responsabilité*, p. 13-14 et trad. fr., p. 301-302.

Montrons-le en soulignant les principales fonctions de la peur – ce que Jonas appelle l'*heuristique de la peur*: sa méthodologie d'investigation susceptible de conduire à la découverte de ce qui, sans elle, demeurerait inconnu.

LES QUATRE OFFICES DE LA PEUR

La peur, telle que Jonas nous en présente à la fois la nécessité et l'obligation morale, occupe donc une quadruple fonction : elle est d'abord un *sentiment* moral, mais elle constitue aussi une faculté de *connaissance*, elle fait l'objet d'un *devoir* éthique, elle est enfin une utile contrainte (Jonas parle aussi parfois de pis-aller) *politique* là où la responsabilité est trop faible.

1) Le *sentiment* précède et suscite le savoir. Voici une citation très caractéristique: « Tant que le péril est inconnu, on ignore ce qui doit être protégé et pourquoi il le doit: contrairement à toute logique et à toute méthode, le savoir à ce sujet *procède* de ce contre quoi il faut se protéger. C'est le péril qui apparaît d'abord et nous apprend, par la révolte du sentiment qui devance le savoir, à voir la valeur dont le contraire nous affecte de cette façon. Nous savons *ce qui* est en jeu seulement lorsque nous savons *que* cela est en jeu » (p. 49).

2) Ainsi la peur reçoit-elle la dignité d'une véritable faculté de *connaissance*: c'est ce qu'indique le terme « heuristique » – une méthode de découverte conduisant à un savoir. La peur du danger, nourrie par le sentiment du risque inouï qu'est la destruction de toute possibilité d'une existence humaine, va nous *apprendre* quelque chose, quelle est exactement la valeur menacée par le danger, et que sans lui, nous ne connaîtrions pas. Cette peur est donc instructive. Dans la vie qu'ils mènent aujourd'hui en mettant en œuvre sans discernement toutes les techniques qu'ils ont inventées et développées, les humains mettent en jeu les intérêts de l'humanité à venir. Or la mise en jeu ne doit jamais être l'intégralité des intérêts des autres, et surtout pas leur vie, « car on peut vivre sans le bien suprême, mais non pas vivre avec le mal suprême » (p. 60).

3) C'est pourquoi la peur fait l'objet d'un *devoir* éthique inconditionnel. « Jamais l'existence ou l'essence de l'homme dans son intégralité ne doivent être mis en jeu dans les paris de l'agir » (p. 62). Il y a certains risques qui ne doivent absolument pas être courus. Le caractère irréversible des conséquences redoutées interdit de jouer aux dés: une simple *possibilité* doit suffire à poser une prohibition inconditionnelle. Jonas réfutera donc avec vigueur le pari apparemment raisonnable selon lequel la tech-

nique saura bien toujours résoudre ultérieurement les problèmes qu'elle pose (p. 169); même dans le cas favorable, il n'est pas sûr qu'un progrès technique solutionne l'intégralité du problème posé par la technique actuelle, et surtout il est vraisemblable que ce progrès technique engagera lui-même, dans un effet boule de neige, de nouveaux problèmes et des risques inédits à prévenir.

4) Jonas s'attache enfin à montrer le rôle que la peur doit jouer dans la conduite des affaires *politiques*. Son argumentation (p. 164-170) reste parfaitement cohérente avec le style et le mouvement de sa démarche. Il pose d'abord la question de l'avenir : « jusqu'où la responsabilité politique s'étend-elle vers l'avenir ? ». La réponse proprement politique est de même portée que la responsabilité éthique précédemment esquissée : tout art de gouverner ne peut pas ignorer ou esquiver la lourde responsabilité de ménager, et même de favoriser la possibilité d'un art de gouverner dans l'avenir. L'horizon *proche* – les besoins du moment, l'ordre public, l'équité sociale, la paix intérieure et extérieure, etc. – au sein des sociétés qui sont sous l'empire d'un changement continuel requiert évidemment la responsabilité de l'homme d'État : mais cet horizon occupe le plus souvent le tout de son souci. Or c'est l'horizon *lointain* qui constitue le plus déterminant pour l'avenir des générations futures, car « la force d'impact de ce qui est commencé maintenant mène à des grandeurs cumulatives de l'interaction avec *tous* les facteurs de la condition humaine, au sujet desquelles rien de concluant ne se laisse établir » (p. 165-166). L'ordre de grandeur des risques courus par une société qui ne cesse de mettre en œuvre de mille manières un excès de pouvoir sur le savoir oblige donc les pouvoirs publics à intégrer la *peur*, réfléchie et délibérée, parmi les composantes de l'action politique. Seule une *heuristique de la peur* est susceptible d'indiquer les éventualités trop dangereuses, les possibilités trop risquées. Elle constitue le principe radical hyperbolique[1] qui interdit les prises de risque lorsqu'il s'agit de l'avenir humain des générations futures.

Qu'on ne se trompe pas. J'ai présenté la pensée de Hans Jonas sous le seul angle du rôle qu'il assigne à la peur dans la structure d'une éthique de la responsabilité se voulant à la mesure des défis présents. Le livre *Le Principe responsabilité* comporte bien d'autres thématiques que je n'évoquerai pas ici. L'une des plus importantes est certainement une critique

1. Jonas lui-même fait la comparaison avec le rôle du doute dans la *Première Méditation* de Descartes : tout le douteux est considéré comme faux, et donc rejeté. Pour Jonas, c'est tout ce qui peut compromettre l'avenir humain qui doit être considéré comme certainement nuisible, et donc interdit.

acérée des idéaux utopiques qui ont accompagné les premiers développements de l'agir moderne. Il est évident que le titre du livre *Le Principe responsabilité* a été choisi pour apporter une contradiction radicale au livre d'Ernst Bloch, qui s'intitule, lui, *Le Principe espérance*. Les utopies ou les eschatologies modernes reposent sur l'idée qu'il y a de l'être qui n'est pas encore, et que cet être peut être bon, et même meilleur que ce qui est. Pour elles, l'éthique se fonde sur l'espérance et commande de faire advenir ce qui n'est pas encore. Jonas, lui, rejette une compréhension de l'« être inachevé »; il lui oppose une conception de « la suffisance essentielle de notre "être devenu" intra-mondain. Cette suffisance de la nature humaine doit être postulée comme présupposition de toute habilitation à diriger de manière créative le destin… » (p. 57). Jonas ajoute même plus loin que « tout à fait à l'opposé du *Principe espérance*, il faut *espérer* que même à l'avenir, chaque satisfaction engendrera son insatisfaction, chaque avoir son désir, chaque patience son impatience, chaque liberté sa tentation – et même chaque bonheur son malheur […]. C'est cela qui me semble être le rêve de l'authenticité humaine » (p. 293 *sq.*). Pour lui, donc, le devoir prioritaire à l'égard de l'avenir est la *conservation* de l'acquis. Il ne s'agit pas d'une négation de l'avenir, sinon il n'y aurait plus aucun devoir à son égard, mais du refus de reconnaître au devenir et à l'agir le pouvoir de faire advenir un plus d'être. Ce choix fondamental, qui a fait ranger H. Jonas dans le clan des « conservateurs », voire des pessimistes, ouvre un débat radical qui concerne la manière dont on comprend l'être humain, son essence aussi bien que ses rapports avec le temps, le devenir et l'agir.

On peut avoir, sur cette question fondamentale, des positions philosophiques qui ne rejoignent pas en tous points la sensibilité, les options, la pensée de Jonas. Il m'a semblé que même s'il en est ainsi, il n'est pas possible de rester aveugle aux analyses qu'il propose sur les risques de notre puissance technologique, sur le caractère largement inconnu – mieux : inconnaissable – de ces risques, il n'est pas possible de demeurer sourd aux appels qu'il lance en faveur d'une responsabilité qui sache assumer les défis que nous posent nos pouvoirs modernes. Et donc d'ignorer la proposition qu'il nous lance de savoir faire sa juste place à un bon usage de la peur. Qui osera nier que ces appels et cette proposition, qui s'adressent à tous, sollicitent prioritairement tous ceux qui se sont convaincus de l'urgence d'instaurer avec la « nature », qu'on appellera mieux ici la biodiversité, des relations de *non-violence* ?

CHAPITRE XIII

DE LA VIOLENCE À LA RECONNAISSANCE MUTUELLE INSCRIRE LA NON-VIOLENCE DANS LES INSTITUTIONS DU DEVENIR-HOMME*

UNE INTERROGATION OPINIÂTRE…

« Que le monde soit mauvais [*im Argen*], c'est là une plainte aussi ancienne que l'histoire et même que la poésie plus vieille encore, bien plus : aussi ancienne que le plus vieux de tous les poèmes, la religion des prêtres »[1]. Aussi loin que remonte l'histoire humaine telle qu'on peut la connaître en interrogeant les traces que les sociétés et les humains ont laissées d'eux-mêmes, il semble bien que l'étonnement devant ses propres œuvres soit aussi ancien que l'homme lui-même. L'effroi devant la violence que l'homme est capable d'infliger à l'autre homme a sans doute accompagné chaque étape de la longue émergence de l'humanité de l'homme. *Comprendre la violence, connaître son origine et ses causes, savoir si on peut lui faire échec et comment* : c'est là une triple et unique question que l'on ne manque pas de rencontrer, sous une forme ou une autre, voire sous l'un ou l'autre de ses avatars, lorsque l'on entreprend d'écrire l'histoire de la magie, des pratiques exorcistes, celle de l'art, celle des religions, et jusque celle de la pensée dans sa lente montée à la conscience d'elle-même. Essayer de comprendre la violence humaine afin de tenter de la canaliser, de la gérer, puis dans la mesure – inconnue – du

* *Alternatives Non-Violentes*, n° 139, été 2006, p. 39-46.

1. E. Kant, *La religion dans les limites de la simple raison*, dans *Œuvres philosophiques*, t. III, Paris, Gallimard, 1986, p. 29. La première partie du livre s'intitule « Du mal radical dans la nature humaine ».

possible, de la réduire en agissant sur ses causes : c'est cet effort séculaire qui fournit l'une des clefs permettant d'écrire l'histoire de l'homme. Substituer la connaissance à la magie, l'élucidation patiente aux invectives et aux chimères, la raison à la passion, la lutte organisée à la violence aveugle des masses, avec le fragile espoir que la lutte violente elle-même ait une fin, au moins en ce qu'elle a de menaçant pour la survie de l'humanité.

Avec la religion, puis avec la naissance de la philosophie, cet immense et opiniâtre effort pour « comprendre » et « agir », s'est orienté dans diverses directions. Les religions ont interprété le mal de violence comme le fruit d'une dégénérescence originelle de l'homme, due à une chute à la fois historique et symbolique : le péché. La vie ici-bas n'était dès lors qu'une étape vers un au-delà pacifié. Dans le meilleur des cas, l'homme religieux était invité à purifier son âme et son esprit pour mériter d'atteindre la paix éternelle ; dans le pire des cas, il sacralisait ou même sanctifiait la violence en la justifiant au nom de sa prétention au monopole de l'existence ou de la vérité…

Avec l'essor de la réflexion et de la pensée – en particulier en Grèce – on se prit à assigner la violence à la *nature* humaine, comme à sa marque indélébile, souvent comme une sorte de vestige de l'animalité dans l'homme : c'est ainsi que l'on comprenait les *passions* et, corrélativement, que l'on prescrivait la nécessité d'une sagesse individuelle susceptible de l'en purger. Le philosophe se comprenait assigné à travailler à son propre perfectionnement ; il le pouvait d'autant mieux qu'il en avait le loisir, ce qui n'était pas le cas de tout le monde.

Plus tard encore, lorsque la réflexion politique, fondée elle aussi en Grèce, parvint à disposer d'un espace historique suffisant, la pensée prit conscience nouvelle du fait que le gouvernement de la cité ne pouvait s'exercer qu'à force de contrainte. Pétrie d'une anthropologie pessimiste que justifiait la guerre ininterrompue de l'homme contre l'homme, elle en vint à l'idée que la force avait tous les droits, et donc que le droit était celui du plus fort. L'observation sociale affinée poussait à concevoir les relations entre ethnies, entre cités, entre États, en termes de rapports de force, jusqu'à penser que la guerre n'était rien d'autre qu'une continuation de la politique par d'autres moyens. C'est ainsi que la violence humaine s'est trouvée institutionnalisée dans l'ordre politique : naquirent les diverses théories du contrat social. L'homme ne peut déposer sa violence individuelle qu'en lui conférant la légalité : il acceptera qu'une contrainte soit exercée sur lui, mais seulement au titre d'une institution contractuelle. Désormais, et pour des siècles, la pensée de la violence a reçu son paradigme : si l'État a la force du droit, il a aussi le droit de la force. On peut considérer Hobbes comme le représentant le plus typique d'une telle compréhension. Nous en reparlerons plus bas.

QUAND LE PASSÉ AFFIRME SON EMPRISE : FREUD

En dépit de ces tentatives renouvelées pour comprendre la violence, l'énigme demeure, comme si sa source demeurait hors d'atteinte des efforts humains. Ce n'est pas seulement sa présence, indéniable au cœur de notre société, qui étonne et qui scandalise : en dépit de l'essor des « Lumières », c'est sa *persistance*. Comment pourrait-il en être autrement, alors que de puissants désirs nous poussent à considérer la violence comme ce qui devrait ne pas être ? C'est bien cet étonnement qui va pousser Sigmund Freud à développer une élaboration théorique en accompagnement de son exploration clinique. Depuis les *Considérations actuelles sur la guerre et sur la mort*[1] publiées en 1915 sous le choc de la première guerre mondiale, jusqu'à la *Lettre à Einstein. Pourquoi la guerre ?*[2] en 1932, Freud n'a pas cessé de développer, de manière de plus en plus systématique, sa réflexion sur la violence, ses origines, ses effets. En deçà d'une élaboration proprement théorique, il relève d'abord une série de considérations proches de la clinique sur le caractère irréductible, impérissable du penchant à la violence. Son expérience psychanalytique le pousse à affirmer la permanence des traits les plus primitifs au sein de la vie psychique[3] ; elle ne laisse aucun doute, selon lui, sur l'existence indestructible de penchants à la violence subsistant en chacun conjointement avec les tendances à l'amour. D'ailleurs, ajoute-t-il, une interdiction aussi formelle et impérieuse que celle portée par le « Tu ne tueras point » ne peut s'adresser qu'à une impulsion particulièrement forte : « on n'a pas à interdire ce à quoi aucune

1. Dans S. Freud, *Gesammelte Werke chronologisch geordnet* (désormais cité *G.W.*), London, Imago Publishing, 1946-1968, t. X, p. 324-355 ; trad. fr. *Essais de psychanalyse*, Paris, Payot, 1920, p. 235-267.

2. *G.W.*, t. XVI, p. 11-27 ; trad. fr. *Revue Française de Psychanalyse*, 21(1957), p. 757-768.

3. « Les évolutions psychiques présentent une particularité qu'on ne retrouve dans aucun autre processus d'évolution ou de développement. [...] En elles, toute phase de développement antécédente *subsiste* et *se conserve* à côté de celle à laquelle elle a donné naissance. La succession comporte en même temps une coexistence », *Considérations actuelles...*, dans *Essais de psychanalyse*, *op. cit.*, p. 248 (*G.W.*, t. X, p. 337).

âme humaine n'aspire »[1]. Selon lui, il faut même aller plus loin, ce qui ne laissera pas d'étonner : c'est à une réaction contre les impulsions hostiles et violentes présentes dans la profondeur de notre psychisme que nous sommes redevables de l'épanouissement de nos penchants sociaux et de notre vie d'amour[2]. Mais, se demande-t-il, comment articuler ensemble cette indestructible tendance à détruire avec la non moins impérissable tendance à l'amour ? À partir de 1920, Freud se voit contraint de remanier sa théorie des deux pulsions fondamentales.

Pendant 25 ans de travail analytique, il a été amené à constater chez les patients dont il s'occupe l'existence d'une tendance à *reproduire*, sans qu'ils y soient consciemment pour rien, les mêmes situations, si douloureuses qu'elles soient. « Cette tendance à la répétition apparaît plus primitive, plus élémentaire, plus pulsionnelle [*triebhafter*] que le principe de plaisir qu'elle met de côté »[3]. La vie psychique semble donc n'être pas dominée par la recherche du plaisir ; quelque chose d'autre, de plus radical, s'y manifeste. Freud affirme désormais qu'aux pulsions de vie – pulsions sexuelles, Eros – se conjoignent et s'opposent des *pulsions de mort*. La conduite d'agression, de destruction ou de violence, qui se manifeste par exemple dans l'hostilité d'un seul contre tous ou de tous contre un seul dans l'histoire, n'est que la *descendante* et la *représentante* principale (*Hauptvertreter*) de la pulsion de mort[4]. La violence exercée contre autrui est indissociablement manifestation de la pulsion de mort *et* de la pulsion de vie. Cependant l'une et l'autre ne s'opposent pas et ne coopèrent pas dans la symétrie : si la pulsion de mort n'est saisissable que dans sa synergie avec celle de vie, il faut bien comprendre que tout le « bruit » de la vie est attribuable à Eros. Son antagoniste travaille, elle, « en silence » et de façon « muette »[5]. Eros parle, Thanatos ne parle pas. C'est pourquoi, justement, celui-ci n'est pas immédiatement objet d'expérience et passe le plus

1. *Considérations actuelles…*, *op. cit.*, p. 262. La même remarque se trouve déjà dans *Totem et tabou* (*G.W.*, t. IX, 1912), Paris, Payot, 1968.

2. « L'expérience nous a révélé ce fait intéressant que la préexistence à l'âge infantile de penchants fortement "méchants" constitue dans beaucoup de cas une condition de l'orientation vers le bien à l'âge adulte. Les enfants les plus égoïstes peuvent devenir des citoyens charitables au plus haut degré et capables des plus grands sacrifices », *Considérations actuelles…*, *op. cit.*, p. 244 (*G.W.*, t. X, p. 332-333).

3. S. Freud, *Au-delà du principe de plaisir*, dans *Essais de psychanalyse*, *op. cit.*, p. 28 (*Jenseits des Lustprinzips*, dans *G.W.*, t. XIII, p. 22).

4. S. Freud, *Das Unbehagen in der Kultur*, dans *G.W.*, t. XIV, p. 481 ; trad. fr. C. et J. Odier, *Malaise dans la civilisation* (1930), Paris, PUF, 1971, p. 77-78.

5. Affirmé dès 1920 dans *Au-delà du principe de plaisir*, ce contraste dans le travail des pulsions sera réaffirmé dans *Malaise dans la civilisation*, puis dans *Le Moi et le Soi*.

souvent inaperçu. Il n'en demeure pas moins que, pour Freud, la pulsion de mort représente quelque chose de plus pulsionnel que toute autre pulsion; J. Laplanche et J.-B. Pontalis, dans leur *Vocabulaire de la Psychanalyse*[1] peuvent à bon droit y voir « ce qui est au principe de toute pulsion ».

Nous ne suivrons pas Freud dans ses élaborations ultérieures, dans lesquelles il démonte le travail de la pulsion de mort dans la naissance de la conscience, dans la construction et le fonctionnement du surmoi, dans le processus de la civilisation, dans la constitution des religions. Ce n'est pas ici le lieu de recueillir les suggestions que, en pleine conséquence avec sa théorie sur le caractère irréductible de la pulsion de mort, Freud, sans illusion, propose afin de limiter ses effets négatifs et destructeurs : s'il est vain, dit-il, de lutter *directement* contre les tendances agressives et les penchants indéracinables à la violence, si nous n'avons aucun pouvoir direct sur l'agressivité, il nous reste à chercher les voies *indirectes* par lesquelles nous pourrons l'empêcher d'aboutir à la destruction d'autrui et de nous-mêmes. Bien des remarques et des ouvertures suggérées par Freud lui-même ou prolongées par ses successeurs se révèlent d'un grand prix en vue d'une *éducation à la non-violence*.

Dans la perspective qui est ici la nôtre, il convient plutôt d'évaluer l'apport de la réflexion anthropologique de Freud, d'en souligner l'intérêt, mais aussi d'en montrer les limites. Une telle évaluation a d'ailleurs été avancée par des philosophes aussi différents que Roland Dalbiez, Herbert Marcuse, Michel Henry, Paul Ricœur, ... Contentons-nous de brèves réflexions. On remarquera d'abord que sa lecture anthropologique est d'abord une élaboration théorique de l'expérience *clinique* que Freud a acquise au contact de patients souffrant de tourments psychiques avérés (angoisses, névroses, obsessions, hystérie, phobies, délire, etc.) : il n'est pas interdit de penser qu'une élaboration menée à partir d'autres groupes de femmes et d'hommes moins en mal d'eux-mêmes, comprenant des créateurs, des inventeurs, des êtres tournés vers l'avenir, pourra aboutir à des orientations un peu différentes, voire à un rééquilibrage théorique. Ensuite, la délimitation précise du champ analytique, avec ses options constitutives rigoureuses, sa méthodologie exploratoire (vigilance flottante, associations libres, interprétation des rêves, attention aux actes manqués, aux lapsus, etc.), ne peut manquer d'orienter l'exploration des faits psychiques dans une direction où prédominent l'introversion, la quête d'identité, le centrage sur soi. Enfin l'attention croissante portée par Freud sur la tendance pulsionnelle à la répétition, que nous avons relevée, a, entre d'autres,

1. Paris, PUF, 10e éd. 1990.

pour effet de privilégier l'attitude *rétrospective*, un regard vers le passé, vers l'originaire, bref de mettre en œuvre une épistémologie qu'on peut nommer « *archéologique* ». Cette priorité, qui confine à l'exclusivité, n'est pas sans conséquences sur plusieurs difficultés que rencontrent maints patients analysés : problèmes théoriques et pratiques de fin de cure, accoutumance à l'introspection, difficultés à envisager l'avenir, à édifier une morale, à s'investir à nouveaux frais dans des causes altruistes.

J'ai formulé en commençant la triple question anthropologique que se pose le philosophe confronté au spectacle terrible de la violence humaine : « qu'est la violence humaine ? quelles sont son origine et ses causes ? peut-on lui faire échec et comment ? ». On est amené à constater que Freud a concentré l'essentiel de son effort théorique sur la deuxième de ces trois questions, en pratiquant ce que je viens de nomme une lecture *archéologique* de la violence. On l'a dit : ses enseignements sont précieux, à maints égards irremplaçables. Mais s'il veut poursuivre une interrogation susceptible d'approfondir les enjeux anthropologiques de la violence, de prendre en charge *chacune* de nos trois questions, et de constituer les concepts capables d'éclairer l'inscription de la *non-violence* dans les comportements et les institutions du vivre-ensemble – le philosophe est invité à reprendre sa quête.

Quand la nature impose sa loi : Hobbes

Paradoxalement, il me semble qu'il faut revenir en arrière d'un point de vue de l'histoire de la philosophie, pour considérer des philosophes qui ont porté leur attention sur les rapports entre humains, sur l'intersubjectivité, sur la socialité. Car, dans ce qu'elle a de typiquement humain – ni le minéral, ni le végétal, ni l'animal ne sont à proprement parler capables de violence –, la violence se joue, se déploie, s'achève dans la relation humaine. C'est donc aux philosophies du lien humain qu'il appartient de jeter la plus vive lumière sur la violence, et, surtout, sur les ressources qu'il s'agit de découvrir et de mettre en œuvre pour tenter de lui faire échec.

La philosophie hégélienne constitue à coup sûr la plus puissante d'entre elles. Selon sa version phénoménologique, elle présente surtout l'incomparable avantage d'être construite sur un modèle *téléologique*[1], seul

1. Il y a quarante ans déjà, dans son gros ouvrage *De l'interprétation. Essai sur Freud*, Paris, Seuil, 1965, P. Ricœur développait les ressources que l'on peut tirer d'une mise en rapport de l'*archéologie* de Freud avec la *téléologie* de Hegel. Plus exactement, et pour être plus précis, citons Ricœur : « Freud lie une archéologie thématisée de l'inconscient à une

susceptible de penser l'action et de constituer une morale : elle parcourt, dans leur enchaînement à la fois génétique et raisonné, les figures dans lesquelles l'homme se constitue, chacune intégrant et « relevant » la précédente, ce que Hegel appelle l'auto-genèse de l'esprit (*Geist*). Ainsi offre-t-elle de précieuses ressources pour comprendre à quelle profondeur une *culture de la non-violence* doit s'inscrire dans les catégories, les symboles, les institutions de l'humanisation de l'homme. Nous le verrons bientôt : le concept cardinal qui, pour Hegel, porte le dynamisme de cette constitution de l'humain est la *reconnaissance* (*Erkennung*), terme du « désir d'être-reconnu » qui s'achève dans la « reconnaissance mutuelle ». À sa lumière, il apparaîtra légitime d'interpréter la violence en termes de « déni de la reconnaissance », et de comprendre les figures, diverses ou successives, de la *non-violence* en travail de gestion des interactions conflictuelles comme finalisées par la reconnaissance mutuelle (*cf.* chap. XIV, p. 165-218).

Toutefois, en liaison avec le bref parcours freudien que nous venons de faire, il est très éclairant d'entrer dans l'intelligence de la reconnaissance mutuelle par le porche de l'œuvre de Hobbes. Dans son dernier livre *Parcours de la reconnaissance*[1], Paul Ricœur, après A. Honneth, propose d'interpréter l'effort hégélien mené pour comprendre à nouveaux frais le lien social et politique comme une *réplique* à un défi majeur, celui que Hobbes a jeté à la face de l'Occident en matière de philosophie politique. « Le thème de l'*Anerkennung* [*reconnaissance*] gagne à être traité comme une réplique de nature *morale* au défi lancé par une interprétation *naturaliste* des sources de la politique. [...] Ce n'est pas la conception hobbésienne de l'État qui constitue le défi premier auquel Hegel répliquera par le concept de reconnaissance, mais la théorie même de l'"état de nature". L'enjeu est de savoir si, à la base du vivre-ensemble, existe un motif originairement *moral*, que Hegel identifiera comme désir d'être reconnu »[2]. À la question de savoir si la tendance à la violence est réellement originaire, la réponse de Hobbes est en effet positive : ce qui est primitif en l'homme, c'est la guerre de tous contre tous, qui caractérise l'état de nature. C'est à cette réponse sans équivoque de Hegel voudra répliquer.

Pour Hobbes, les trois passions primitives qui constituent l'état de nature sont la rivalité, la défiance (*diffidence*), la gloire : « La première pousse les hommes à attaquer pour le profit, la deuxième pour la sécurité, et

téléologie non thématisée du "devenir-conscient", *comme* Hegel lie la téléologie explicite de l'esprit à une archéologie implicite de la vie et du désir » (p. 446).

1. P. Ricœur, *Parcours de la reconnaissance. Trois études*, Paris, Stock, 2004.

2. *Ibid.*, p. 239 et 240-241 (nous soulignons *moral* et *naturaliste*).

la troisième pour la réputation »[1]. Remarquons immédiatement qu'aucune des ces trois passions ne se conçoit sans une référence à autrui : sans comparaison, il n'y aurait pas l'inimitié qui pousse les hommes à s'assujettir ou à s'éliminer l'un l'autre. Ce « l'un l'autre » est bien une structure originaire de socialité, plus précisément d'asocialité, celle qui s'exprime dans la *défiance*, se manifeste dans la *rivalité*[2] et trouve sa motivation première dans la *peur* de la mort violente. Pas de doute : l'état de nature est bien chez Hobbes le point de départ d'une anthropologie sociale et politique.

C'est en toute lucidité théorique que Hobbes fonde ainsi l'ordre politique. Après avoir écrit que « dans la crainte et le risque continuels d'une mort violente, la vie humaine est solitaire, besogneuse, quasi-animale et brève », il éprouve le besoin de mettre les points sur les « i » : « Il peut sembler étrange, écrit-il aussitôt, à celui qui n'a pas bien pesé ces choses, que la nature dissocie ainsi les humains et les rende enclins à s'attaquer et à se détruire les uns les autres. C'est pourquoi peut-être, incrédule à l'égard de cette inférence tirée des passions, cet homme désirera la voir confirmée par l'expérience » (*Léviathan*, *op. cit.*, p. 125). Et suivront quelques exemples tirés du quotidien de la peur.

On confirmera encore ce caractère originaire de l'état de nature, consistant en la guerre de chacun contre chacun, en évoquant brièvement les développements consacrés dans le chapitre 13 (p. 128-142) aux « Deux premières lois naturelles », puis dans le chapitre 14 (p. 143-160) aux « Autres lois de nature ». C'est toujours la peur de la mort qui motive les *conventions* rendant possible l'émergence de l'organisation politique, de la République : car ce qui régit les évaluations proposées en termes de « permis » n'est mesuré que par ce que requiert la propre conservation de chacun. C'est clair : le permis n'est rien d'autre que le dernier maillon de la chaîne naturelle défiance – rivalité – attaque préventive. Même s'il faut, pour rendre pleinement justice à Hobbes, corriger quelque peu[3] la naturalité de la violence pour comprendre l'apparition d'un ordre contractuel, en complétant la naturalité par l'artificialité, le défi que lance Hobbes à la

1. Th. Hobbes, *Léviathan*, trad. fr. F. Tricaud, Paris, Sirey, 1971, p. 123. La citation continue ainsi : « Dans le premier cas, les hommes usent de violence pour se rendre maîtres de la personne d'autres hommes [...]; dans le second cas, pour défendre ces choses; dans le troisième, pour des bagatelles ».

2. On ne peut s'empêcher d'évoquer ici la pensée de R. Girard, tout au long de son œuvre, qui voit dans la rivalité mimétique l'origine de toute violence. Cette insistance inclinerait à ranger R. Girard au sein de la longue descendance de la pensée Hobbésienne.

3. Ce que fait P. Ricœur, dans son livre, *Parcours de la reconnaissance*, *op. cit.*, p. 244-250; laissons ici de côté cette nuance.

pensée politique occidentale, en plaçant sa fondation dans une prémisse naturaliste, est sans équivoque.

La violence humaine est primitive, elle plonge ses racines dans la nature. C'est la nature qui impose sa loi. Si l'on choisit d'interpréter l'homme, l'action humaine, les institutions sociales et politiques à partir de la fondation hobbésienne, il faut renoncer à l'espoir d'inscrire la *non-violence* au cœur des institutions de la vie sociale. Originaire, la violence est inexpugnable.

QUAND L'ESPRIT ÉDIFIE SON ROYAUME : HEGEL

Le défi lancé par Hobbes est considérable. La lecture hobbésienne de la socialité humaine et de l'institution politique jette à coup sûr une vive lumière sur notre expérience quotidienne; inutile de nous le cacher, sa théorie recèle un singulier pouvoir explicatif et atteint ainsi, par moments, au statut de l'évidence. Hegel va-t-il pouvoir atteindre son niveau de radicalité, faire droit à toute la part de vérité entrevue par Hobbes, égaler, voire dépasser sa capacité explicative[1] ?

En fait, les atouts présents dans le jeu hégélien sont des atouts majeurs. Des atouts maîtres. Hegel les a forgés dans un puissant débat avec plusieurs des philosophes qui l'ont précédé. Sans prétendre aucunement être complet, on peut énoncer quelques-uns de ces atouts parmi les principaux, ceux qui constituent – on va le constater – autant de caractéristiques avérées de la philosophie hégélienne, celles qui fournissent autant de jalons précis pour l'édification d'une philosophie de la *non-violence*.

1) *La primauté de l'intersubjectivité* dans la compréhension de ce qui fait proprement l'homme. On ne peut, pour Hegel, comprendre le phénomène humain comme un phénomène naturel : le naturalisme hobbésien est intenable. Il s'impose absolument de dialectiser indissociablement rapport à soi et rapport à autrui. La subjectivité et l'intersubjectivité sont originairement en détermination réciproque. C'est à Fichte, principalement, que Hegel doit cette orientation essentielle. C'est dans le redoublement de la subjectivité (*je* et *tu* sont co-originaires) que réside le fondement de la philosophie politique; celui-ci a trouvé sa première articulation systématique dans les *Fragments* que Hegel écrit et publie à Iéna entre 1802 et 1807. Le

1. J'avoue ici ma dette à l'égard de P. Ricœur. Je dois à la lecture de son livre *Parcours de la reconnaissance* la ligne générale de la présence section, et maintes formules, explicites ou implicites, de mon développement.

concept de reconnaissance (*Erkennen*) s'y rencontre dans ses premières occurrences. Je ne puis me comprendre moi-même, me reconnaître, que si, et dans la mesure où, je suis reconnu par autrui. Le *désir d'être-reconnu* constitue le premier vecteur du désir d'être. Un fondement de la relation humaine porteur d'une exigence *morale* originaire doit être substitué à tout principe naturaliste. La violence n'est pas originaire : elle est seconde, car elle est toujours un déni de la reconnaissance[1]. La *non-violence* est bien découverte au fondement de l'humain.

2) *Le rôle assigné à la négativité*. Autant que l'atout précédent, celui-ci est majeur dans la relève du défi lancé par Hobbes. Pour réinsérer le thème hobbésien de la lutte à mort dans le parcours de l'esprit (*Geist*), il faut – et ici c'est contre Spinoza que Hegel se bat : « celui-ci n'a pas su reconnaître le rôle de la négation » – intégrer le rapport à la mort au cœur de la puissance de l'esprit. Thème bien connu : on pourra ici se contenter de rappeler le célèbre passage de la Préface à la *Phénoménologie de l'esprit*, l'ouvrage qui clôt brillamment la période d'Iéna. « Telle est la puissance prodigieuse du négatif, l'énergie de la pensée, du moi pur. La mort, si nous voulons nommer ainsi cette irréalité, est la chose la plus redoutable, et tenir fermement ce qui est mort, est ce qui exige la plus grande force. [...] L'esprit conquiert sa vérité seulement à condition de se retrouver soi-même dans l'absolu déchirement; il est [...] cette puissance seulement en sachant regarder le négatif en face et en sachant séjourner auprès de lui »[2]. Cette intégration de la puissance du négatif au cœur de la vitalité spirituelle assurera le dynamisme du parcours entier du devenir-homme. La négativité pratique et éthique s'étendra tout au long des figures dessinant la venue de l'homme à lui-même. On sait la place que le Hegel de maturité accordera au thème de la lutte du maître et de l'esclave, thème repris par K. Marx pour interpréter et conduire la lutte des classes, secret et avenir de l'histoire. Pour Hegel, la dynamique douloureuse des diverses procédures de la reconnaissance mutuelle permet d'assumer et de transmuer le négatif des interactions conflictuelles, celles auxquelles s'était attaché Hobbes. On comprendra

1. On pourra remarquer qu'ici, comme à maints autres lieux de son élaboration, Hegel fait écho à Rousseau. Mais surtout, il a recueilli les leçons célèbres dégagées par Kant, en accord avec les premiers chapitres de la *Genèse*, lorsqu'il établit, dans les premières pages de son *Essai sur le mal radical*, que si le « penchant au mal » peut être dit et compris comme *radical*, la « tendance au bien », elle, doit être comprise comme *originaire*. Ce n'est nullement là une subtilité de vocabulaire. Il ne s'agit de rien de moins que du fondement d'une philosophie de l'espérance. C'est ce que montre tout le développement de l'ouvrage *La religion dans les limites de la simple raison* (1793).

2. Hegel, *Phénoménologie de l'esprit*, trad. fr. J. Hyppolite, Paris, Aubier, 1939, p. 29.

désormais la violence comme déni de la reconnaissance, le combat pour la survie comme lutte pour la reconnaissance, la défiance (*diffidence* hobbésienne) habitée et précédée par un appel à la confiance qui s'ignore encore, la peur de la mort violente relevée par l'indignation devant l'injustice, le mouvement de haine comme finalisé par un appel à la réconciliation, etc. Cette créativité spirituelle reconnue à la négativité interroge les doctrines de la *non-violence*. Ont-elles le réalisme de la pensée hégélienne de la négativité ? Font-elles, selon les discernements requis, toute leur place à la confrontation, à la compétition, à l'affrontement, aux antagonismes productifs, à la reconnaissance des conflits, à la fécondité des luttes ?

3) *L'importance de la médiation*, solidaire du rôle canonique de la dialectique. L'auto-genèse de l'esprit, c'est-à-dire tout le processus par lequel se constitue, élargie à l'expérience historique la plus large, l'humanité de l'homme, lui fait traverser des figures successives en lesquelles se symbolisent et se condensent les expériences singulières, porteuses chacune d'un moment de vérité. Le passage d'une figure à l'autre, d'une expérience à l'autre, se pratique dialectiquement à travers une *médiation* qui prend en chaque cas la forme singulière requise. Précieuse leçon. La médiation est une pratique chère aux artisans des luttes *non-violentes*. À coup sûr, ceux-ci, s'ils les cherchent, trouveront-ils dans les élaborations hégéliennes bien des suggestions fécondes pour enrichir leur compréhension et dynamiser leur pratique des procédures de la médiation *non-violente*.

4) *La spécification des niveaux d'institutionnalisation de la reconnaissance mutuelle*. C'est la trouvaille de Hegel. Par un concept neuf, progressivement constitué à travers bien des tâtonnements d'Iéna à Berlin, celui d'*esprit objectif* (*objectiver Geist*), de *vie éthique* (*Sittlichkeit*), Hegel se rend apte à penser les diverses institutions de la vie collective, en tant qu'œuvres de l'homme et donc réalités spirituelles. La théorie hégélienne de la reconnaissance mutuelle tient son aspect systématique de son articulation en niveaux hiérarchiques, correspondant à autant d'*institutions* humaines spécifiques. Énonçons-en quelques-unes parmi les principales. L'institution de la *famille*, au sein de laquelle ont lieu les premiers apprentissages difficiles du *je*, du *tu*, du *il*, du *nous*[1], ainsi que les premières découvertes du masculin et du féminin ; puis l'institution de l'*école* où

1. Sur ce thème, on prolongera heureusement les intuitions hégéliennes en lisant les ouvrages de J.-M. Ferry, *Les puissances de l'expérience. Essai sur l'identité contemporaine*, Paris, Le Cerf, 1991, en particulier t. II, « Les ordres de la reconnaissance » ; *Les grammaires de l'intelligence*, Paris, Le Cerf, 2004, spécialement section 6, « La grammaire de la différenciation verbale. Modes, temps et personnes ».

se fait, avec l'instruction du futur travailleur, l'éducation progressive de l'homme et du citoyen; ensuite, l'institution du *droit* qui canonise les normes du respect de l'homme privé et de l'homme public, ainsi que les sanctions applicables à celui qui les transgresse; l'institution de la *société civile* (*bürgerliche Gesellschaft*, encore une innovation hégélienne) où se vivent les reconnaissances réciproques qui composent la division du travail, les tâches professionnelles, les rôles sociaux, etc.; celle de l'*État*, qui institutionnalise les rapports de pouvoir et dans lequel Hegel voit « l'effectivité en acte de la liberté concrète » et de la volonté éthique; enfin les institutions *internationales* où s'engendrent, dans les violences des conflits de toutes sortes[1], les premiers jalons d'un *cosmopolitisme* dont Kant, déjà, avait tenté d'esquisser l'avenir – sans compter les institutions les plus hautes, celles de l'art et de la culture, celles de la religion, celles de la pensée, où Hegel voit les réalisations de l'*esprit absolu*.

En fait, d'Iéna à Berlin, Hegel ne cessera de tâtonner et de diversifier la spécification et l'articulation de ces *institutions* de la reconnaissance, jusqu'à la forme, achevée *pour lui*, qu'elles prennent dans les *Principes de la philosophie du droit* (1820-1824). En comprenant cette hiérarchisation des institutions comme immanente au processus même de la reconnaissance, Hegel réplique, sur son propre terrain, à l'artificialisme du contrat hobbésien qui aboutit à la fabrication du grand artifice qu'est le *Léviathan* lui-même. On peut soutenir que le concept entier de « vie éthique », qui déroule la hiérarchie des institutions comme organes de gestion des conflits à leurs niveaux successivement coordonnés, constitue la relève spirituelle (toujours au sens hégélien) du concept naturaliste d'artifice chez Hobbes.

J'ai bien conscience de n'avoir ici fait qu'ouvrir un grand chantier de recherches futures, qui intéresse, en son cœur même, une philosophie de la lutte *non-violente*. Il faudra les pousser plus loin[2]. Pourquoi ? C'est que les institutions que Hegel canonise dans son système en 1820 ne sont nullement des configurations échappant au temps. Au contraire : ce sont en fait des compromis datés entre des exigences spéculatives, dégagées par lui dans son immense travail de pensée, et l'expérience historique des sociétés européennes de ce début du XIXe siècle, qu'il entend recueillir. C'est pourquoi l'élaboration hégélienne des institutions de la non-violence

1. Aujourd'hui sous nos yeux, un exemple entre cent : comment ne pas voir que le chemin vers l'improbable paix entre israéliens et palestiniens passe *nécessairement* par la *reconnaissance mutuelle* de leurs États, avec tout ce qu'elle présuppose et qu'elle entraînera ?

2. C'est ce que propose le chapitre suivant, p. 165-218.

ouvrent une *histoire* de la « lutte pour la reconnaissance » qui continue de faire sens aujourd'hui. Les figures institutionnelles que Hegel a su discerner pour son temps gardent une capacité d'éclairement, une puissance polémique et un potentiel de réactualisation qu'il nous appartient de faire fructifier aujourd'hui, à la faveur d'une combinaison nouvelle entre exigences spéculatives et nouvelles enquêtes empiriques [1]. C'est tout l'enjeu de la tâche : réactualiser pour aujourd'hui le thème hégélien de la reconnaissance mutuelle. Quelques chercheurs contemporains s'y sont déjà attelés [2]. Avec eux, il appartient aux partisans et aux artisans de la *non-violence*, riches d'une expérience de sa pratique qui rend leur collaboration peut-être irremplaçable, d'inscrire à nouveau celle-ci au sein des pratiques et des institutions qui permettent à l'homme de réaliser son humanité.

1. *Cf.* P. Ricœur, *Parcours de la reconnaissance*, *op. cit.*, p. 255-256.

2. Citons, avant tout, A. Honneth, *La lutte pour la reconnaissance. Grammaire morale des conflits sociaux*, trad. fr. P. Rusch, Paris, Le Cerf, 2000. Ce livre est salué, critiqué, prolongé par P. Ricœur, *Parcours de la reconnaissance*, *op. cit.*, troisième partie, chap. 4, « Réactualisations de l'argument de Hegel à Iéna ». Voir aussi les ouvrages de J.-M. Ferry cités ci-dessus (note 1, p. 161).

CHAPITRE XIV

LE PARADIGME HÉGÉLIEN DE LA RECONNAISSANCE MUTUELLE VERS UNE PHILOSOPHIE DE LA LUTTE NON-VIOLENTE

UN ENJEU THÉORIQUE

La pensée de la non-violence se trouve aujourd'hui confrontée à une tâche dont l'exigence s'avère considérable : penser avec une nouvelle radicalité une contradiction qu'il est impossible de contourner, de nier ou même d'ignorer dès qu'on aborde n'importe laquelle des questions surgissant dans le champ de la philosophie sociale et politique. Cette contradiction, qui devra recevoir plusieurs formulations selon les approches suivies, nous la schématiserons en commençant comme celle de deux penchants, l'un et l'autre constitutifs de la subjectivité humaine : un penchant à la discorde et un penchant à la concorde. L'inclination *polémique* dont il n'est pas besoin de chercher longtemps pour en observer les effets ravageurs, mais aussi l'aspiration *pacifique* à l'entente, à l'union, dont toute l'histoire humaine porte indubitablement le témoignage. On ne comprend pas grand chose à nos sociétés si l'on ne tient pas ensemble que chacun de nous est constitué d'une *sociabilité* originaire par laquelle il est poussé à recherche l'association avec autrui ; mais aussi que chacun porte, tapie au plus profond de lui-même, une *insociabilité* radicale, éternelle génératrice de la dispute, de la dissension, de la dissidence. Le philosophe de Koenigsberg en a donné une formulation saisissante lorsque, après avoir écrit ses trois fameuses *Critiques*, il a entrepris diverses recherches pour scruter ce qu'il a appelé l'« insociable sociabilité » de l'être humain [1]. Une philosophie de la

1. E. Kant, *Idée d'une histoire universelle au point de vue cosmopolitique*, Quatrième proposition, dans *Œuvres philosophiques*, t. 2, Paris, Gallimard, 1985, p. 192-193.

non-violence se trouve, dès le commencement, confrontée à cette énigmatique dualité. Sa vérité, l'aptitude qu'elle montrera à rendre compte de la réalité, à comprendre l'expérience que nous faisons de nous-même et à orienter notre agir, sera exactement mesurée par la place qu'elle ménagera à cette « *insociable sociabilité* ».

MACHIAVEL : LA LUTTE POUR L'EXISTENCE

L'histoire de la philosophie est à cet égard fort éclairante. On doit constater que la philosophie sociale *moderne* ne prend son essor qu'au moment où la vie en société commence à être comprise comme un tissu de relations nouées sous la bannière de la *lutte pour l'existence*. C'est avec Nicolas Machiavel (1469-1527), puis un siècle plus tard avec Thomas Hobbes (1585-1679) que la notion de lutte prend une place centrale et décisive dans la compréhension de la vie sociale. Il n'en était pas ainsi auparavant. Depuis la théorie politique grecque jusqu'au droit naturel médiéval, l'être humain avait été défini comme un *zoon politikon*, comme un être vivant social qui ne réalisait sa destination véritable que dans la communauté éthique de la *polis* ou de la *civitas*, fondée sur l'exercice de vertus partagées par l'ensemble des citoyens; le savoir politique combinait étroitement une doctrine de la vie bonne avec une élaboration réfléchie des lois et des institutions civiles.

Mais bientôt les choses changent. L'essor des techniques, l'introduction de nouvelles pratiques commerciales, le développement de l'imprimerie, des fabriques, l'affranchissement des principautés et des villes marchandes, d'autres évolutions encore, font que peu à peu la vie sociale déborde de plus en plus largement le cadre organisateur des mœurs traditionnelles : elle ne peut plus être comprise seulement comme le cadre normatif de la citoyenneté vertueuse. Il n'est pas étonnant que les prémisses de la philosophie sociale moderne aient été apportées là où les changements des structures sociales étaient les plus avancés – particulièrement dans la république florentine. C'est en effet avec Machiavel que la notion de *lutte pour l'existence* se met à occuper la place de concept fondateur de la

« J'entends ici par antagonisme l'*insociable sociabilité* des hommes, c'est-à-dire leur tendance à entrer en société, tendance cependant liée à une constante résistance à le faire, qui menace sans cesse de scinder cette société. Cette disposition réside manifestement dans la nature humaine. L'homme possède une inclination à *s'associer*, car dans un tel état il se sent plus homme, c'est-à-dire ressent le développement de ses dispositions naturelles. Mais il a aussi une forte tendance à s'*isoler* car il rencontre en lui-même ce caractère insociable qu'il a de vouloir tout diriger seulement selon son point de vue… ».

science sociale : pour le penseur florentin, les sujets sociaux, préoccupés de leurs seuls intérêts et constamment engagés dans des rapports de défiance et de crainte mutuelle, sont dans un état permanent de rivalité, d'hostilité. Dans toutes ses études historiques, Machiavel tourne autour d'une question dominante : comment le conflit incessant et violent entre les hommes peut-il être utilisé au profit du pouvoir en place? Pour des siècles se trouve installée la conviction que la vie sociale se déroule sur un fond de lutte permanente pour l'existence, pour la conservation et l'accroissement de l'avoir, du valoir et du pouvoir. La pensée socio-politique de l'Europe moderne a pris la direction d'une civilisation de la violence.

La fondation hobbésienne

Quelque cent vingt ans plus tard, l'extension des rapports marchands, le développement d'un appareil d'État nouveau, l'élargissement des conflits sociaux et des guerres inter-cités, etc., placent Hobbes devant un nouveau défi, rendu plus ardu par l'essor des sciences de la nature et par la doctrine de la connaissance développée par Descartes : donner à l'intuition de Machiavel la forme réfléchie d'une théorie scientifique. Sur le fondement d'énoncés systématiquement articulés concernant la nature individuelle de l'être humain, sa propension innée à préparer son bien-être futur, la défiance que suscite sa rencontre avec son semblable, la nécessité où il croit se trouver d'augmenter préventivement sa puissance, Hobbes construit une anthropologie politique destinée à donner une base solide à toute politique future. Sa doctrine de l'« état de nature » n'est pas d'abord une hypothèse imaginée pour décrire, par annulation de toute l'évolution historique, l'état primitif de l'humanité antérieur à toute socialisation; elle dessine le tableau de l'humanité dans une autre hypothèse imaginée, celle où la vie sociale se trouverait affranchie de tout contrôle politique : il en résulterait immédiatement une guerre de tous contre tous. C'est ainsi que se trouve fondée, en raison à ses yeux, la souveraineté de l'État. Le contrat politique qui unit chaque sujet à un pouvoir souverain est seul capable de mettre fin à cette guerre continuelle de tous contre tous.

En dépit de tout ce qui les sépare du point de vue méthodologique, le primat accordé par Machiavel comme par Hobbes à l'inclination *polémique* entraîne une orientation décisive de la philosophie socio-politique, désormais fondée, en dernière instance, sur la lutte individuelle pour l'existence, sur la rivalité, sur l'hostilité. La violence a fait son apparition dans la compréhension de l'État, comme on le constatera plus tard avec la célèbre définition de Max Weber. Avec Machiavel, à l'opposé de la philosophie politique traditionnelle, l'exercice du pouvoir souverain s'est trouvé affranchi de toute considération normative, de toute critériologie éthique. Avec Hobbes, les contenus libéraux inhérents au contrat social sont assujettis à l'exercice instrumentalisé de l'action politique et finalement à la forme dominatrice de la puissance étatique. La philosophie sociale moderne, dès ses débuts, a tressé le berceau de la violence.

Tel est le constat qu'est contraint de faire, aujourd'hui encore, celui qui se propose de penser, avec une nouvelle radicalité et au moyen d'une conceptualité renouvelée, la contradiction qu'il découvre au cœur des questions sociales et politiques : la dualité des deux inclinations, polémique et pacifique. Face à ce défi, une philosophie de la non-violence se trouve, de fait, confrontée à une tâche dont il n'est pas loisible d'atténuer l'exigence. Il s'agit de rien de moins que de penser ensemble – s'agit-il d'un véritable paradoxe ? – la lutte *et* le refus de la violence. La lutte, puisqu'elle est la condition de la vie et qu'elle imprègne en profondeur les formes diverses de la vie sociale; le refus de la violence, celle qui porte atteinte à la vie et à la dignité d'autrui, puisqu'elle est meurtrière et indigne de l'homme. Qui nous aidera à penser à nouveaux frais, la lutte non-violente ?

La découverte hégélienne

Il convient d'abord de se demander s'il existe parmi nos devanciers un philosophe qui, dans ces termes ou dans d'autres équivalents, se soit posé cette question et, surtout, qui ait cherché à y apporter une réponse ou des éléments de réponse quelque peu élaborés. Vu la pertinence de ce diagnostic et son évidence manifeste, il y a fort à parier qu'il en existe.

Oui, il en existe un. Un philosophe qui, au cours de sa formation, a suffisamment assimilé la révolution kantienne, en matière de théorie critique comme de fondation éthique, pour être résolument un penseur de la modernité; un philosophe qui a assez étudié les économistes anglais pour avoir compris que toute organisation future de la société sera inévitablement tributaire d'une sphère économique dans laquelle les citoyens trouveraient les conditions de leur liberté politique, mais inexorablement vouée à la compétition; un philosophe aussi qui, avec Schelling et Hölderlin, a profondément ressenti la nostalgie de la « belle totalité éthique » des Grecs théorisée par Platon et Aristote[1], assez en tout cas

1. Cf. J. Taminiaux, *La nostalgie de la Grèce à l'aube de l'idéalisme allemand*, La Haye, Martinus Nijhoff, 1967.

pour saisir avec acuité les limites des présupposés individualistes et de l'approche atomiste dont toute la tradition du droit naturel moderne restait prisonnière, et pour comprendre l'importance fondamentale de la dimension intersubjective de la vie publique. On l'aura deviné : ce philosophe, c'est Hegel.

Dans tous ses ouvrages de philosophie politique, à partir de *Sur les manières de traiter scientifiquement le droit naturel*, Hegel porte un souci majeur : tenir ensemble la constitution éthique fondamentale de la société, théorisée par les philosophes et politologues grecs, et la place inaliénable que les antagonismes, les conflits, les luttes tiennent dans la vitalité sociale humaine et dans la plupart des avancées de la civilisation moderne. Comme nous l'a rappelé avec force Axel Honneth[1], la position originale, unique, qu'occupe Hegel dans ses travaux menés pendant la période où il enseigne à Iéna au début de sa carrière, lui vient de ce qu'il se sert précisément du modèle hobbésien de la lutte entre individus et groupes sociaux pour construire un paradigme susceptible de concevoir une constitution de la socialité humaine toute différente de celle de Hobbes, et susceptible de rendre compte des formes éthiques complexes et des diverses institutions de la société moderne. On devine tout le profit que peut tirer de la relecture des travaux du jeune Hegel celui qui se propose, à nouveau frais, de penser ensemble la lutte *et* la non-violence.

À vrai dire, le projet de Hegel, radical et novateur, ne pouvait être honoré sans avoir mené à bien plusieurs tâches théoriques dont il lui fallait s'acquitter préalablement. Ce n'est pas ici le lieu de relever par le détail les enjeux de ces diverses tâches, ni les solutions auxquelles Hegel parvient en ces domaines ; il convient cependant d'en relever trois, toutes trois essentielles à notre propos. Il lui faut d'abord rompre avec l'approche courante des libertés privées, qui les conçoit comme constituées isolément dans leur singularité et les voit donc comme originairement opposées les unes aux autres. Cette approche a reçu l'appellation classique d'« atomiste ». La société, comme Aristote l'avait compris, est *antérieure* aux sujets individuels qui la composent : elle doit être conçue comme une « totalité éthique », c'est-à-dire selon « l'unité vivante de la liberté universelle et de la liberté individuelle ». Loin d'être le résultat d'une limitation réciproque d'espaces de libertés privées, la vie publique sera conçue comme la possi-

1. A. Honneth, *La lutte pour la reconnaissance*, Paris, Le Cerf, 2000. Une fois pour toutes, je confesse tout ce que je dois aux travaux d'A. Honneth dans l'élaboration des pages qui suivent. Ils ont inspiré ou fourni nombre de leurs développements, qui se présentent ainsi, à certains égards, comme *une relecture* des livres d'Honneth menée dans le souci d'en dégager les virtualités pour une pensée de la lutte non-violente.

bilité offerte à chacun de s'émanciper, d'accomplir sa liberté entière, tant personnelle que collective. Le paradigme susceptible de comprendre la vie sociale ne sera donc plus la liberté privée du propriétaire (ma liberté commence là où s'arrête celle d'autrui), mais la liberté publique du citoyen (ma liberté commence là où commence la liberté d'autrui).

Il lui faut ensuite placer au centre de sa pensée l'espace réel au sein duquel se coordonnent et s'intègrent l'une dans l'autre la liberté de chacun et la liberté de tous, en refusant la fiction du contrat social passé entre des individus originairement isolés. Cet espace, c'est le milieu social que constituent les mœurs, les coutumes, les pratiques qui règlent la vie et les échanges interpersonnels et sociaux au sein d'une collectivité. Ce ne sont d'abord ni les lois promulguées par l'autorité publique, ni les convictions morales des divers sujets sociaux, qui constituent la réalité effective de cette liberté renouvelée : ce sont en fin de compte les attitudes intersubjectives, les comportements concrets de la socialité quotidienne. C'est très consciemment que Hegel choisit de placer au centre de sa philosophie sociale le concept de *mœurs* (*Sitte*) comme support de la compréhension nouvelle qu'il recherche afin d'échapper aux impasses des théoriciens du droit naturel. Aussi ne cessera-t-il, en penseur réaliste, d'affirmer que le système de la législation publique n'a pas d'autre tâche, d'autre ambition, que d'exprimer et de guider « les mœurs existantes ».

Il lui faut enfin tenir compte d'une innovation considérable des sociétés modernes, celle qu'ont étudié particulièrement les théoriciens anglais [1] que Hegel a lus : le développement d'une sphère qu'il nomme d'abord « le système de la propriété et du droit » avant de l'exprimer, dans un concept neuf, comme « société civile » (*bürgerliche Gesellschaft*). Elle intègre tous les intérêts et les activités économiques des sujets sociaux. Cette sphère, qui est devenue un élément essentiel et constitutif des sociétés modernes, doit maintenant, en rupture avec la théorie politique classique, être intégrée dans l'organisation institutionnelle de la nouvelle totalité éthique. À coup sûr, elle est un des lieux où se déploient les conflits sociaux les plus aigus, mais aussi l'un des lieux dans lesquels ne cessent de s'effectuer les allègements des contraintes naturelles et l'amélioration de la vie quotidienne ; elle sera donc aussi un lieu où doivent s'instituer les arbitrages et les médiations

1. On peut illustrer cette affirmation en citant une remarque de Hegel au § 189 des *Principes de la philosophie du droit* : « L'économie politique [...] est l'une de ces sciences qui sont apparues à une époque récente comme sur un terrain propice. Son développement montre – ce qui est d'un grand intérêt – comment la pensée (cf. Smith, Say, Ricardo) sait tirer d'une masse infinie de détails qui s'offrent tout d'abord à elle, les principes simples de cette matière, l'entendement qui agit en eux et les régit » (§ 189, Rem.).

susceptibles de rendre créatifs les antagonismes, les conflits, et de faire reculer la violence sociale.

Tels sont quelques-uns des préalables de la tâche théorique que Hegel se propose d'accomplir. Le défi est considérable. Hegel demeure habité, nous l'avons souligné, par l'exemple de la *polis* grecque théorisée par Platon et Aristote, qui lui fournit le modèle de société conçue comme « totalité éthique ». Il a décidé de récuser la solution développée depuis Machiavel et surtout Hobbes par les tenants du contrat social et du droit naturel, modèle qui canonise, en quelque sorte, l'anthropologie individualiste d'une civilisation de la violence. Il lui faut en même temps, réalisme oblige, assumer la conflictualité inhérente à toute société et faire sa place légitime à la *lutte* contre l'injustice, la haine ou le mépris, au sein de laquelle le sujet individuel se construit, acquiert la confiance en soi et contribue au progrès moral de la société. Quelle conceptualité va-t-elle lui permettre de tenir ensemble des exigences de pensée aussi contradictoires ? Avec quels moyens catégoriaux est-il possible de comprendre philosophiquement la constitution d'une organisation sociale assumant positivement la conflictualité présente au cœur de toute vie et trouvant sa cohésion éthique dans l'articulation solidaire des libertés individuelles de tous les citoyens ?

Hegel ne trouvera pas tout de suite une réponse complète à ce défi. Tous ses travaux pendant son professorat à Iéna constituent des ébauches successives dans lesquelles on peut observer la maturation progressive de sa pensée. Il commence par substituer aux catégories fondamentales de l'atomisme social des concepts qui expriment le lien social originaire entre individus : avec Aristote, il faut tenir que « le peuple est, selon la nature, antérieur à l'individu ». Il faut donc partir, non des besoins ou des actes des sujets isolés, mais du cadre éthique à l'intérieur duquel les sujets se trouvent d'emblée réunis ; la base naturelle de toute socialisation humaine ne peut être qu'un état toujours déjà caractérisé par l'existence de formes élémentaires de communauté intersubjective. Il lui faut ensuite – étape décisive – forger les concepts susceptibles d'expliquer l'élargissement et la transformation de ces formes communautaires inchoatives vers des rapports sans cesse affermis et complexifiés d'interaction sociale. Pour ce faire, Hegel s'autorisera d'abord de l'ontologie aristotélicienne, expliquant le mouvement comme un processus téléologique par lequel une substance, passant de la puissance à l'acte, déploie progressivement les virtualités intérieures dont elle est porteuse. Mais il doit impérativement intégrer à sa compréhension ce qu'il appelle superbement « le travail du négatif » – les formes d'antagonismes, de compétition, de conflits, qui caractérisent le processus téléologique du développement social. Les relations éthiques qui tissent toute société humaine, à travers une suite de négations, puis de négations de négations, réitérées, se dépouillent progressivement de leurs traits unilatéraux, de telle sorte que s'affermissent les liens « de l'universel et du particulier ». Ainsi le système éthique des mœurs, s'enrichissant des différences surmontées, est-il conduit à sortir de son stade « naturel » initial, à rompre puis à rétablir sans cesse son équilibre en direction de figures éthiques nouvelles. L'histoire des sociétés humaines pourra ainsi – en réunissant pour ainsi dire les ressources intelligibles captées par Aristote et celles mises en œuvre par Hobbes – être comprise comme « un processus d'universalisation conflictuelle de potentiels "moraux" déjà présents dans l'éthicité naturelle, mais comme des germes "cachés et non développés" »[1].

Le défi dont nous parlions plus haut sera relevé si Hegel parvient à identifier, au moins dans leur forme générale, ces germes non déployés de la socialisation humaine, déjà présents dans les structures des communautés élémentaires, et susceptibles d'animer *éthiquement* les conflits intersubjectifs et sociaux à travers lesquels se construisent les individus et les groupes, jusqu'aux formes complexes des sociétés modernes. Il est devenu clair à ses yeux que ces virtualités doivent comporter des contenus normatifs capables de remplir une double tâche : susciter un processus indéfini de liens intersubjectifs et sociaux, mais en même temps engendrer le développement des libertés individuelles caractéristique des sociétés modernes. Le cahier des charges de cette nouvelle conceptualité est maintenant clair : celle-ci a pour mission essentielle d'assurer la synergie interne de la *socialisation* et de l'*individuation*, et cela au sein d'un processus virtuellement sans limites.

Telles sont les exigences qui, à l'orée des temps modernes, poussent Hegel à l'une de ses découvertes capitales, la théorie de *la lutte pour la reconnaissance mutuelle* (*der Kampf des Anerkennens*). Découverte et élaboration poursuivies tout au long de la période d'Iéna, mais découverte qu'A. Honneth s'est attaché à montrer partiellement recouverte et oubliée par Hegel dans ses travaux ultérieurs à Berlin, à partir de la *Phénoménologie de l'esprit*.

Où et par quel processus a-t-il trouvé le principe de cette théorie essentielle pour articuler intimement la non-violence *et* la lutte ? Ce n'est pas ici le lieu d'en esquisser la généalogie. Peut-être, en lisant le *Discours sur l'inégalité*, Hegel a-t-il été frappé par les passages où J.-J. Rousseau dégage la dimension centrale de la socialisation humaine en invoquant le

1. Hegel, cité par A. Honneth, *La lutte pour la reconnaissance*, *op. cit.*, p. 25.

dynamisme puissant que constitue pour les individus humains le fait de « s'apprécier mutuellement »[1] ? Sans doute a-t-il longuement médité la recherche effectuée par Kant pour dresser la Table des catégories ou concepts purs de l'entendement, et son choix d'identifier, comme dernière catégorie de la relation, celle de la *communauté* (*Gemeinschaft*), entendue comme *action réciproque* (*Wechselwirkung*) entre l'agent et le patient[2]. En tout cas, fidèle au programme qu'il s'est fixé de « relever » Hobbes dans sa fonction de théoricien de la société moderne, Hegel s'est efforcé de renouveler profondément le concept hobbésien de « lutte ». Cependant, la source principale à laquelle Hegel a puisé pour édifier sa propre conception de la reconnaissance mutuelle est, indiscutablement, le modèle fichtéen de la reconnaissance, que Hegel reçoit en même temps qu'il le retravaille en profondeur[3]. Fichte avait commencé de comprendre la logique de la relation de reconnaissance : dans la mesure où il se sait apprécié et reconnu par un autre sujet dans ses capacités et ses talents, et donc pour autant qu'il s'est accordé à lui au sein d'une relation intersubjective, un sujet découvre aussi des aspects nouveaux de son identité personnelle : il peut ainsi accroître sa confiance en lui-même et progresser dans sa liberté individuelle. Hegel approfondit cette logique de la reconnaissance d'une manière décisive en y inscrivant la possibilité d'une *dynamique* intérieure de *second degré* : puisqu'au sein d'une relation intersubjective ou sociale de reconnaissance mutuelle, le sujet fait une expérience forte en découvrant des aspects neufs, de nouveaux traits de son identité singulière, et qu'il y trouve confirmée une dimension insoupçonnée de lui-même, ce sujet se trouve incliné à se détacher à nouveau, par le moyen d'un conflit, d'une lutte, du stade éthique précédemment atteint, afin d'accéder à la reconnaissance d'une figure plus élevée de sa propre individualité. Ainsi est-ce par une succession de conflits et de conciliations, en connexion intime, que se poursuit l'individualisation personnelle et que se complexifient en même temps les formes et institutions de la socialisation. C'est bien une tension *éthique* incessante, génératrice de luttes mais comprise dans une dyna-

1. J.-J. Rousseau, *Discours sur l'origine de l'inégalité*, *Œuvres complètes*, Paris, Gallimard, 1964, t. III, p. 170 : « Sitôt que les hommes eussent commencé à s'apprécier mutuellement et que l'idée de la considération fut formée dans leur esprit, chacun prétendit y avoir droit et il ne fut plus possible d'en manquer impunément pour personne ».

2. E. Kant, *Critique de la raison pure*, trad. fr. A. Tremesaygues, Paris, PUF, 1963, Analytique des concepts, Table des catégories, p. 92-99.

3. Comme l'a montré, parmi d'autres, A. Wildt, « Recht und Selbstachtung im Anschluss an die Anerkennungslehren von Fichte und Hegel », dans M. Kahlo, *Fichtes Lehre vom Rechtsverhältnis*, Frankfurt am Main, Klostermann, 1992.

mique de liberté à conquérir ou à élargir, qui conjoint personnalisation et socialisation. La lutte, considérée par Hobbes comme foncièrement animée par la défiance, la négation de l'autre, la violence, pourra désormais être originairement comprise comme le vecteur d'un dynamisme *éthique* visant de nouvelles capacités d'individualité et de socialité humaines. Le conflit pratique devient un événement éthique en ce qu'il révèle la destination *non-violente* de l'homme.

Tel est le principe de fondation d'une nouvelle philosophie politique qui fait comprendre pourquoi et comment la lutte *et* la non-violence ont partie liée dans le dynamisme des sociétés modernes.

L'AMPLEUR DES PERSPECTIVES OUVERTES PAR LE PARADIGME HÉGÉLIEN

Les considérations qui précèdent permettent de comprendre l'étendue des perspectives ouvertes par le paradigme de la reconnaissance mutuelle. Le modèle hégélien de la lutte pour la reconnaissance a commencé de renouveler le développement et l'intelligence de plusieurs disciplines contemporaines concernant l'homme dans sa vie individuelle, familiale, sociale, politique.

On peut d'abord utiliser et retravailler le paradigme pour approfondir les fondements et élargir les bases psychologiques de la morale[1]. Il s'agira ici, dans une perspective qu'on peut dire *psycho-morale*, d'identifier les divers étages de reconnaissance réciproque qui doivent s'assembler et se coordonner dans l'organisation psychique pour que puisse émerger l'existence d'une véritable subjectivité morale. L'objectif sera de définir les conditions d'une identité qualitative du Je. La théorie hégélienne fait ressortir la nécessité de luttes récurrentes menées en direction de formes diverses de reconnaissance dans le développement psychologique et dans la socialisation réussie de l'individu, afin qu'il parvienne à un authentique développement moral. Ainsi, à côté des formes fécondes de la combativité ou de la compétition, sera-t-on amené à relever certains éléments typiques et stables d'une moralité de forme non-juridique, non exigibles légalement, incluant des actes de bienveillance, de sollicitude, de gratuité, de don, qui constituent la condition d'une identité morale, vraiment humaine. Nous reprendrons brièvement cette perspective dans la dernière partie de notre

1. Tel est le cas de l'ouvrage d'A. Wildt, *Autonomie und Anerkennung. Hegels Moralitätskritik im Lichte seiner Fichte-Rezeption*, Stuttgart, Klett-Cotta, 1982.

chapitre. On vérifiera de la sorte la pertinence subjective, psychologique et morale, d'une culture personnelle sachant allier la lutte *et* la non-violence.

On peut aussi investir le paradigme hégélien dans le développement d'une théorie des *institutions*[1]. Le processus conduisant à des formes de reconnaissance de plus en plus achevée est alors vu comme pouvant fournir les critères permettant de tracer une « genèse normative » des institutions sociales. Le paradigme proposé par Hegel, dans la perspective qui est la sienne et que nous pouvons aujourd'hui qualifier de programme de non-violence, est susceptible de constituer un cadre d'évaluation permettant de juger si les institutions élaborées au cours de l'histoire d'une nation remplissent une fonction nécessaire et, en ce sens, juste et légitime dans l'évolution de l'espèce humaine. Un vaste chantier est ainsi ouvert pour dégager et interpréter la création et le développement historique des diverses formes institutionnelles de nos sociétés modernes à la lumière de la *non-violence* comprise comme tâche indéfinie et effort sans cesse à reprendre vers la reconnaissance mutuelle.

On peut encore, troisième orientation, choisir de développer les présupposés normatifs du paradigme hégélien[2] afin de bâtir une théorie des transformations historiques des sociétés. On s'intéressera alors, de manière privilégiée, aux implications *sociologiques* du thème hégélien, en vue d'ébaucher un modèle de développement empirique des sociétés. On se portera, par exemple, particulièrement attentif aux *sentiments collectifs* – indignation contre l'injustice, désaveu de la haine, nostalgie de solidarités, refus du mépris, aspiration à la liberté, etc. – qui animent les sujets et les groupes sociaux en situation de conflit et les meuvent en quête de reconnaissance. La « lutte », qui recevait chez A. Wildt, la signification d'un mécanisme conflictuel à l'intérieur du psychisme individuel, recevra ici, dans une perspective collective, le sens d'une grammaire morale des conflits sociaux. Ainsi, à l'opposé des diverses théories d'inspiration hobbésienne qui légitiment la violence comme l'instrument inéluctable des transformations sociales, bâtira-t-on une vision de la vie en société qui reconnaît avec réalisme l'existence des conflits sociaux, mais s'efforce de les inscrire dans une logique de non-violence, laquelle se révèle, en définitive, seule source de développement humain.

En évoquant, comme nous venons de le faire, l'éventail de directions dans lesquelles le paradigme de la lutte pour la reconnaissance mutuelle

1. Un bon exemple d'une telle recherche : L. Siep, *Anerkennung als Prinzip der praktische Philosophie. Untersuchungen zu Hegels Ienaer Philosophie des Geistes*, Fribourg-Munich, Alber, 1979.

2. C'est l'axe principal des travaux d'A. Honneth, *La lutte pour la reconnaissance*, *op. cit.*

peut être développé et en soulignant brièvement les richesses dont il est porteur selon qu'on le déploie dans une interprétation *psycho-morale*, ou *institutionnelle*, ou *sociologique*, on se prend à deviner à quel degré le principe et les méthodes de la lutte non-violente ont vocation à inspirer et à structurer la vie individuelle, familiale, sociétaire, politique, culturelle, religieuse. C'est ce déploiement dans toute son amplitude qu'évoquent les partisans et les artisans de la non-violence lorsqu'ils se hasardent à évoquer l'avenir d'une « culture de la non-violence ».

Les trois degrés de la reconnaissance intersubjective

L'une des caractéristiques les plus essentielles de la société moderne en tant que moderne consiste en ce qu'elle ne peut se développer et se diversifier qu'au sein de processus qui font croître simultanément individualisme et complexité sociale. Or c'est précisément dans la compréhension de ces processus que le potentiel explicatif du paradigme de la reconnaissance révèle toute son ampleur. Sa force provient d'abord, comme nous l'avons montré à loisir, dans la thèse primordiale dont procède ce paradigme : la formation du « je » pratique s'accomplit, selon une double dimension individuelle et sociale intimement imbriquées, dans l'acte de reconnaissance réciproque entre sujets. Car c'est seulement lorsque chacun des deux partenaires d'une relation sociale se trouve confirmé dans son agir propre par son vis-à-vis qu'il parvient à se comprendre lui-même comme un « je » individualisé exerçant sa libre autonomie et socialement incorporé. Cette thèse fondatrice assure donc, selon une corrélation originaire, un lien indissociable entre auto-réflexion et orientation vers l'autre. La pratique de l'action non-violente est la seule chance pour chacun de se personnaliser en se socialisant.

Le paradigme hégélien recèle aussi une autre caractéristique qui lui vient du projet de « relever » la théorie élaborée par Hobbes pour comprendre la constitution de la société : il entend assumer pleinement le conflit, *la lutte*, comme dynamique à la fois personnelle et sociale incontournable. Nous l'avons aussi souligné en montrant comment Hegel avait profondément transformé le modèle fichtéen de la reconnaissance en y insérant – novation typiquement hégélienne – le rôle créatif de la négativité, en sorte qu'il discerne dans le conflit une dynamique éthique de second degré. C'est une novation capitale, susceptible de réorienter la lecture de l'histoire sociale. L'histoire des sociétés humaines sera désormais comprise comme un « processus indéfini d'universalisation conflictuelle de potentiels moraux », selon l'expression d'A. Honneth, potentiels moraux présents en chacun sous la forme d'un *désir d'être* compris comme désir d'*être reconnu*. Désormais, dans une logique de non-violence, le conflit ne devra plus être inaperçu, ni nié, ni contourné, ni oublié : son potentiel de progrès moral devra être, autant qu'il est possible en chaque cas, reconnu, libéré, actualisé, selon des avancées imaginées à partir de modèles de résolution ou de conduite non-violente des luttes.

Mais le potentiel explicatif du paradigme hégélien révèle encore sa fécondité d'une troisième manière, qui, et de loin, n'est pas la moins décisive. Tout au long de ses travaux à Iéna, Hegel prend peu à peu conscience que, dans la société moderne, le processus de reconnaissance mutuelle se trouve échelonné selon *plusieurs niveaux hiérarchisés*. À chacun d'entre eux correspond une *institution sociale* spécifique. Hegel a su discerner que cette hiérarchisation des institutions est immanente au processus même de la reconnaissance. Pourquoi ? Parce que la corrélation entre relation à soi et rapport à l'autre a été posée comme originaire ; la formation du je pratique se trouve ainsi strictement corrélée à sa participation à une sphère spécifique d'institution sociale. Certes, d'Iéna à Berlin, Hegel ne cessera de remanier ce processus d'édification du sujet pratique qui correspond en même temps aux diverses institutions de la société moderne, jusqu'à sa stabilisation définitive dans *Les Principes de la philosophie du droit*, selon le célèbre ternaire « famille-société civile-État ». L'identification de ces échelons successifs de personnalisation/socialisation est pour nous pleine d'enseignements. L'une des leçons les plus inattendues et peut-être la plus instructive concerne un approfondissement de la notion de *violence* qui reçoit de cet échelonnement l'éclairage d'une différenciation interne. On comprend qu'il existe plusieurs niveaux hiérarchisés de violence : dans chacune de ces trois sphères, la violence revêt la malice, chez l'acteur de la violence comme chez sa victime, d'une atteinte spécifique à la constitution de soi. Le partisan-artisan de la lutte non-violente, que chacun est appelé à devenir, se trouve ainsi averti et éclairé sur la manière dont il devra agir à chacun de ces niveaux pour favoriser une issue juste du conflit, profitable aux deux parties, animées chacune de ce désir fondamental d'être reconnu.

Il faut cependant remarquer aussitôt que les trois sphères spécifiques distinguées et canonisées par Hegel ne constituent nullement des configurations définitives et immuables. En fait, ce sont des sortes de compromis datés entre des exigences spéculatives nées d'un puissant travail réflexif, et l'expérience empirique des institutions familiales, sociales, juridiques, politiques qui caractérisent les sociétés européennes du temps de Hegel.

Comme l'a remarqué Paul Ricœur[1], les élaborations successives du concept de *reconnaissance* « ouvrent une histoire de la lutte pour la reconnaissance qui continue de faire sens de nos jours [...], chaque conquête institutionnelle répondant à une menace négative spécifique. Sur ce point, l'indignation tient, dans une philosophie politique fondée sur la demande de reconnaissance, le rôle tenu par la peur de la mort violente chez Hobbes. Les formes inchoatives de la théorie hégélienne gardent leur puissance polémique, voire provocatrice, dans les interprétations contemporaines visant à les actualiser à la faveur d'une combinaison nouvelle entre exigence spéculative et enquête empirique ».

En prolongeant cette suggestion, nous nous proposons, en nous tenant à l'essentiel, de relever les aspects les plus caractéristiques de l'élaboration proposée par Hegel, mais reprise et actualisée par ses successeurs, pour lier et enchaîner les trois étapes traversées dans l'édification d'un sujet pratique et qui correspondent à trois sphères institutionnelles, caractéristiques de nos sociétés modernes, que nous appellerons *famille-citoyenneté juridique-socialités éthiques*.

À titre introductif, nous présentons sommairement la ligne générale de cette architecture qui se trouve par ailleurs schématisée dans le tableau ci-dessous (p. 180), qui contient les principaux résultats et développements afférant à chacune de ces trois sphères institutionnelles, dont l'exposition plus détaillée fera l'objet des trois sections suivantes.

Afin de pouvoir effectivement développer aujourd'hui son identité, son autonomie et ses capacités individuelles – ce qu'on nomme parfois son émancipation –, le sujet humain doit pouvoir compter sur une succession de plusieurs reconnaissances qui jalonnent son parcours de vie, et que la société se doit de lui offrir au moyen d'un étagement d'institutions particularisées. C'est en leur sein que le sujet développera – en étroite coordination ainsi que Hegel et G.H. Mead et leurs successeurs l'ont compris – à la fois son individuation et sa socialisation. La connaissance que nous avons des conditions historiques dans lesquelles se réalise aujourd'hui la formation de l'identité personnelle dans nos sociétés modernes fournit clairement l'étagement différencié de *trois sphères* de reconnaissance mutuelle, pourvues chacune d'une constitution originale lui conférant une finalité spécifique. Chacune d'elle instaure chez le sujet un rapport à soi et une relation à autrui spécifiques, fruits de son insertion dans une institution sociale (ou un groupe d'institutions) distincte et spécifique.

1. P. Ricœur, *Parcours de la reconnaissance*, *op. cit.*, p. 255.

Ce modèle qui comporte donc trois sphères de reconnaissance, rend compte des conditions réussies de réalisation de soi dans nos sociétés contemporaines. C'est d'abord au sein de l'*institution familiale* (au sens large que nous préciserons) que le sujet humain entre dans une première relation de reconnaissance : c'est là qu'il reçoit l'attention affective d'autres personnes charnelles qui lui est nécessaire pour amorcer son développement et apprendre la *confiance en soi*, corrélative de la confiance en autrui, grâce à la sécurité émotionnelle qui lui permet l'expression de ses besoins primordiaux.

C'est ensuite dans la société civile, en tant qu'*institution de la citoyenneté*, que le sujet humain est appelé à faire l'expérience d'une deuxième reconnaissance : c'est là, en recevant la personnalité juridique, qu'il peut se sentir citoyen, se savoir sujet des mêmes droits qu'autrui et développer ainsi un *respect de soi* qu'il découvre étroitement imbriqué avec le respect d'*autrui* et donc avec le respect de la *loi*. Cette seconde reconnaissance mutuelle repose sur un savoir partagé des normes qui règlent les devoirs et droits entre égaux.

C'est enfin dans ce que, plus loin, nous appellerons *socialités éthiques* que se présentent les chances – et les risques – d'un troisième type de reconnaissance : celle qui prend en compte, sous leurs très nombreuses formes, les contributions que chacun apporte à la collectivité, et reçoit d'elle. À travers le travail, l'activité professionnelle, la vie associative, la participation volontaire à diverses activités, le groupement en vue d'initiatives altruistes, l'association ou la coopération autour de *valeurs* communes se tisse ainsi un réseau complexe de reconnaissances mutuelles de troisième type, grâce auquelles le « sociétaire » est à même d'acquérir un sentiment suffisant d'*estime de soi* et d'estime sociale sans laquelle il n'est pas de vie vraiment humaine.

Du point de vue qui est ici le nôtre – celui d'une philosophie de la non-violence – l'intérêt principal de ce parcours consiste en ce qu'il nous oblige à un discernement que l'on fait rarement : sous le terme général de « violence » se trouvent amalgamées plusieurs *espèces* de violences très différentes, chacune d'elles atteignant le sujet pratique au cœur d'une phase spécifique de sa construction, en même temps que chacune d'elles menace de destruction l'institution sociale édifiée pour assurer cette constitution. Ce discernement des formes diverses de violences qui détériorent l'agresseur comme la victime, en même temps qu'elle porte atteinte à l'institution correspondante, se révèle indispensable à tous ceux qui se trouvent engagés, à un titre ou à un autre, dans un conflit interpersonnel ou social. La teneur normative du paradigme hégélien, enrichi et actualisé, les assure qu'il est primordial, crucial de discerner, dans le développement des interactions conflictuelles et dans les luttes, les motifs moraux et la dynamique éthique susceptibles d'élargir les capacités personnelles des acteurs comme de faire progresser vers plus de sûreté, d'efficacité et d'équité les institutions de nos sociétés. Concevoir ainsi la violence comme un *déni de reconnaissance mutuelle*, cette reconnaissance qui est source de l'éclosion du soi éthique comme le principe actif de nos institutions sociétales, c'est fournir à la non-violence ses lettres de noblesse, sa justification, ainsi qu'une ligne de conduite pour sa mise en œuvre.

Les trois échelons éthiques de la reconnaissance intersubjective réalisant en corrélation l'individuation et la socialisation

INSTITUTION SPHÈRE DE SOCIALISATION	**FAMILLE** relation aux proches	**SOCIÉTÉ CIVILE** institutions juridiques	**SOCIALITÉS ÉTHIQUES** associations
FORME DE RECONNAISSANCE MUTUELLE	PRÉ-JURIDIQUE	JURIDIQUE	TRANS-JURIDIQUE
CATÉGORIE LOGIQUE	SINGULARITÉ	UNIVERSALITÉ	PARTICULARITÉ
SUJET INSTITUÉ	INDIVIDU PERSONNEL ipséité individuelle	CITOYEN socius	SOCIÉTAIRE associé, membre
RAPPORT À SOI-MÊME	CONFIANCE EN SOI capacité à faire confiance	RESPECT DE SOI sentiment de dignité, responsabilité	ESTIME DE SOI auto-réalisation, honneur, fierté
RELATION À AUTRUI	AFFECTION sentiment de dépendance, amour, bienveillance	RESPECT D'AUTRUI justice, droits humains, intégration civique	MUTUALITÉ solidarité choisie, coopération, service, rémunération
SPHÈRE D'INTERACTION	AMOUR, AMITIÉ parenté	CITOYENNETÉ respect de la loi, civilité	ADHÉSION VOLONTAIRE intégration sociale, contribution, militance
VIOLENCE SPÉCIFIQUE	MALTRAITANCE, SÉVICES traitement dégradant, haine, viol, meurtre, déni d'existence	INJUSTICE déni de droits, discrimination, exclusion	MÉPRIS offense, réprobation, dédain, ségrégation, expulsion
RETENTISSEMENT DE LA VIOLENCE SPÉCIFIQUE	ATTEINTE PSYCHOSOMATIQUE lésion de l'intégrité, perte de l'ipséité	EXCLUSION rejet, relégation, humiliation, indignation	DÉSOCIALISATION isolement, exil, mésestime de soi, sentiment d'indignité

LA LUTTE POUR LA RECONNAISSANCE ET L'INSTITUTION FAMILIALE

Le tout premier échelon de la reconnaissance réciproque, dont la forme est pré-juridique et dont le prototype est fourni par l'institution familiale, doit être considéré, plus largement, comme impliquant des liens affectifs puissants entre un nombre restreint de personnes. Il est remarquable que ce premier échelon, dans lequel les sujets humains doivent leur identité initiale à l'expérience d'une reconnaissance intersubjective, ait été clairement identifié, indépendamment l'un de l'autre, par la réflexion spéculative de Hegel avant d'être vérifié dans la psychologie sociale de George Herbert Mead selon les procédures de l'expérimentation scientifique, puis approfondi par plusieurs recherches ultérieures.

G.H. Mead s'est intéressé aux conditions dans lesquelles le petit d'homme accède à la conscience de soi et aux opérations par lesquelles s'instaure et se constitue sa subjectivité[1]. Très vite, G.H. Mead a mis en évidence le fait qu'un enfant ne dispose d'un « savoir » quant à la signification intersubjective de ses actions que lorsqu'il peut provoquer en lui-même la réaction que son comportement a suscité chez son vis-à-vis. C'est donc dans la théorie psychanalytique de la « relation d'objet » qu'il faut chercher l'explication des processus interactifs de la subjectivité humaine. À l'instar du jeune Hegel, mais sur la base de la science expérimentale cette fois, Mead se trouve ainsi conduit à renverser la relation entre le « je » et le monde social, en affirmant la primauté de l'interaction avec autrui sur le développement de la conscience de soi. Il est amené à établir une forte distinction entre le « moi », qui, à cause de la représentation de l'image suscitée par l'autre, ne se saisit lui-même qu'en seconde instance, après coup en quelque sorte, et le « je », source jaillissante de son activité qui dénoue les conflits pratiques sans jamais apparaître en tant que telle. Les travaux de Mead concernant la formation de l'identité pratico-morale du sujet humain le conduisent, entre autres à travers le stade du jeu – compris non seulement comme libre jeu de rôle (*play* en anglais), mais aussi et surtout comme *game*, jeu de compétition réglementé – à affirmer le caractère normatif, et non plus seulement descriptif, des processus par lesquels se constitue le sujet personnel.

Le développement de la personnalité de l'enfant, pour une large part, consiste donc à apprendre à se comprendre lui-même à partir de la pratique normative de son vis-à-vis ; du coup, le cadre de référence dans lequel il se

1. Nous nous référons ici surtout à l'ouvrage de G.H. Mead, *L'esprit, le Soi et la société*. Paris, Gallimard, 1963.

construit son image pratique de soi ne va pas manquer de s'élargir à mesure que s'étend le cercle de ses partenaires d'interaction. C'est ainsi que l'*autrui proche*, qui, le plus souvent, est d'abord la mère, doit peu à peu s'étendre à d'autres autrui proches, puis plus lointains, jusqu'à cette figure décisive que Mead appelle l'*autrui généralisé*, qui prendra une importance cruciale au second échelon, celui de la société civile et du droit.

Il convient donc de s'attacher particulièrement aux processus d'interaction grâce auxquels se mettent en place les premiers linéaments d'un rapport élémentaire à soi qu'on appellera la *confiance en soi*; il est clair que sa détérioration ou son absence obère gravement le développement premier de la personnalisation/socialisation de l'enfant. Il s'agit de l'attitude positive que l'enfant doit devenir susceptible d'adopter à l'égard de lui-même lorsqu'il est « reconnu », approuvé par son entourage familial, puis scolaire et amical, comme sujet de capacités individuelles et d'aptitudes appréciées. C'est en prenant confiance dans ses propres capacités émotionnelles, puis pratiques, confirmées par ses partenaires d'interaction, que le futur adulte reçoit – et instaure – les bases du développement pratique de son ipséité. Hegel s'était appliqué à caractériser ce premier échelon de reconnaissance mutuelle à l'aide de son concept romantique d'*amour*. Axel Honneth, nous l'avons dit, reprend les travaux de Mead, puis surtout ceux de D.W. Winnicot[1] et de Jessica Benjamin[2] pour actualiser le paradigme de la reconnaissance mutuelle à ce premier échelon. Ce faisant, c'est le concept de « lutte » pour la reconnaissance qui va recevoir une ample confirmation et une illustration inattendue.

En effet, la théorie de la relation d'objet permet de comprendre l'amour, et au premier chef l'amour maternel, comme le premier prototype d'une « lutte » pour la reconnaissance mutuelle. Pourquoi ? Parce que cette théorie retrace, de manière normative, l'évolution de l'équilibre que le nouveau-né doit établir entre symbiose avec sa mère et affirmation de soi. Dans les tout premiers mois de son existence, le nourrisson est totalement dépendant des soins maternels, tandis que, de son côté, la mère ressent toutes les réactions de manque et de besoin de son enfant comme si elles étaient les siennes propres. C'est selon cette dépendance réciproque qu'il faut, selon Winnicot, comprendre le commencement de la vie humaine, comme un état d'intersubjectivité *indifférenciée*, celui d'une véritable symbiose. Cependant, cet état qu'on peut à bon droit nommer dépendance

1. En particulier *Processus de maturation chez l'enfant*, Paris, Payot 1970 et *Jeu et réalité*, Paris, Gallimard, 1975.

2. J. Benjamin, *The Bonds of Love : psychoanalysis, feminism*, New York, Pantheon Books, 1988.

absolue, dans lequel l'un et l'autre ne sont pas encore susceptibles de ressentir une démarcation entre leurs deux individualités, devra graduellement se transformer en état de dépendance relative, pour que l'un et l'autre, prenant progressivement un peu plus d'indépendance, apprennent à s'accepter et à s'aimer comme des personnes différentes.

Ce processus de reconnaissance, précisément, ne se fera pas sans *lutte*, sans affrontement, scandés pour l'un comme pour l'autre au travers d'une suite d'interactions. L'un comme l'autre devront apprendre à supporter de brèves absences maternelles, à se différencier sur le plan cognitif et corporel, à reconnaître des limites à la toute-puissance de leur désir. Deux mécanismes psychiques, en particulier, mis en valeur et étudiés par D.W. Winnicot puis par Jessica Benjamin, viennent fournir à cette lutte deux figures concrètes.

D'abord les « conduites de destruction » que l'enfant se met à exercer contre sa mère, en frappant, mordant, repoussant le corps maternel jusqu'alors source de plaisir. Plus qu'une réaction agressive consécutive à la frustration ressentie par la perte de son fantasme de toute-puissance, il faut voir, dans ces actes apparemment destructeurs et parfois violents, des procédés constructifs qui permettent à l'enfant de tester la résistance, et donc l'indépendance de celle dont il continue de dépendre; si sa mère s'affirme comme capable de résister à ces agressions sans cesser de l'aimer, l'enfant acquiert une aptitude à concilier l'attachement encore symbiotique avec la perception affective de l'altérité, c'est-à-dire une capacité de relation d'amour hors d'un narcissisme de toute-puissance. La mère, de son côté, vit cette lutte comme l'apprentissage de l'indépendance de son vis-à-vis. On le voit : c'est une véritable reconnaissance mutuelle, positivement acquise à travers une lutte qui, loin d'aboutir à anéantir l'autre, lui donne la chance de devenir lui-même – ce que nous appelons exactement une lutte non-violente.

L'autre mécanisme illustrant la place de la lutte dans le processus de la reconnaissance entre l'enfant et sa mère est celui que Winnicot a appelé, de manière très expressive, « l'objet transitionnel ». Au bout de quelques mois, l'enfant ressent le besoin d'établir une relation affective très forte avec un objet de son environnement – poupée, nounours, petit tissu, son propre pouce ou autre – qu'il érige comme sa propriété exclusive, parfois tendrement aimée, mais souvent détruite avec fureur. Cet objet représentera d'abord une création substitutive dont le rôle est de compenser l'éloignement, la perte de la mère. Mais le plus souvent, sa fonction est beaucoup plus essentielle, plus profonde. L'enfant n'investit pas seulement en lui un fort attachement symbiotique : il s'en prend aussi à lui dans de frénétiques tentatives de destruction. Winnicot propose d'interpréter l'« objet transitionnel » comme un médiateur chargé d'établir puis de favoriser une transition entre la symbiose primaire et l'acceptation douloureuse de la séparation. Sa manipulation est une dure lutte menée pour tenter de combler la divergence, voire la rupture entre les attentes ou les exigences intérieures d'avec la réalité extérieure. Le psychologue va jusqu'à penser que cette sphère transitionnelle, théâtre d'une lutte inachevable, est aussi le lieu de naissance psychique des médiateurs de langage et de culture auxquels l'adulte ne cessera d'avoir recours. Dans une anticipation saisissante, il écrit : « Nous supposons que l'acceptation de la réalité est une tâche sans fin, et que nul être humain ne parvient à se libérer de la tension suscitée en lui par la mise en relation de la réalité du dedans et de la réalité du dehors ; nous supposons aussi que cette tension peut être soulagée par l'existence d'un aire intermédiaire qui n'est pas contestée : art, religion, culture, etc. » (cité par Honneth, *La lutte pour la reconnaissance*, *op. cit.*, p. 126). Cette remarque jetée en passant m'apparaît d'une grande importance : elle ouvre une perspective décisive pour comprendre la nécessité de créations symboliques susceptibles de favoriser la sortie d'épisodes de violence et donc de constituer une composante souvent oubliée parmi les méthodes de lutte non-violente : les ennemis d'aujourd'hui sont appelés et amenés à se reconnaître les uns les autres en se reconnaissant chacun dans des modèles symboliques d'identification susceptibles d'être demain mis en commun. Nous développerons cette perspective dans la dernière section de notre chapitre, « Initiatives de paix ».

Ce premier échelon de lutte pour la reconnaissance, illustré dans l'institution familiale, recouvre aussi, on l'a dit, d'autres institutions de forme pré-juridique mais susceptibles de développements juridiques – celles qui couvrent les vastes champs des relations affectives fortes. Elles aussi, gouvernées par le paradigme de l'amour, de l'amitié ou de la sympathie unissant un nombre restreint de personnes, coopèrent à la difficile élaboration de l'ipséité individuelle ; elles ont charge de faire grandir la confiance en soi en même temps que la capacité à faire confiance à autrui. Elles donnent lieu, elles aussi, à des luttes pour la reconnaissance, dont les formes et les issues sont chaque fois diverses, mais qui fournissent divers analogués du modèle de lutte non-violente : rapport de conjugalité, rapport de parenté, rapport de filiation[1], rapport de fratrie avec son ordre indé-

1. Voir ici l'ouvrage de F. Héritier, *Masculin-Féminin. La pensée de la différence*. Paris, Odile Jacob 1996. L'auteur plaide pour le maintien théorique tranché entre d'une part l'engendrement (par l'homme) et/ou l'enfantement (pour la femme) qui relèvent du biologique, et d'autre part la *filiation*, qui est, partout et toujours, un acte juridico-social : la *reconnaissance* volontaire, dûment enregistrée qu'un enfant est rattaché à une ou plusieurs lignées

passable, rapport familial plus large, rapport de lignage impliquant une mémoire élargie, rapport d'amitié selon toutes ses variantes. La fragilité de chacune de ces interactions conflictuelles et constructives rend chacune vulnérable à des violences spécifiques : absence de soins, maltraitance, sévices, blessures, viol, traitement dégradant, jalousie, détestation, haine, vengeance, etc. Ces violences ont toutes, d'une façon ou de l'autre, la malice de s'attaquer à la structuration psychosomatique du sujet, de léser son intégrité physique ou psychique et donc l'organisation de son ipséité personnelle, en même temps que ses capacités de relations intersubjectives.

Identifié par Hegel puis par Mead et ses successeurs, ce premier échelon de la reconnaissance mutuelle, acquise à travers les luttes instauratrices, offre ainsi à une philosophie de la lutte non-violente, avec un modèle théorique d'une différenciation fine, de nombreuses suggestions pratiques pour une mise en œuvre réaliste, et donc opératoire.

LA LUTTE POUR LA RECONNAISSANCE, LA SOCIÉTÉ CIVILE ET LE DROIT

Il existe une distinction tranchée entre le premier échelon de reconnaissance mutuelle, avec ses formes de luttes concernant les relations familiales ou de proximité, et ce nouvel échelon, caractérisé par la relation juridique. Cette distinction découle de la substitution à la précédente logique d'une logique nouvelle, d'un degré plus complexe. Les modalités de reconnaissance relatives à la sphère de l'amour provenaient d'un face-à-face concret, physique, corporel : elles s'inscrivaient jusqu'ici dans une corrélation mettant en rapport l'affranchissement vis-à-vis des liens affectifs fusionnels avec la confiance dans le maintien de l'engagement réciproque des partenaires. C'est grâce à cette connexion que s'établissent l'acquisition de la confiance en soi et de la confiance dans l'autre, l'éclosion d'une ipséité humaine. C'est aussi dans cette dynamique qu'apparaissent les luttes non-violentes nécessitées par ces genèses, mais aussi les violences spécifiques qui leur portent atteinte ou les anéantissent.

C'est une autre logique qui va gouverner ce second échelon, introduit par la perspective d'un *autrui généralisé* auquel recourt Mead dans ses

nettement désignées, ce qui lui confère son *identité, des droits et des devoirs*. Le caractère social de la filiation se lit de façon exemplaire dans l'*adoption plénière* où les liens de filiation ne peuvent absolument plus être rompus La famille croise les liens.verticaux de filiation avec les liens horizontaux générationnels. Trois invariants caractérisent ainsi l'ordre familial : chacun de nous est né de l'union d'un homme et d'une femme, chacun est situé par naissance dans une fratrie, enfin l'ordre entre frères et sœurs dans la fratrie est inamovible.

analyses. L'autonomie acquise au sein de la relation affective avec les proches doit ici céder la place à la *liberté citoyenne*, fondée sur l'égalité présumée de toute personne comprise dans sa dimension juridique ; de son côté, la confiance doit faire ici place au *respect*, caractérisé par une exigence d'*universel* qui déborde de toutes parts la proximité des attaches affectives. Fidèles à la connexion originelle identifiée par Hegel entre relation à soi et rapport à autrui, entre autoréflexion et orientation vers autrui, nous pouvons caractériser cette reconnaissance juridique en disant, avec A. Honneth que « nous ne pouvons nous comprendre comme porteurs de droits qui si nous avons en même temps connaissance des obligations normatives auxquelles nous sommes tenus à l'égard d'autrui » (*La lutte pour la reconnaissance*, *op. cit.*, p. 132). Je ne me comprends comme personne juridique, assurée de voir exaucées mes attentes légitimes dans la sphère sociale, que si je « reconnais » les autres citoyens porteurs, à proportion, des mêmes droits. Cette nouvelle logique présente, disions-nous, une structure plus complexe que la précédente. À l'évidence, il s'agit bel et bien d'une reconnaissance mutuelle, avec tout ce qu'elle comporte de capacités nouvelles et de luttes inédites à mener que nous détaillerons bientôt ; mais ce processus de reconnaissance ne se déroule plus entre deux personnes situées concrètement en vis-à-vis direct, il requiert maintenant un médium nouveau, la *norme*, qui prendra dans la société le nom générique de *loi*. C'est là ce qu'indique immédiatement la double intentionnalité du respect : respect d'autrui et respect de la loi. Le langage courant enregistre aussi cette double intentionnalité pour dire la violence : on viole (ou on violente) autrui, on viole aussi la loi. La reconnaissance dont il est question à ce second échelon possèdera bien une double visée : autrui et la loi. Le terme même de « reconnaissance » acquiert donc ici une double signification : reconnaître la loi, c'est la tenir pour valable, attester sa validité pour tous ; reconnaître autrui, c'est identifier chaque personne, moi compris, en tant que libre et égal à tout autre, et donc apte à requérir la satisfaction de ses attentes légitimes par l'application de la loi.

Il faut bien se rendre compte que l'instauration sociale de cette reconnaissance *indirecte*, médiatisée par des institutions nouvelles, marque une profonde novation dans l'histoire humaine : elle signe très précisément l'entrée dans ce qu'on appelle la modernité. Elle entraînera désormais une conception des rapports juridiques dite moderne, celle qui, par principe, est valable également pour tous les sujets humains en tant que libres et égaux. L'autonomie individuelle moderne est dorénavant le résultat d'un mode de reconnaissance spécifique qui se trouve réalisé et concrétisé par le droit positif. Le droit traditionnel laisse la place à un droit post-traditionnel[1]. Le système juridique doit désormais impérativement être compris comme l'expression des attentes et des aspirations universalisables de tous les membres de la société, en sorte qu'il ne supporte lui-même, par principe, ni privilège, ni exception. Ces déterminations, mises en lumière par Hegel avec une limpidité remarquable, définissent l'ordre juridique d'une société qui s'est affranchie de l'autorité immédiate des traditions éthiques particulières pour adopter un principe de fondation universaliste. Un ample éventail de capacités nouvelles, issues de la jonction entre la validité universelle de la norme et la singularité des personnes, s'ouvre pour chaque citoyen; mais il faut bien comprendre que s'introduit en même temps une nouvelle forme de réciprocité, de mutualité, extrêmement exigeante.

Ainsi pourvue de ses virtualités inédites et de ses exigences corrélatives, cette reconnaissance mutuelle reçoit donc inévitablement les limitations d'une contingence historique. L'écart entre le droit traditionnel et le droit post-traditionnel des sociétés modernes révèle que la mutualité de cette reconnaissance juridique n'a pu apparaître et se développer qu'au sein d'un processus historique dont l'une des caractéristiques est de demeurer *ouvert*. En fait, il apparaît que l'histoire de ce processus est très précisément l'histoire des *luttes sociales*.

Comme pour l'échelon précédent de la sphère familiale, la reconnaissance juridique ne s'établit et ne s'enrichit que par le moyen de la *lutte*. Comme nous l'avons fait remarquer ci-dessus, la visée de cette reconnaissance a une structure double, la norme et la personne. L'enrichissement des capacités que les sujets se reconnaissent les uns les autres et corrélativement l'élargissement et l'extension des droits reconnus à chacun et à tous sont le résultat de luttes qui scandent l'histoire sociale de l'Occident. Nous vérifions une nouvelle fois combien la compréhension hégélienne de l'histoire sociale et politique l'emporte sur celle proposée par Hobbes : l'enjeu de ces luttes sociales est éthique, la motivation des acteurs est comprise selon leur dynamique morale. Il s'agit d'exiger l'application juste des droits humains. Il s'agit d'élargir l'éventail des droits reconnus à tous, il s'agit d'accroître les capacités que les citoyens se reconnaissent les uns aux autres. Il s'agit de justice, de luttes contre l'injustice ; il s'agit de dignité, de luttes contre l'humiliation ; il s'agit de respect, de luttes contre le mépris ; il s'agit d'intégration, de luttes contre l'exclusion ; il s'agit de reconnaissance, de luttes contre le déni. Ce sont, à l'évidence, des luttes contre les

1. On pourrait rapprocher cette novation de la distinction forte que J. Habermas établit entre la morale conventionnelle et la morale post-conventionnelle.

violences : leur visée, leur fin, les exigences de leurs méthodes, le déroulement de leurs stratégies leur confèrent vocation à être et à demeurer des luttes *non-violentes*, même si leur conduite dérape parfois – certains diraient fréquemment – avec l'utilisation des moyens de la violence. Leur issue révèle leur vocation non-violente : elle requiert, d'une façon ou de l'autre, au-delà du rapport de force, la négociation, la médiation, les procédures de conciliation, souvent le compromis (sans compromission, nous y reviendrons bientôt), et ne constitue une issue durable du conflit que lorsqu'elle préserve les protagonistes de l'humiliation, lorsqu'elle met fin au déni, qu'elle délivre de l'exclusion, qu'elle détourne du mépris. Les artisans de la non-violence savent depuis toujours que si l'injustice ou l'oppression ne sont jamais négociables, la conduite et l'issue d'un conflit sont celles qui ne font pas de vaincus.

Par souci de clarté, nous nous en sommes tenus à un schéma simplifié supposant le caractère univoque du droit. Il s'impose maintenant de garder à l'esprit la large diversité des acceptions du droit. On peut s'en faire une première idée, partielle, en évoquant l'histoire de l'élargissement de la sphère des droits subjectifs reconnus aux personnes depuis deux ou trois siècles en Europe. C'est aussi l'occasion de souligner à nouveau que cette histoire est l'histoire des luttes sociales et politiques menées pour affirmer, déclarer, garantir, élargir les droits de l'homme. La longue domination de l'homme sur l'homme a eu pour conséquence d'orienter les luttes d'abord vers la conquête des *droits civils* au cours du XVIIIe siècle. Ces luttes, souvent marquées, hélas !, par les violences, ont abouti à des avancées décisives, entre autres avec la promulgation des *Bills of Rights* de l'histoire anglaise, la *Proclamation d'Indépendance* des États-Unis (1776), la *Déclaration des droits de l'homme et du citoyen en France* (1789) et finalement, au terme de la deuxième guerre mondiale, la *Déclaration universelle des droits de l'homme* par l'ONU en 1948 (*cf.* chap. IV et V). Leur enchaînement dessine l'esquisse d'une lente mais progressive reconnaissance de l'homme par l'homme qui demeure loin d'être achevée.

L'instauration des *droits politiques*, qui a souvent accompagné celle des droits civils, a particulièrement marqué le XIXe siècle européen. Une fois gagnée la lutte menée pour faire reconnaître le principe de la souveraineté du peuple et l'expression de celle-ci dans l'élection au suffrage universel, la lutte se poursuit de nos jours, à des degrés très variables selon la diversité des nations, de différentes manières, dont la plus incertaine, peut-être, est menée dans le cadre de débats concernant la forme représentative des régimes de gouvernement démocratique et leur besoin de formes participatives nouvelles. C'est là que s'écrivent des chapitres entiers de l'histoire de la non-violence, à travers les intrigues complexes selon lesquelles se déroulent les luttes pour la reconnaissance mutuelle dans ce domaine civil et politique.

On peut cependant juger que les plus aigus des conflits qui ont marqué le XXe siècle et continuent au XXIe siècle concernent la délimitation et l'application des *droits sociaux et culturels*. Il s'agit ici d'une question aussi vitale que décisive, celle de la justice distributive, celle de l'équité, celle du partage équitable des biens marchands et non marchands, à l'échelle nationale, continentale, mondiale. On ne peut manquer de remarquer à cet égard un douloureux contraste qui affecte les citoyens de tous pays : le contraste entre l'attribution égale des droits et la distribution inégale des biens. C'est certainement ici que s'ouvrent les plus nombreux et les plus stimulants chantiers de luttes pour la reconnaissance, mais c'est aussi en ces domaines que chacun, dans une dynamique commandée par la non-violence, est appelé à faire le plus preuve d'imagination et de courage pour inventer et mettre en œuvre les stratégies et les conduites susceptibles d'éviter les ornières de la violence et d'œuvrer au respect des personnes, mais aussi à celui de la loi juste.

On sait la place cruciale que prendront ici, parmi les luttes, les diverses formes de la *désobéissance civile*, comprise et menée à la lumière des considérations qui précèdent. Pourquoi désobéir ? Lorsque la loi vient cautionner l'injustice, ce n'est pas seulement un droit de désobéir à la loi, mais ce peut être un devoir. Car ce qui confère réalité à l'injustice, ce n'est pas la loi injuste, c'est l'acte d'obéir à une loi injuste : la manière la plus nette de refuser cette injustice est de désobéir à *cette* loi. Du point de vue de la réflexion théorique, on signalera l'aide précieuse qu'a apportée John Rawls dans son livre *Théorie de la justice*[1], en formulant des règles de partage « équitable » dans les sociétés démocratiques mais inégalitaires, qui sont les seules que nous connaissions. Il est très significatif que le propos de John Rawls l'ait amené à développer longuement l'une des meilleures réflexions concernant la désobéissance civile.

La différenciation que l'on observe à l'intérieur des droits subjectifs, qui amène déjà une diversité dans les formes de luttes sociales menées pour les faire respecter et les élargir, offre un autre bénéfice à notre recherche : elle permet une différenciation homologue dans les *formes* de violences qui portent atteinte aux membres de la société civile dans leurs légitimes revendications. Écoutons les victimes de ces violences : elles décrivent leur expérience de ces atteintes en termes de *mépris*, d'*humiliation* ; ces termes

1. J. Rawls, *Théorie de la justice*, *op. cit.* Nous avons analysé sa théorie de la désobéissance civile dans notre chapitre VIII, *supra*, p. 91-98.

font à l'évidence, immédiatement référence à un déni de reconnaissance. Ces expressions, et d'autres semblables, présupposent une *demande* de reconnaissance, elles indiquent clairement que la victime est atteinte, blessée dans certaines de ses revendications d'identité, dans l'idée positive qu'elle a acquise d'elle-même dans les échanges intersubjectifs ou sociaux qui l'ont construite. L'expérience de la privation de droits est toujours d'abord liée à une perte de respect de soi, à l'épreuve d'être privé du statut d'un partenaire d'interaction à part entière. La prise en compte de cette expérience du mépris ou de l'humiliation est capitale pour la compréhension des luttes sociales. Axel Honneth s'est, à cet égard, explicitement proposé[1] de répondre à une question que ni Hegel, ni G.H. Mead ne s'étaient posée : comment l'expérience du « mépris », le sentiment de l'injustice ou de l'indignation peuvent-ils conduire un sujet ou un groupe social à se jeter dans la résistance, dans le conflit social, dans l'instauration d'un rapport de force – bref dans un combat pour la reconnaissance ? Sans un discernement affiné des sentiments éthiques qui peuvent animer les acteurs d'un affrontement ou d'un conflit, aucune issue durable ne pourra être dégagée pour orienter une stratégie non-violente. Le cheminement est long, sans cesse exposé aux violences, qui conduit depuis le sentiment de mépris et du refus de l'indignité à la colère de l'indignation, puis à la volonté de s'instituer, dans la dignité, partenaire responsable de la reconnaissance mutuelle. C'est bien l'acquisition des compétences correspondant aux divers types de droits subjectifs qui donne la clef permettant de comprendre les formes de déni ou de mépris suscitant affrontements et conflits. Il faudra apprendre à distinguer, à discerner ces diverses formes, puisque chacune d'elles suscite une tonalité affective différente selon la perte de respect que l'agresseur et la victime se portent à eux-mêmes. Le refus d'accès aux biens élémentaires permettant une existence digne suscite des sentiments d'injustice, d'iniquité, de désespoir. Le déni des droits civils amène une autre gamme de sentiments d'humiliation, de spoliation, d'exclusion. La négation des droits politiques ou la privation de participation à l'expression de la volonté publique entraîne une nouvelle séquence de traumas et d'indignation, faite de frustration, de dépossession de soi, de fatalité.

On le constate : ce deuxième échelon des formes de reconnaissance assurée par le droit, qui instaurent le citoyen et construisent la cité, couvre un large secteur de la personnalisation/socialisation, et ouvre carrière aux luttes sociales sans lesquelles la société régresserait et les personnes

1. A. Honneth, *La lutte pour la reconnaissance*, *op. cit.*, p. 162.

citoyennes s'altéreraient. Œuvrer à l'égalité des chances qui constitue l'une des utopies mobilisatrices de la démocratie politique et sociale, construire par là la paix sociale sans cesse menacée par les affrontements de tous ordres, restaurer sans cesse la cohésion sociale continuellement fissurée par les égoïsmes individuels et collectifs ou par les communautarismes négateurs des mœurs et institutions publiques : autant de tâches confiées à la vigilance, au courage de chacun. C'est dans ce champ que sont menées une grande part des luttes pour le respect de droits de l'homme, en vue de les garantir, en vue de les conférer à ceux qui n'en jouissent pas encore, en vue de conquérir des droits nouveaux entraînant des obligations nouvelles. Ces luttes sont nécessaires, mais elles sont incertaines, fragiles, menacées de sombrer dans la violence. Leur seule chance, leur seule valeur, leur seule destination sont de s'accomplir avec les pratiques de la non-violence. Les concevoir selon le paradigme hégélien de la reconnaissance mutuelle fait comprendre que leur enjeu, et donc leur seule issue positive, sont l'instauration d'une reconnaissance aussi poussée qu'il est possible ici et maintenant. Celle-ci constitue leur noyau raisonnable, et donc leur raison d'être. Les seules luttes qui valent la peine d'être menées, puisque ce sont les seules à instaurer les citoyen(ne)s et constituer les sociétés, ce sont les luttes non-violentes.

La lutte pour la reconnaissance et les socialités éthiques

L'identification d'un troisième échelon de reconnaissance mutuelle, et donc aussi celle des luttes qui lui sont corrélatives, a été accomplie, on l'a souligné, indépendamment l'un de l'autre, aussi bien par Hegel au long de ses écrits d'Iéna que par G.H. Mead dans ses travaux de psychologie sociale. Remarquons tout de suite que la nature même des formes de cette reconnaissance a pour conséquence qu'elles sont encore beaucoup plus liées à l'histoire et à la diversité des sociétés que celle des deux échelons précédents, en sorte que la réactualisation aujourd'hui requise est une tâche à la fois plus considérable et plus risquée.

Comment *nommer* la sphère des institutions ou des associations dans lesquelles se joue cette troisième espèce de reconnaissance ? Pour demeurer fidèle à l'intuition primordiale de Hegel, qui associe originairement rapport à soi et orientation vers autrui, nous devons partir de la relation à soi-même qui se trouve instituée par la reconnaissance de la troisième espèce. Il ne s'agira plus de la *confiance en soi*, caractéristique de la reconnaissance parentale ou familiale, ni du *respect de soi* qu'établit la société civile avec sa constitution juridique, et qui contient en lui respect d'autrui et respect de la loi; il s'agit d'un éventail de sentiments-de-soi nouveaux que nous pouvons désigner sous l'appellation encore générale d'*estime de soi*. Si nous proposons de donner à cette troisième échelon de reconnaissance le nom de sphère de *socialités éthiques*, c'est encore, pour une part, afin de demeurer fidèle à Hegel qui la concevait comme *Sittlichkeit*, comme *vie éthique*, irréductible aux liens juridiques. Seulement voilà : chez Hegel, la pensée de la vie éthique culminait avec la constitution de l'État, identifié de façon générale comme « totalité éthique » et se restreignait finalement à une philosophie strictement politique. La réactualisation aujourd'hui indispensable ne peut nullement s'en tenir au choix hégélien. L'enjeu est moins la théorie de l'État qu'une philosophie beaucoup plus compréhensive et plus ample, qui prenne en compte la dimension d'insertion éthique dans la vie professionnelle, sociale, associative, culturelle, religieuse, comprises dans leur épaisseur et leur complexité. Il nous a semblé que l'expression « *socialités éthiques* », au pluriel, convenait pour cette appellation.

Que vise donc cette estime de soi, attachée aux institutions et aux médiations de substance *transjuridique*, qu'acquiert et conquiert le citoyen (que nous appellerons ici *sociétaire*) d'une société moderne à travers le réseau intersubjectif des socialités éthiques ? Quelles formes de conflictualité, quel genre de luttes non-violentes, distinctes de celles liées à l'application et l'élargissement des droits, faut-il affronter, conduire, réussir afin d'acquérir cette nouvelle forme de reconnaissance mutuelle ? Quelles sont les violences spécifiques qui dénient, lèsent, anéantissent l'estime de soi ressortissant à ce troisième échelon ? Finalement, à quelle exigence normative nouvelle est censée satisfaire cette estime sociale de soi ?

Défini négativement, le concept d'estime de soi, d'une manière générale, a pour ambition de rendre compte de toutes les modalités de la reconnaissance mutuelle qui excèdent la simple reconnaissance, effective et pas seulement juridique abstraite, de l'égalité des droits et des devoirs entre sujets libres. Quelle est la raison d'être de ce troisième échelon ? Hegel et Mead donnent exactement la même réponse à cette question. Pour parvenir à une relation consistante, dynamique et durable avec lui-même, le sujet humain moderne ne peut pas se contenter d'une confiance en soi née de l'attachement affectif d'un cercle de proches, ni du respect de soi issu de la reconnaissance juridique, effective et pas seulement formelle, qui le constitue sujet effectif de droits et de devoirs : il lui faut une certaine mesure d'estime sociale reçue d'autrui pour ses qualités propres, ses talents, ses capacités, la part qu'il prend au sein de la division du travail social et dans l'une ou l'autre des expressions de la vie collective ou associative. On parlera souvent à ce propos de réalisation de soi.

Positivement, la présupposition principale qui soutient les formes variées de cette reconnaissance du troisième type est l'existence d'un horizon de convictions *éthiques* communes aux sujets concernés. C'est donc à la dimension *axiologique* de l'estime sociale de soi qu'il convient de s'attacher : c'est aux mêmes fins, aux mêmes exigences, aux mêmes échelles de valeurs que chaque sujet d'une institution donnée de socialité éthique mesure la grandeur de ses qualités propres et de ses talents particuliers exercés au bénéfice du groupe, et est à même de se comprendre lui-même comme *estimable*. Bien entendu, les sentiments d'estime sociale, selon la gamme presque infinie de leurs formes, peuvent recevoir des significations pourvues de connotations très différentes selon les communautés de valeurs concernées – la réputation, la popularité, la notoriété, la considération, le renom, la célébrité, le prestige, la gloire, l'honneur, la vénération, etc. Cette particularisation des relations d'estime entraîne avec elle des conséquences épistémologiques importantes : l'estime sociale varie considérablement selon les époques, ce qui ouvre le champ à toute une série de recherches *historiques*; mais elle varie aussi, plus peut-être, selon les groupes sociaux, selon les socialités éthiques particulières d'une société globale donnée, ce qui ouvre aussi le champ à une exploration pluridimensionnelle des médiations sociales par lesquelles s'exprime ce degré de reconnaissance sociale. Faisant contraste avec l'*universalité* que vise la sphère des droits humains fondamentaux et l'ordre juridique, la diversité axiologique des socialités éthiques institue une *particularisation* des horizons de convictions et de valeurs partagées, et donc des médiations sociales génératrices de relations d'estime. La notion même d'estime sociale ne peut aucunement être précisée hors d'une typologie des médiations sociales comprises selon leur constitution symbolique : aussi, comme le souligne P. Ricœur[1], n'échappe-t-elle pas au pluralisme axiologique et donc aux conditions interprétatives qui sont inévitablement attachées à cette dimension symbolique, matrice de reconnaissance mutuelle, des médiations et institutions sociales. C'est faute d'une prise en compte suffisante de cette dimension que les luttes pour la reconnaissance du troisième type sont menacées de déroger à leur caractère essentiel de luttes non-violentes et de se dégrader par un usage des moyens de la violence qui contredit leur finalité interne et installe, non l'estime sociale, mais l'humiliation et le mépris.

Si l'on s'attache à une réactualisation du paradigme hégélien menée selon les requêtes de nos sociétés modernes, il s'impose de prendre en

1. P. Ricœur, *Parcours de la reconnaissance*, *op. cit.*, p. 296.

compte une caractéristique forte de ces sociétés : la complexité et l'épaisseur des médiations structurelles ou institutionnelles condensées en organisation et figées en systèmes. L'ouvrage de Jean-Marc Ferry intitulé *Les Puissances de l'expérience*[1], dont le tome 2 a précisément pour titre « Les Ordres de la reconnaissance », a déjà largement balisé la route. L'auteur y mène un examen assez détaillé des systèmes d'organisation qui se sont tissés dans l'étendue de nos sociétés modernes ou post-modernes, et qui font que « Le prochain est toujours déjà *reconnu* sans même avoir déjà été connu » (p. 9). Il fait remarquer que « la reconnaissance des personnes se trouve extrêmement médiatisée par des "régulateurs" systémiques, tels que le signe monétaire et le règlement juridique et par tout ce qui constitue le "système" sous ses différents aspects technique, monétaire, fiscal, bureaucratique, juridique, démocratique, médiatique, pédagogique, scientifique, avec tous les "signes" correspondants qui sont autant d'indicateurs de comportement » (p. 9).

Les luttes non-violentes au sein desquelles s'accomplit la reconnaissance mutuelle de ce troisième type sont donc contraintes de tenir le plus grand compte de ces régulateurs systémiques, sous peine de manquer la réalité de ces grands paradigmes du monde social et de se trouver non seulement vouées à l'inefficacité, mais surtout entraînées vers l'une ou l'autre forme de violence sociale. La lutte non-violente pour la conquête de l'estime sociale doit trouver son insertion d'abord dans le *complexe socio-économique*, formé de l'univers des techniques, des organisations professionnelles du travail social avec les critères et les hiérarchies de leurs rémunérations, des systèmes monétaire et fiscal, etc. Elle s'inscrit ensuite dans le *complexe socio-politique* au centre duquel règne le système administratif avec son corollaire, la bureaucratie, mais aussi le système de l'expression démocratique avec l'organisation de l'opinion publique, et de la république sociale à laquelle les artisans de la non-violence ont toujours accordé une grande importance. Elle n'oubliera pas, enfin, la prégnance du *complexe socio-culturel* avec la prédominance, frisant la tyrannie, du système médiatique qui joue un rôle de plus en plus décisif dans la reproduction culturelle des sociétés modernes. Prendre acte des contextes dans lesquels se déroule et se joue aujourd'hui toute action sociale, assumer son conditionnement par ces lourds systèmes d'organisation collective ainsi compris comme les « ordres de la reconnaissance » fixe dorénavant l'un des objectifs majeurs d'une culture de la non-violence : pénétrer de part en part chacune des institutions assurant le fonctionnement de

1. J.-M. Ferry, *Les Puissances de l'expérience*, *op. cit.* (voir note 1, p. 161).

ces systèmes d'organisation, en sorte que les luttes qui y sont menées, loin d'engendrer l'offense, la mésestime ou l'humiliation, demeurent génératrices d'estime mutuelle, voire de fierté.

Une approche plus concrète des socialités éthiques, selon leur grande diversité, dans lesquelles se pratiquent les luttes pour l'estime sociale nous est fournie par un autre ouvrage, *De la justification*[1]. Sans entrer dans les détails d'une problématique un peu complexe, mais d'une grande perspicacité, disons que les auteurs s'attachent à dresser une typologie de divers critères de la « grandeur » selon laquelle les membres d'un groupe ou d'une société s'estiment mutuellement : ces critères sont ceux en fonction desquels s'organise la compétition pour la reconnaissance à l'intérieur de ce qu'ils appellent une « cité », c'est-à-dire d'un ensemble socio-culturel organisé autour d'une certaine échelle de grandeur. Autre est la grandeur dans la cité *marchande* ajustée autour de l'échange des biens et de la concurrence commerciale ; autre, la grandeur de la cité *domestique*, avec ses valeurs d'allégeance, d'assistance mutuelle, de bonté, qui corrigent les relations d'assujettissement liés à la parenté ; autre encore celle de la cité *de l'opinion* bâtie sur la compétition pour le renom, la notoriété, le crédit conféré par l'opinion générale d'autrui ; autre encore la grandeur de la cité *civique*, légitimée par la subordination à la volonté générale médiatisée par les institutions politiques, l'élection, la militance politique, etc. ; autres encore sont les critères d'évaluation de la grandeur caractéristique d'autres « cités » que les auteurs entreprennent de formaliser.

Une telle approche de la pluralité des critères de grandeur offre la voie au discernement des types de compétition menée à divers niveaux au sein de chaque « cité », ce qui amorce la difficile tâche d'une *typologie des formes de luttes*. On discernera ainsi la simple *compétition*, menée pour acquérir la reconnaissance dans le cadre des épreuves de qualification édifiées selon l'échelle de valeurs partagées ; il s'agit bien d'une lutte, dont la non-violence procède d'abord et avant tout du respect des règles fixées et acceptées. Au second degré de cette typologie, prennent place les combats menés lorsque ce sont les épreuves de qualification elles-mêmes qui font l'objet d'un *litige* : elles proviennent d'un *désaccord* né d'un sentiment d'irrégularité, d'injustice ou d'illégitimité. Les formes d'accord permettant de trouver une issue au conflit dépendront des justifications apportées aux questions faisant l'objet de la dispute : au nom de quoi la grandeur est-elle en chaque cas conférée ? Et au terme de quelles épreuves

1. L. Boltanski et L. Thévenot, *De la justification. Les économies de la grandeur*, Paris, Gallimard, 1991.

de justification cette grandeur est-elle tenue pour légitime ? Il est clair qu'il est souvent impossible d'atteindre à un consensus ; on visera alors à cette forme d'accord qu'est la *transaction*. Il faut tenir la transaction pour une figure estimable et souvent essentielle de l'accord conclu au terme d'une lutte de ce type menée sans le recours aux moyens de la violence. C'est pourquoi une culture de la non-violence dans les sociétés modernes s'inscrira plus volontiers dans une *sociologie de la transaction* que dans une utopique sociologie du consensus.

Il existe un troisième degré de désaccords et d'affrontements, plus radical encore, qui résulte lui, directement, de la diversité des « cités ». Au-delà des rivalités suscitées par la contestation des épreuves de qualification axées sur la hiérarchie de grandeur d'une cité, l'existence et la connaissance des autres cités tend à élargir le désaccord en contestant la contribution des épreuves à la réalisation du bien commun de la société globale toute entière, et aller jusqu'à l'invalidation de la grandeur ayant cours dans une cité au nom des critères d'une autre cité. « Que pèse un grand chef d'industrie aux yeux d'un grand chef d'orchestre ? » [1]. On pourra ajouter : « et réciproquement ! ». La contestation prend alors la forme du *différend*, d'autant plus difficile à résoudre ou à réguler qu'il n'existe pas de base commune pour une argumentation recevable de part et d'autre. Boltanski et Thévenot en viennent ici à développer une typologie des réquisitoires que chaque « cité » élève contre l'autre en forme de dénonciation [2]. Il est manifeste que cette espèce de différend incline encore plus qu'une autre au recours aux moyens de la violence, et qu'elle pose à la pratique non-violente des conflits des difficultés particulièrement redoutables. Un cheminement vers une issue pacifiée devra commencer par une tâche d'éveil : s'appuyant sur la capacité indéniable de la personne de comprendre un autre « monde » que le sien accoutumé – capacité illustrée par l'apprentissage d'une langue étrangère jusqu'au point de percevoir sa propre langue maternelle comme *une parmi d'autres* – il s'agira d'ouvrir progressivement chaque acteur des deux mondes aux perceptions élémentaires, aux habitudes acquises par l'éducation, aux valorisations culturelles de l'*autre* monde, avec tous les risques que comporte tout changement de monde : travail de reconnaissance mutuelle. On saisit ici, une fois encore, à quel point la lutte non-violente se trouve éclairée, approfondie, dynamiquement orientée, lorsqu'on la comprend, à travers le paradigme hégélien, comme une lutte pour la reconnaissance mutuelle. Les artisans de la

1. P. Ricœur, *Parcours de la reconnaissance*, *op. cit.*, p. 305.
2. L. Boltanski et L. Thévenot, *De la justification*, *op. cit.*, p. 291-334.

non-violence ont peu à peu commencé à découvrir, expérimenter, mettre au point tout un arsenal de méthodes, de techniques, de jeux de rôles, d'apprentissages de comportement, susceptibles de favoriser un tel éveil. Un travail d'invention à poursuivre.

L'étape suivante, qui succède au travail d'éveil et d'ouverture réciproques aux appréhensions, aux attitudes, aux évaluations, du ou des vis-à-vis, consiste dans l'élaboration progressive et concertée de cette nouvelle forme d'accord qu'est le *compromis*. Ici, le recours à un médiateur pourra s'avérer indispensable. La construction d'un compromis acceptable de part et d'autre réclamera toujours beaucoup de temps, de patience, de refus du découragement, et surtout d'une inlassable *imagination* qui se révèle peut-être la qualité la plus précieuse de l'artisan de la non-violence. Les secours qu'offrent ici les savoirs et les pratiques de la diplomatie, telle qu'elle s'exerce aux divers échelons de la vie sociale et politique, seront souvent irremplaçables. Le compromis est une figure de l'accord qui a ses caractéristiques propres. Boltanski et Thévenot précisent, entre autres particularités, que « dans un compromis, on se met d'accord pour composer, c'est-à-dire pour suspendre le différend sans qu'il ait été réglé par le recours à une épreuve dans un seul monde » (*De la justification*, *op. cit.*, p. 337). Nos auteurs s'attachent d'ailleurs à dresser les grandes lignes d'une typologie des compromis.

La fragilité du compromis révèle clairement la fragilité de la concorde entre citoyens-sociétaires, de la paix publique et de la cohésion sociale dans une société constituée d'une pluralité de socialités éthiques. Le compromis est toujours, de par sa nature propre, en péril d'être dénoncé comme *compromission* par tous ceux, d'un bord et de l'autre, qui n'ont pas fait sur eux-mêmes ce difficile travail de reconnaissance qu'ils exigent de l'autre. Il faut tenir le compromis pour une forme souvent indépassable de l'accord conclu à l'issue, non-violente ou non, d'une lutte de ce troisième type. On se rappellera volontiers que Gandhi, à plusieurs reprises, a célébré la « beauté » du compromis. On peut affirmer qu'il constitue la forme que revêt la reconnaissance mutuelle dans les situations de différend ou de désaccord résultant de la pluralité indépassable des socialités éthiques.

Ici encore, il convient d'affirmer que, dans nos sociétés modernes, une culture de la non-violence s'accordera moins avec une sociologie du consensus ou même une sociologie de la transaction qu'avec une *sociologie du compromis*. Cette culture réclame, et construit, des citoyens-socius cultivant la capacité de se reconnaître les uns les autres dans la diversité de leurs socialités éthiques et donc de se reconnaître *eux-mêmes* comme des *figures* de la transition d'une économie de grandeur dans une autre – sans se laisser enfermer, comme le remarquent nos deux auteurs, dans le flottement « entre un relativisme désillusionné et l'accusation pamphlétaire » (*De la justification*, *op. cit.*, p. 421).

AU-DELÀ DE LA LUTTE : LES « INITIATIVES DE PAIX »

L'apport essentiel du paradigme hégélien de la lutte pour la reconnaissance mutuelle, son axe central, tient à sa constitution elle-même : il offre à la pensée un concept dynamique, d'espèce dialectique, pour comprendre comment s'articulent ensemble les deux aspects qu'une anthropologie suffisamment instruite par l'expérience historique des sociétés est appelée à tenir ensemble : la tendance *polémique* qui pousse sans cesse l'être humain à la lutte contre ses semblables, et l'inclination *pacifique* qui le conduit à rechercher avec eux la concorde. Tel était le point de départ de notre recherche, et la raison première de notre appel aux ressources vives de la philosophie hégélienne : comment remplacer la fondation hobbésienne de la société – la lutte violente de chacun contre tous – sans abandonner le concept de lutte qui rend compte de manière si manifeste de tant de comportements individuels et collectifs ? Notre interrogation de départ émanait d'un défi : celui auquel se heurte quiconque se propose de penser à nouveaux frais l'héritage – largement impensé – que nous transmettent les traditions de la non-violence.

Le long parcours que nous avons couvert au long des pages précédentes, inspiré, pour une part, des travaux d'Axel Honneth, doit-il s'arrêter ici ?

Ce parcours nous a permis d'examiner l'élaboration progressive par Hegel, au cours de son enseignement à Iéna, d'une problématique profondément originale qui devait aboutir, au terme de longs préalables résolus l'un après l'autre, à la découverte d'un nouveau paradigme : la lutte pour la reconnaissance mutuelle. L'architecture interne de ce paradigme s'est révélé susceptible de nouer ensemble plusieurs registres de données habituellement disjointes. D'abord un groupe de faits, fournis par la *psychologie* scientifique, concernant la formation de la subjectivité personnelle, consciente et inconsciente, celle qui procure au nouveau-né humain, puis à l'enfant, les dynamismes appelés à déployer en étroite corrélation sa socialisation progressive et son individualité commençante. On l'a vérifié : la *lutte* est au cœur de ces processus, qui sont pour l'essentiel des processus de reconnaissance mutuelle, et c'est une *lutte non-violente*.

Le même paradigme s'est révélé ensuite, dans sa texture même, être le dynamisme instaurant plusieurs étages d'*institutions* sociales que Hegel, puis G.H. Mead, ont comprises en les rangeant selon trois niveaux : la famille (au sens large), puis la citoyenneté juridique et le droit avec sa riche complexité intérieure, enfin les socialités éthiques dans leur immense diversité. L'enchaînement de ces trois degrés jette une vive lumière sur la construction de l'identité individuelle qui requiert une assise suffisante, d'abord de confiance en soi, ensuite de respect de soi, d'autrui et des générations futures, enfin d'estime de soi au sein de cercles plus restreints. Mais cet échelonnement recèle aussi la vertu d'offrir une classification éclairante des formes de la violence, selon qu'elle porte atteinte à l'un ou l'autre de ces degrés d'humanisation. On l'a de nouveau vérifié : les *luttes* sont au cœur de l'établissement et du progrès de ces institutions, qui sont chaque fois le fruit d'une reconnaissance mutuelle, et ce sont des *luttes non-violentes*.

Ce même paradigme, enfin, dans les réinterprétations à visée *sociologique* qu'en propose Honneth, fournit l'outil qui permet le développement normatif d'une grammaire morale des luttes sociales [1]. Motivées en registre moral par l'indignation devant l'injustice, le refus des discriminations, le rejet du mépris, elles ont pour résultat, par une succession d'affrontements et de compromis qui sont chaque fois des processus de reconnaissance mutuelle, une marche graduelle vers la démocratie économique et sociale. Les *luttes*, ici encore, se révèlent être le moteur de cette avancée, et ce sont, dans leur finalité profonde, des *luttes non-violentes*.

C'est clair ! Pour Hegel, et pour ceux qui, après lui, proposent une réactualisation du paradigme hégélien, la reconnaissance est toujours, nécessairement, indissolublement, l'enjeu d'une lutte. Quelles que soient les formes concrètes extrêmement variées sous lesquelles elle se présente – et c'est cette variété même qui lui donne tout son prix – la reconnaissance mutuelle semble toujours être le résultat d'une compétition, d'une confrontation, donc d'un affrontement ou d'un conflit nécessitant l'entrée en lutte. Le lien établi par Hegel entre reconnaissance et lutte semble ne pas devoir, ne pas pouvoir être dénoué. En vérité, cette indissolubilité est le prix payé pour la relève de la fondation hobbésienne. Elle est surtout le gage d'une pensée réaliste qui a su prendre la mesure du règne de *Polémos* sur les affaires humaines. D'une pensée qui s'est toujours refusée à l'utopie, aux délices de l'idéal, aux illusions du rêve. D'une pensée qui a maintes fois [2] déclaré que la pensée philosophique n'était pas chargée de dire « comment les choses doivent être », mais seulement d'exposer avec rigueur « comment

1. Tel pourrait bien être le sous-titre du livre d'A. Honneth, *La lutte pour la reconnaissance*, *op. cit.*

2. Voir en particulier les Préfaces aux œuvres majeures, aux trois versions de l'*Encyclopédie des Sciences philosophiques*, aux *Principes de la philosophie de droit*, etc.

elles sont ». D'une pensée anthropologique qui assume jusqu'au bout une compréhension rigoureuse de l'« insociable sociabilité » de l'être humain.

Une philosophie de la non-violence qui méconnaîtrait ou oublierait cette dure leçon de réalisme méritera à coup sûr le qualificatif de chimérique. Si elle veut être écoutée, prise au sérieux, si elle entend faire valoir ses titres d'*éthique de responsabilité* et pas seulement d'éthique de conviction [1], elle doit s'instaurer et s'argumenter comme philosophie de la *lutte* non-violente. Rien de ce qui constitue la lutte en régime humain ne doit lui demeurer étranger.

C'est pourquoi ce qui va être maintenant ajouté aux développements précédents ne doit en rien être compris comme modulant, comme atténuant, comme restreignant cet acquis, qui n'a donc plus seulement le statut d'une conviction subjective, mais qui revendique la portée d'une conclusion argumentée : parce qu'elle relève du domaine de l'action responsable et non du rêve, la non-violence s'affirme comme ce qui qualifie une *lutte*. Dès lors que l'on a compris que toute violence est, peu ou prou, directement ou médiatement, un *déni* de reconnaissance, la non-violence en tant que reconnaissance s'acquiert au prix d'une entrée en lutte : elle est l'enjeu d'une lutte, le critère vraiment humain d'une lutte et parfois son beau fruit.

Et pourtant…

Il ne paraît pas possible de conclure notre contribution à l'élaboration d'une philosophie de la lutte non-violente sur la seule considération de la légitimité ou de la nécessité de la lutte, fût-elle conduite selon toutes les régulations de l'éthique. Les exigences d'une lutte en régime humain, elles-mêmes, réclament la prise en compte de considérations d'un autre ordre qui, pour le dire d'entrée de jeu, font partie d'un registre nouveau, celui de l'*espérance*. Que le lecteur ne se trompe pas : après nous être longuement mis à l'école de Hegel, et sans rien renier de ce qu'il nous a appris, il nous faut le quitter et dire quelque chose qu'il ne nous pas enseigné [2].

1. On aura compris que c'est, en particulier, sur cette compréhension de la lutte non-violente comme revendiquant un statut d'*éthique de responsabilité* que je m'écarte des positions de P. Ricœur, telles qu'il les exprimait, entre autres, dans « L'homme non-violent et sa présence à l'histoire », dans *Histoire et vérité*, Paris, Seuil, 1964, p. 223-233. Dans ce texte, Ricœur y limitait les pratiques ou les initiatives de l'homme non-violent à l'exercice d'une éthique *de conviction*. Il me paraît manifeste que les recherches ultérieures de Ricœur l'auraient amené à une position bien différente sur la nature de la lutte non-violente s'il s'était proposé d'en traiter explicitement dans des publications ultérieures

2. Notre abandon de Hegel en cet endroit n'est pas fortuit, ni sans signification, ni sans conséquences. Il signifie une contestation claire de l'un de ses présupposés philosophiques, rappelé ci-dessus, selon lequel la philosophie doit se limiter strictement à penser « ce qui est »,

Quittant donc Hegel, mais aussi G.H. Mead, et aussi A. Honneth, je voudrais reprendre ici une des suggestions que Paul Ricœur propose dans le chapitre V de la troisième étude du *Parcours de la reconnaissance*, chapitre intitulé « La lutte pour la reconnaissance et les états de paix ». La reprendre, à ma façon et donc sous ma seule responsabilité, mais surtout la prolonger et l'élargir, dans la perspective que je me suis assigné, celle d'un contribution à l'élaboration d'une philosophie de la lutte non-violente.

Remarquons dès l'abord que les suggestions de Ricœur sont, d'entrée de jeu, nettement délimitées, il faut même dire limitées. L'évocation des conduites non-conflictuelles – qu'il nomme, d'une appellation que je ne reprendrai pas, « états de paix » – conduites menées en vue d'aboutir à la reconnaissance réciproque, ne saurait à ses yeux, en aucun cas, tenir lieu de *méthodes de résolution* des conflits. « Je veux dire dès maintenant ce que j'attends et ce que je n'attends pas [de l'évocation des états de paix]. Les expériences de reconnaissance pacifiée ne sauraient tenir lieu de résolution des perplexités suscitées par le concept même de lutte, encore moins de *résolution des conflits*[1] en question. La certitude qui accompagne les états de paix offre plutôt une confirmation[2] que la motivation morale des luttes pour la reconnaissance n'est pas illusoire[3]. C'est pourquoi il ne peut s'agir que de trêves, d'éclaircies, on dirait de "clairières", où le sens de l'action sort des brumes avec l'estampille de l'*action qui convient*»[4]. C'est avec la même réserve et sous la même limitation, j'y reviendrai, que je propose d'explorer un nouveau champ que j'ai intitulé « au-delà de la lutte ».

Pourquoi des considérations débordant le cadre jusqu'ici reconnu d'une éthique de la lutte appellent-elles maintenant un développement ? Pour des raisons que comprendront aisément ceux qui, d'une façon ou de l'autre, ont fait l'expérience de conflits ou pris part à des situations conflictuelles exigeant l'entrée en lutte. L'expérience enseigne ici que plusieurs pentes inhérentes aux affrontements interpersonnels ou collectifs sont particulièrement redoutables, toujours menaçantes et singulièrement difficiles à surmonter. Retenons trois d'entre elles. D'abord, la *fascination* exercée par

sans anticiper d'aucune façon sur « ce qui doit être » ou ce qui sera. Disons au passage que ce présupposé est relié à la sécularisation d'une position théologique sur le messianisme de Jésus et sur l'eschatologie réalisée; il engage une position caractéristique sur la fin de l'histoire. Mais surtout il rend impossible toute philosophie de l'espérance et ampute donc drastiquement une philosophie de l'action.

1. Nous soulignons.

2. À la fin du chapitre, p. 355, Ricœur remplace, dans la même expression, la confirmation par « l'assurance ».

3. Page 355, Ricœur ajoute « ni illusoire, ni vaine ».

4. P. Ricœur, *Parcours de la reconnaissance*, *op. cit.*, p. 318.

le spectacle de la violence, disons plus exactement par le rayonnement envoûtant des acteurs de toute violence – comme si celle-ci ne cessait de trouver jusqu'au tréfonds de nous-même l'écho obscur d'une complicité toujours ébauchée. La violence, les paroles de violence, les actes de violence, les institutions de la violence exercent une troublante fascination, quelque chose comme un envoûtement, un ensorcellement. Au cœur de l'action elle-même, comment se prémunir contre son enchantement? Ensuite, la facilité avec laquelle s'enclenche l'*escalade* de la violence. Si tenace et si naturelle apparaît la logique de l'équivalence – œil pour œil, dent pour dent – qu'elle engrène presque « naturellement » le cercle de la vengeance dans le cycle sans fin qui réplique à la violence par la contre-violence et installe si aisément une spirale funeste à laquelle il est tellement difficile de résister, puis de mettre fin. Qui nous enseignera l'art secret d'inaugurer une désescalade au cœur d'un cycle de violences? Enfin la difficulté de *mettre un terme* à la demande de reconnaissance, qui semble ouvrir une revendication sans fin et engager le sujet dans une nouvelle forme de conscience malheureuse, dans ce que Hegel appelait un « mauvais infini ». Car quand un sujet humain peut-il s'estimer véritablement *reconnu*? Animée par l'élan militant, par la sorte d'aspiration que suscite le conflit et par l'expérience vive des capacités découvertes et conquises grâce à la lutte, la demande de reconnaissance ne va-t-elle pas être livrée aux revendications indéfinies, à une quête insatiable d'idéaux utopiques?

Ces trois périls sont imminents. Ils sont menaçants. Ce sont ces trois menaces, parmi d'autres, que la lutte non-violente se doit d'affronter et de dominer afin d'acheminer, autant que faire se peut, le conflit à son issue.

Afin d'esquisser des perspectives qui permettent de se mesurer à ces trois menaces et, le cas échéant, de les surmonter, je propose de prendre en considération un certain type d'attitudes, de postures, d'initiatives dont le dynamisme commun est de faire faire aux protagonistes du conflit une *expérience* effective de reconnaissance *pacifiée*, au moins sous une forme anticipée et, le plus souvent, sous les espèces d'une expression symbolique. Ainsi que nous l'avons relevé il y a un instant, Paul Ricœur, dans le dernier chapitre de son livre *Parcours de la reconnaissance*, s'est intéressé à ces expériences qu'il a mis en contraste avec les motivations, positives ou négatives, des luttes; il les nomme « états de paix ». Je ne reprendrai pas ici cette appellation. Dans la perspective qui est ici la nôtre, celle d'un essai de philosophie de la non-violence, je proposerais plus justement de les appeler, d'une manière générale mais néanmoins assez spécialisée, « initiatives de paix ». L'expression permet de souligner l'intention commune de ces gestes, de ces attitudes, qui tentent d'introduire une triple rupture avec les aspects menaçants et redoutables que nous venons de relever. Rupture, d'abord, avec la *logique d'équivalence*, qui induit la vengeance et amorce aisément l'escalade dans la violence : et ce, par l'inauguration d'une autre logique, celle de la gratuité, de l'initiative unilatérale, magnanime. Rupture, ensuite, avec la *fascination* qu'exercent le spectacle ou plus encore l'exercice de la violence : il s'agit de tenter d'introduire à l'expérience du charme discret mais incitatif de la concorde – expérience dont on n'a même pas l'idée si l'on en a pas goûté quelque chose. Rupture, enfin, avec le *caractère indéfini* de la demande de reconnaissance, génératrice de conscience malheureuse, par l'offrande gratuite d'une expérience d'accueil. En dépit de leur diversité, qui réplique à la grande variété des luttes destinées à conquérir la reconnaissance, les attitudes et propositions que nous désignons comme initiatives de paix se caractérisent toutes, on le constatera bientôt, par une configuration d'anticipation. On ne saurait mieux caractériser la dynamique qui les inspire et les anime qu'en observant que c'est le dynamisme même de l'*espérance*. Les pratiques et les méthodes de la lutte non-violente laissent rarement entrevoir la source cachée dont elles procèdent et dont elles ne cessent de se nourrir : c'est cette source qu'il faut, d'une manière ou de l'autre, apprendre à symboliser.

Mais attention ! Il importe de ne pas se méprendre sur la portée qu'il convient d'accorder à ces gestes, ces attitudes, ces initiatives. Les expériences qu'elles proposent au sein même des processus de conflits n'ont nullement pour motif de briser les ressorts de la lutte pour la reconnaissance, ni d'influer directement sur le rapport de force que la stratégie de la lutte s'efforce d'établir. On l'a dit : il n'y a *rien* à atténuer ou à modifier dans le lien intime que Hegel nous a appris à nouer entre la lutte et la reconnaissance. Les initiatives dont nous parlons occupent un tout autre rôle que celui d'un moyen de lutte : elles sont situées dans un autre registre que celui du dispositif tactique, de l'efficacité pratique, de la performance immédiate. Elles ne sauraient même pas tenir lieu de critères dans le choix des moyens de lutte ou de résolution des incertitudes, dans celui des phases et des étapes qu'il convient d'adopter dans le déroulement du conflit. *A fortiori*, elles ne sauraient passer pour des méthodes de résolution des conflits eux-mêmes.

La signification et l'exploit de l'initiative de paix est ailleurs. Pour le dire d'un mot, elle est de l'ordre du symbole. À distance des intérêts en conflit, des enjeux engagés et même parfois des valeurs alléguées de part et d'autre, elle offre, dans son geste risqué d'une expression symbolique, un gage dédié à la reconnaissance mutuelle entre les libertés des protagonistes du conflit. Elle atteste que, si nécessaire, si juste, voire inévitable, que soit la relation de désaccord, d'affrontement et de combat, la lutte ne constitue pas le dernier mot de l'affaire. Elle sera parfois le substitut, décalé et provisoire, d'une concorde présentement impossible. Comme nous l'a enseigné

Dan Sperber[1], un symbolisme est un dispositif d'éléments présentant des valeurs différentielles qui ne visent pas tant à signifier quelque chose qu'à le réaliser. Son ordre n'est pas celui de la signification, mais celui de l'œuvre ; non celui de la représentation, mais de la production : le symbole (le grec *sun-bolon*) est ce qui rassemble les fragments, ce qui permet de faire corps. C'est pourquoi il est si nécessaire et si efficient pour établir un accord. Affirmer que l'initiative de paix, selon sa visée profonde, est de l'ordre du symbole, c'est prétendre qu'elle ouvre un espace votif dans lequel le conflit est en passe d'être dépassé, où la discorde commence à faire place à la concorde, où la méconnaissance réciproque va se dissiper en reconnaissance mutuelle. Elle clame que l'appétit de pouvoir n'est pas sans limite, que la domination n'est pas l'autorité, qu'il est possible de se mettre à l'abri de la fascination de la violence. Pour celui qui la prend comme pour celui qui, le cas échéant, l'accueille, l'initiative de paix, dans sa fragilité même, dans le risque qu'elle ose assumer, témoigne d'une confiance, d'une espérance : la conviction, souvent intempestive, que la motivation morale des luttes pour la reconnaissance et le choix de les mener avec les seules armes de la non-violence ne sont ni chimère, ni songerie, ni illusion.

Sans doute convient-il, pour illustrer les considérations forcément un peu générales qui précèdent, de décrire l'une ou l'autre des « initiatives de paix » dans leurs pratiques concrètes, afin de faire mieux comprendre quelle place elles occupent vis-à-vis et à côté des stratégies et des méthodes de luttes menées, selon l'éthique de la non-violence, en direction de la reconnaissance mutuelle. Ce qui doit être aussitôt précisé, c'est qu'il n'est pas possible présentement d'en dresser une liste, même approximative, ni *a fortiori* d'en esquisser une typologie, et cela parce que leur diversité est grande, plus grande sûrement que la diversité même des luttes au sein desquelles elles sont appelées à prendre place, et surtout parce que beaucoup, assurément, reste à inventer en ce domaine par ceux qui se trouvent engagés dans des luttes non-violentes. Contentons-nous ici d'en évoquer quelques-unes, ce qui suffira à suggérer la large variété de leurs caractéristiques.

Le programme constructif

Tous ceux qui ont pratiqué des luttes non-violentes – surtout une campagne destinée à mettre fin à une situation d'injustice, une action de non-coopération, une mission d'Intervention Civile de Paix, une opération d'interposition entre combattants au plus chaud d'une crise, … – savent

1. D. Sperber, *Le symbolisme en général*, Paris, Hermann, 1974.

l'importance et la nécessité d'engager les prémices d'un programme positif d'action constructive. Son déroulement vise à manifester clairement qu'il ne s'agit pas seulement, par la lutte, de mettre fin à une injustice ou une violence, mais, par elle et au-delà d'elle, de construire une nouvelle relation de justice, une situation d'entente, une institution équitable inédite. C'est par là que le programme constructif révèle son enracinement et ses liens indissolubles avec une dynamique d'espérance. Plutôt que de s'en tenir seulement à exiger du pouvoir adverse ou des opposants la mise en place – au demeurant inéluctablement nécessaire – d'une solution juste au conflit (dénouement d'un contentieux administratif, nouvelle loi, nouvelle institution, autres relations structurelles, etc.), il s'agit d'engager une initiative décidée en vue de commencer à inscrire cette solution dans la réalité. On n'est plus dans une perspective d'opposition, d'affrontement, de lutte : la logique est tout autre. Sans un tel « programme », une lutte non-violente court toujours le risque de s'enfermer dans ses protestations, ses refus, ses rejets, tant est prégnante, voire vertigineuse, la logique de l'équivalence, l'entraînement vers la contre-violence, le vertige de l'escalade. Avec lui, la lutte ne reçoit plus sa détermination et sa dynamique seulement de ce à quoi elle s'oppose, mais – au moins symboliquement – de ce qu'elle propose et commence à réaliser. Il pourra arriver, vu la disproportion des acteurs engagés dans le conflit, que le programme constructif échoue à apporter de manière crédible la preuve de la faisabilité de la nouvelle loi ou de la nouvelle institution préconisées. Même en ce cas, il n'en demeure pas moins que le sens de sa tentative est manifeste, indéniable : fût-ce contre toute vraisemblance de succès, le programme constructif rompt avec la fascination de la violence, il étrenne la mutualité, il engage clairement la réciprocité, il inaugure le processus de reconnaissance mutuelle. Ainsi révèle-t-il, à l'adversaire d'abord, mais aussi à l'acteur lui-même, la force vive souvent cachée qui anime la lutte menée.

Le Cercle de silence

Cette forme d'initiative de paix est, elle, pratiquée depuis des années. Elle s'est acquis une célébrité mondiale avec la « Ronde des folles de mai »[1], ces femmes et mères de disparus qui tournaient en ronde silencieuse

1. À partir du 30 avril 1977, pendant plus de vingt ans, ont tourné tous les jeudis, dans une ronde « silencieuse » autour de la Plaza de Mayo, au centre de Buenos Aires, en face du Palais du gouverneur, des femmes ou des mères de disparus, afin de protester contre la disparition de suspects ou d'opposants. Elles portent toutes sur la tête un foulard blanc sur lequel était écrit le nom de leur mari ou de leur fils que le régime argentin avait fait disparaître.

sur la Plaza de Mayo au centre de Buenos Aires, pour protester contre les répressions commises par le régime argentin. Elle connaît ces dernières années un essor certain[1].

Assurément, cette forme de protestation collective ne doit pas être rangée parmi les méthodes de lutte non-violente. D'abord, elle ne constitue pas une lutte, au sens précis du terme[2]. Ensuite, elle n'est pas une action « non-violente », mais seulement une manifestation sans violence – ce qui n'est pas la même chose. Même si elles n'ont pas toujours poursuivi exactement les mêmes objectifs, les initiatives de Cercle réalisées dans un passé proche font voir qu'il s'inscrit, à sa façon, dans les moyens choisis pour faire *connaître* à une opinion publique élargie une injustice ou un déni grave des droits humains fondamentaux et pour susciter un sursaut de conscience collective susceptible de conduire à la cessation du déni. Le Cercle de silence possède ainsi, avec certaines formes de lutte non-violente, en particulier la désobéissance civile (*cf.* chap. VIII), une propriété commune : celle de viser, par une action collective dans l'espace public, les autorités politiques ou administratives par le biais d'un appel au citoyen, à son sens de la justice et de la dignité humaine que l'on estime pouvoir devenir majoritaire.

On ne peut manquer de remarquer que le Cercle de silence possède plusieurs caractéristiques qui le rapprochent largement des propriétés que nous avons reconnues comme constituant l'idéal-type de ce que nous nommons ici « initiative de paix ».

D'abord – et cela est explicitement précisé dans les tracts et affiches qui accompagnaient le Cercle de Toulouse – il invite le public et les acteurs du Cercle eux-mêmes à reconnaître leur part de responsabilité dans l'injustice commise : le tract des franciscains de Toulouse stipulait : « Notre silence [...] veut rejoindre les sans-papiers, ceux qui font la loi, ceux qui la font appliquer, ainsi que tous les acteurs que nous sommes, chacun à son échelle ». Il est manifeste que ce geste d'aveu, qui refuse la bonne

1. Parmi beaucoup d'autres, on citera le Cercle de silence démarré à Toulouse, en octobre 2007, par les franciscains autour du frère A. Richard pour protester contre les conditions indignes faites aux étrangers dépourvus de papiers dans un Centre de Rétention Administrative (C.R.A.) ouvert à 10 km de la Place du Capitole de Toulouse. On comptait au début 2009 plus d'une centaine de villes de France où se pratique régulièrement une initiative de Cercle de silence. On trouvera une présentation de leur esprit et de leurs pratiques dans la conférence de F.-M. Le Mehaute, « Le Cercle de silence », *Salon des initiatives de paix*, 1er juin 2008.

2. « Il serait tout à fait fallacieux de s'imaginer que le seul recours à l'éthique et la persuasion parviendra à faire régner la justice. Non pas qu'il soit inutile d'en appeler à la morale, mais il faut en même temps prendre appui sur une force de contrainte réelle », M.L. King, *Où allons-nous ?*, Paris, Payot, 1968, p. 153.

conscience et l'accusation unilatérale, constitue le premier pas que l'on risque soi-même vers une reconnaissance mutuelle.

On soulignera ensuite que l'organisation régulière d'une campagne de Cercle de silence présente des traits qui la rendent apte à œuvrer à une dynamique à la fois partageable par beaucoup et durable. Elle offre la chance d'une contribution à la portée de tous : elle ne requiert aucune logistique lourde, très peu d'organisation, un minimum de formation. Ainsi offre-t-elle à de nombreux citoyens ou groupes l'opportunité ou l'occasion de prendre, selon leur désir, une part active à la vigilance nécessaire pour bâtir une société moins injuste et moins violente. Elle est aussi une initiative qui, par construction, se donne les atouts de la durée. Gérer un conflit en sorte que les deux adversaires en présence en viennent à tirer profit de leur lutte, au moins par la croissance de leur humanité profonde, cela prend toujours du temps. Apprendre à se reconnaître soi-même, dans ses limites mais plus encore dans ses propres capacités et ses ressources inattendues, apprendre à reconnaître autrui dans ses insuffisances mais aussi dans ses possibilités – c'est un long effort qui demande du temps : le temps de la confiance, en soi et en autrui ; le temps du respect, de soi, d'autrui, de la loi ; le temps de l'estime enfin. La lutte non-violente requiert, nous l'avons souligné, des acteurs à la fois déterminés et patients. Le Cercle de silence, dans sa répétition périodique, se donne les chances d'une transformation de soi, d'une progressive prise de conscience collective, donc d'une efficacité moins proche de celle du typhon que de celle de la graine. Elle est bien une initiative de paix dont le dynamisme déterminé, patient et longanime, puise ses ressources dans les nappes phréatiques de l'espérance.

Enfin le choix du silence comme moyen principal de parole est très réfléchi. C'est qu'il existe différentes espèces de silences : les silences froids et durs, les silences de malheur, les silences qui jugent, les silences qu'il ne faut pas rompre – mais aussi les silences de l'amitié, les silences du bonheur. Le silence du Cercle est d'un autre genre encore, que l'on peut comprendre en prolongeant les remarques précédentes. « Le silence ne peut pas se substituer à la parole. Il est le dernier recours quand toute parole est devenue impossible »[1]. Alors que l'argument, la plaidoirie, voire le cri, semblent adaptés pour les causes où la dignité humaine, dans sa profondeur, n'est pas forcément en jeu, le choix du silence, un silence digne, non méprisant, habité par le murmure d'une humanité blessée qui veut rester aimante, fait signe vers ce point secret, ce sanctuaire au plus profond de chacun d'où proviennent à la fois le désir d'être reconnu et la capacité origi-

1. F.-M. Le Mehaute, « Le Cercle de silence », art. cit.

naire de reconnaître autrui. Comme nous le rappelle le poète, « La bonté est une contrée immense/qui se tait... ». Autrement que la manifestation de masse, la non-coopération, la grève, la désobéissance civile, l'établissement d'un rapport de force – qui sont des méthodes les plus courantes de lutte non-violente – le Cercle de silence cherche, lui aussi, à instaurer ou à rétablir un dynamisme de reconnaissance mutuelle dont l'achèvement, s'il est possible, sera la paix dans la justice.

Le don cérémoniel

Pourquoi ai-je choisi, inspiré ici par Paul Ricœur, de faire figurer le « don festif ou cérémoniel » dans l'évocation de ce que je nomme les initiatives de paix ? Que vient faire ce genre de pratique dans une réflexion sur la lutte non-violente? La réponse à cette question réclame un peu d'explication.

Si nous posons cette question, c'est principalement parce que les relations de don n'occupent plus, dans nos échanges économiques et sociaux, qu'une place très marginale. Or il n'en a pas toujours été ainsi. Comme nous l'a enseigné Marcel Mauss dans son inoubliable *Essai sur le don*[1], il est des sociétés durables et nombreuses dans lesquelles le lien social, comme tel, se construit et se perpétue par l'intermédiaire de la pratique généralisée du « don cérémoniel ». À son propos, Mauss avait avancé l'hypothèse qu'il s'agissait là d'un « fait social total », affirmant qu'on avait affaire à des pratiques où se constitue, se manifeste, se perpétue, de manière fondamentale, le lien social comme tel. Sans doute, l'interprétation que Mauss avait avancée de cette institution a-t-elle ouvert une vaste discussion dont les plus illustres protagonistes furent Claude Lévi-Strauss[2], Claude Lefort[3], Mark Rogin Anspach[4], Marcel Hénaff[5], enfin Paul Ricœur, qui rapporte les étapes et les arêtes de ce débat à la fin de son livre *Parcours de la reconnaissance*[6].

Les détails de ce large débat n'ont pas à être retracés ici. Ce qui, en revanche, nous intéresse au plus haut point, c'est l'enjeu même du débat,

1. M. Mauss, *Essai sur le don. Forme et raison de l'échange dans les sociétés archaïques*, repris dans *Sociologie et anthropologie*, Paris, PUF, 1950.

2. Dans son « introduction » à l'œuvre de M. Mauss.

3. Cl. Lefort, *Les Formes de l'histoire. Essai d'anthropologie politique*, Paris, Gallimard, 1978.

4. M.R. Anspach, *À charge de revanche. Figures élémentaires de la réciprocité*, Paris, Seuil, 2002.

5. M. Hénaff, *Le prix de la vérité*, Paris, Seuil, 2002.

6. P. Ricœur, *Parcours de la reconnaissance*, *op. cit.*, p. 327-354.

c'est-à-dire la signification du don et sa place au sein des rapports qui tissent une société. Le don, le cadeau, le présent, inscrivent, par leur nature même, une démarche de gratuité qui *rompt* délibérément avec une logique de l'équivalence, celle justement qui dans nos sociétés règne en maître presqu'absolu sur les échanges sociaux, les relations économiques ou politiques. Celle aussi, justement, qui se trouve le plus souvent à l'origine des violences, sous les espèces de l'envie, de la concurrence, de la doléance, de la jalousie, ou plus dévastatrice encore, de la vengeance sous ses diverses formes.

Le présent, le cadeau, le don festif ou cérémoniel, constitutif de la socialité des sociétés étudiées par Mauss, pose une véritable « énigme » que l'on peut, en la simplifiant, formuler comme suit. Si le don, par lui-même, oblige à « rendre » en retour, et entraîne donc l'obligation de la contre-partie, il perd son caractère essentiel de libre gratuité, car reconnaître un cadeau en le « rendant », n'est-ce pas le détruire en tant que don, l'annihiler ? Mais à l'inverse, s'il est vécu par le donateur et le donataire comme n'impliquant aucune obligation de contre-partie, de restitution, comment peut-il être ce « fait social total » que Mauss avait identifié, comment peut-il constituer l'institution essentielle créatrice du lien social de ces sociétés ? Comment pourrait-il représenter la structure qui conditionne toute vie sociale dans l'espèce humaine ?

Il est évident que nos sociétés modernes ont vu la logique marchande de l'équivalence envahir la plupart des sphères de la vie sociale. C'est elle qui gouverne les impératifs de l'équité : les lois de l'égale attribution des droits, les règles de l'échange des biens marchands, les normes d'équivalence du droit pénal et de l'ordre judiciaire en général, le partage des postes d'influence, et tant d'autres… Mais n'est-ce pas elle qui commande aussi la jalousie, le besoin de revanche, la pseudo-justification des représailles ? Sans doute y a-t-il une explication à notre conviction instinctive que l'ordre marchand du donnant-donnant a des limites. D'où vient notre résistance aux empiètements de cette sphère marchande à des domaines où nous sentons qu'elle détone, qu'elle pervertit ? N'est-ce pas l'intuition toujours vivace qu'il existe des réalités dont on doit affirmer qu'elles sont « sans prix » ? Pourquoi répugne-t-on à appeler « salaire », préférant l'appeler « honoraires », la rétribution des services rendus par le médecin, le professeur, l'avocat – ces professions que l'on désigne encore comme « libérales », suggérant par là qu'elles conservent quelque écho oublié d'une teneur de libéralité ? Nous avons gardé quelques traces de cette économie du don festif, le plus souvent encore ritualisé dans quelques formes cérémonielles : le présent, parfois fastueux, souvent original ou symbolique, qu'un chef d'État au début d'un voyage officiel offre rituellement à celui chez qui il se rend, le cadeau d'anniversaire avec sa chanson un peu conventionnelle, les « étrennes » (étrenner quoi ?) lors des fêtes de début d'année, le présent de fin de carrière remis avec quelque solennité, le vin d'honneur municipal offert à l'occasion du 11 novembre ou du 14 juillet, le repas festif le plus souvent accompagné de cadeaux servi lors des grandes étapes de la vie de chacun (naissance, baptême, mariage, funérailles, ...), plusieurs autres encore. Ne découvre-t-on pas de la générosité sans retour, de la gratuité, du désintéressement, pour peu que l'on y regarde d'un peu près, toutes les fois que l'on a affaire à ce que l'on pressent comme « sans prix » ?

Ce sont sans doute des considérations de cette nature qui ont guidé Marcel Hénaff dans la résolution de l'énigme du don cérémoniel qu'il propose dans *Le prix de la vérité*. Selon lui, l'échange des dons est à comprendre fondamentalement comme une *pratique de la reconnaissance mutuelle*. Pourquoi ? Il est d'abord en rupture dichotomique avec l'échange *marchand* : il n'est pas comme d'autres l'ont cru, l'ancêtre de l'échange ; il n'est pas son concurrent ; il n'est pas son substitut[1]. « Le don cérémoniel n'est pas de nature économique » (p. 149-154). Mais, affirmation tout aussi décisive, il se différentie tout autant du geste *moral*, de l'oblation généreuse ou bienveillante : « La pratique du don cérémoniel n'est pas plus un geste d'aide ou de charité qu'il n'est une alternative à la relation marchande. [...] L'important n'est pas en soi de donner, mais d'enclencher, d'étrenner ou de continuer une procédure de *reconnaissance réciproque*[2] (au sens de se reconnaître) » (p. 155).

Ainsi Hénaff propose-t-il de comprendre la réalité du don, sa fonction, *en dehors de l'objet* donné, pour la transférer entièrement sur la *relation* que l'acte de donation instaure entre le donateur et le donataire. La clé de l'énigme réside dans la mutualité même du lien créé entre les protagonistes : ce que le don offre de réaliser, c'est l'opération d'une reconnaissance mutuelle. On peut dire, on doit dire qu'il la symbolise, puisque telle est l'opération du symbole. L'échange cérémoniel est en même temps un gage et un substitut : il est le *gage* de l'engagement du donateur dans le don puisque en donnant une simple chose, on donne, sans retour, quelque chose de soi – « on se donne en donnant »[3]. Il est aussi, dans le même temps, le

1. « Il importe de ne pas mettre la question du don sur la même ligne d'évolution que celle de l'échange profitable. Le don n'est pas l'ancêtre du commerce (les deux existent en même temps), ni une alternative à lui (ils ne remplissent pas la même fonction). Les deux pratiques sont parfaitement compatibles », *Le prix de la vérité*, *op. cit.* p. 153.

2. Nous soulignons.

3. Mauss avait déjà compris que le donneur se risque en personne dans ce qu'il donne : « Présenter quelque chose à quelqu'un, c'est présenter quelque chose de soi [...]. Accepter

substitut de la confiance manifestée dans l'acceptation du présent et l'apparition en mutualité du geste d'un *autre présent*. Ce qui confère donc sa valeur unique, sa signification sans pareille à tout ce qui s'accomplit sous le signe du présent, du cadeau, c'est l'instauration inaugurée – souvent risquée – d'une relation de reconnaissance mutuelle.

Au terme de cette trop brève explication, on comprend pourquoi le don cérémoniel a vocation à entrer dans le catalogue des initiatives de paix : sous une forme ou l'autre, il est prédisposé à être intégré, dans son ordre propre, parmi les gestes métaphoriques qui peuvent, en marge d'un conflit, symboliser un au-delà du conflit. Si la violence est comprise comme un déni de reconnaissance mutuelle et si la lutte non-violente a pour fin de nouer ou de renouer une relation de reconnaissance entre les deux adversaires, le geste symbolique du don festif, ritualisé sous des formes qu'il reste chaque fois à inventer, recèle une aptitude essentielle, une capacité intrinsèque à traduire cette reconnaissance, à la rendre « présente » sous un mode expressif, voire emblématique, à l'exprimer en clef d'espérance.

Je sais les accusations de naïveté, d'ingénuité que l'on opposera immédiatement à une telle proposition. Le climat qui accompagne tout conflit de quelque enjeu n'est-il pas de nature à invalider à l'avance toute démarche de cet ordre ? Une initiative du genre qui vient d'être suggéré, de par son caractère insolite et intempestif, ne prête-t-elle pas le flanc à toutes espèces d'équivoques, de lectures faussées, détournées ou malveillantes, voire de récupération pleine de périls ? Les soupçons d'arrière-pensées ne manqueront-elles pas d'être élevés par l'adversaire méfiant, rendu prompt à flairer les combinaisons rusées, les desseins hypocrites ? La crainte d'être, quelque part, floué ou récupéré n'en viendra-t-elle pas immanquablement à susciter prévention et défiance, rendant dès le départ une telle initiative de paix parfaitement contre-productive ?

En réponse à ces objections ou ces craintes, on concèdera d'abord que ce sont là, en effet, des interrogations que doit poser et se poser tout acteur d'une lutte non-violente s'il veut assumer complètement les exigences d'efficacité de son action et la responsabilité intelligente de sa conduite. Mais je rappellerai ensuite, aussitôt, les limites précises que nous avons reconnues à toutes les « initiatives de paix » : elles sont situées dans un tout autre registre que celui du dispositif tactique, de l'efficacité pratique et de la performance à court terme ; elles ne constituent nullement des critères pour le choix des moyens de lutte et celui des étapes qu'il convient d'adopter

quelque chose de quelqu'un, c'est accepter quelque chose de son âme », *Essai sur le don*, *op. cit.*, p. 159.

dans le cours du conflit; elles ne sauraient, *a fortiori*, aucunement passer pour des méthodes de résolution du conflit lui-même. Bien entendu, ces limites n'empêchent nullement d'inclure de telles initiatives de paix dans le cadre d'une campagne d'action où, en vertu de leur originalité propre, elles trouvent tout naturellement leur place. J'ajouterai enfin que l'adoption d'une telle initiative ne saurait sans doute jamais écarter entièrement le risque du refus ou de l'échec, et qu'il enveloppera donc toujours, même s'il est bien pesé, l'audace incertaine d'un geste d'espérance.

Une initiative extraordinaire de fraternisation

C'est un autre réalisation concrète d'initiative de paix, tout à fait exceptionnelle et longtemps demeurée ignorée, que j'évoquerai maintenant brièvement, afin de montrer que dans les conditions les plus extrêmes, des femmes et des hommes peuvent lancer des initiatives qui témoignent d'une possibilité inimaginable de dépasser la violence et, dans un geste fugitif, de faire signe au cœur d'un conflit vers une réconciliation présentement impossible.

Une histoire vraie que l'Histoire avait escamotée… Il s'agit d'un épisode survenu sur le front de la Grande guerre à Noël 1914, totalement oublié, redécouvert il y a quelques années et popularisé par un film de Christian Carion, intitulé « Joyeux Noël ». Un pasteur écossais, un lieutenant français, un ténor allemand et une soprano danoise prennent l'initiative sans précédent de fêter Noël ensemble en plein cœur de la ligne de front. Laissant le fusil au fond de la tranchée, chacun s'en va vers celui d'en face lui serrer la main, échanger avec lui une cigarette et du chocolat en lui souhaitant Bon Noël. Alors, en de multiples endroits du front, on assiste à une contagion de fraternisation sans antécédent entre soldats allemands, français et britanniques – une réconciliation passagère des trois camps qui vont, dans le *no man's land* entre les lignes, près des cadavres des trois camps, fêter Noël ensemble…

Impressionnante illustration de ce que Ricœur appelait expérience pacifiée de reconnaissance : « la certitude qui les accompagne offre plutôt une confirmation que la motivation morale des luttes pour la reconnaissance mutuelle n'est pas illusoire ni vaine. C'est pourquoi il ne peut s'agir que de trêves, d'éclaircies, on dirait de "clairières", où le sens de l'action sort des brumes avec l'estampille de l'*action qui convient* ». Une initiative de paix telle que celle-ci, comme nous osions l'affirmer ci-dessus, atteste que si inexorable que soit présentement la relation d'affrontement, ici de guerre vive, la lutte ne constitue pas le dernier mot de l'affaire. Une telle démarche est le substitut décalé et provisoire d'une concorde actuellement impossible. L'initiative de paix est de l'ordre du symbole : elle ouvre une « clairière », souvent éphémère, où le conflit est en passe d'être dépassé, où la discorde commence à faire place à la concorde, où la méconnaissance va se dissiper pour faire place à la reconnaissance. Il est manifeste qu'en l'espèce, une telle initiative de paix ne pouvait d'aucune façon constitue un moyen de résoudre le conflit, et l'on ne saurait s'étonner que les état-majors des deux camps aient tout fait pour que l'Histoire oublie cette éclaircie, cette trêve. N'est-ce pas cependant elle qui témoignait d'une espérance, annonçant que la violence est périmée et que la reconnaissance mutuelle détient seule les clefs de l'avenir ?

Le pardon ?

Malgré la difficulté d'en bien parler, il n'est pas envisageable d'omettre d'inscrire dans la liste des « initiatives de paix » le geste du pardon, tant sont manifestes les liens que tout un chacun pressent entre paix, pardon et non-violence. Quand il est possible et quand il échappe à tous les faux-semblants et à tous les pièges qui trop souvent le dénaturent, le pardon est cette parole-acte rare, toujours surprenante, dont il nous est parfois donné de faire don pour clore une dispute ou une offense. Il achève parfois le jugement rendu lors d'un procès en apportant ce que le jugement du tribunal ne peut donner : car en tranchant le différend, le jugement a soustrait le litige à la vengeance sans pouvoir rétablir une vraie paix, durable.

Plus encore qu'avec l'amour-agapè, le pardon a tout à voir avec l'espérance. C'est Hannah Arendt– cette philosophe qui a le plus médité les apories et la portée de la non-violence – qui nous l'a fait percevoir avec le plus de clarté. Toute son œuvre, qui porte au vif la marque de son époque lourde de tant de drames, reflète sa stupéfaction devant la fragilité et l'incertitude des affaires humaines. C'est cette stupeur qui l'a poussé à faire un éloge mémorable du pardon, couplé avec la promesse[1]. Que nous a-t-elle dit à ce propos ? En *liant* deux partenaires dans le futur, la *promesse* réplique à l'imprévisibilité qui ruine la confiance dans le cours d'action attendu dans l'avenir : elle fait fonds sur la fiabilité de l'agir humain. De son côté, en *déliant* deux partenaires, le *pardon* réplique à l'irréversibilité de ce qui a été fait et ne peut plus ne pas avoir été fait, cette irréversibilité qui ruine la capacité de répondre aux conséquences de l'action. Le pardon possède l'incomparable vertu de rendre possible la réparation. Couplé avec

1. H. Arendt, *Condition de l'homme moderne*, Paris, Calmann-Lévy, 1983, en particulier chap. 5, « L'action », p. 301-314. *Cf.* chap. IX, p. 99-118.

la promesse, le pardon permet à l'action humaine de « continuer », il réouvre l'avenir, il est le héraut de l'espérance.

Sans pourvoir ici développer une pleine éthique du pardon[1], il faut pourtant souligner quelques-unes des conditions sans lesquelles – même s'il obéit à un appel intérieur qui est, lui, sans conditions – le pardon, comme geste entre personnes ou démarche sociale, devient une mystification ou même une escroquerie, et échoue à constituer ce geste fragile d'une initiative de paix. La première condition est que ce soit l'offensé ou la victime qui pardonne : à la première personne, je peux (nous pouvons) pardonner ce qui m'(nous) a été fait, parce que je sais que je suis responsable de ma parole et qu'il m'a été donné d'avoir été pardonné. Je ne puis pas pardonner à la place d'autrui : pour les autres, je puis seulement, jusqu'au bout, demander justice.

La deuxième condition est, évidemment, que celui qui sera pardonné ait reconnu sa culpabilité ; le pardon se change en farce lorsqu'on le destine à des coupables sans repentance. Le pardon de l'un ne s'énonce qu'avec l'*aveu* de l'autre, l'un et l'autre constituent l'endroit et l'envers d'un même geste : c'est seulement ainsi que plus rien ne sera pareil avant et après, puisque le coupable et sa victime se sont mutuellement délivrés du passé.

Enfin, la pleine responsabilité du pardon ne saurait omettre de s'engager dans la demande de justice. Une fois encore, nous constatons que le geste du pardon s'inscrit dans une logique de grâce, de gratuité, tout autre que la logique de l'équivalence qui régit la demande de justice de ceux qui ont été victimes de l'injustice, l'offense ou le mépris. Car le pardon est cette parole-acte par laquelle à nouveau, ensemble, les adversaires n'appartiennent plus au passé, ils sont ensemble au présent et peuvent, chacun, ouvrir un avenir, tandis que la justice, elle, doit tenir compte du passé et se doit d'en faire mémoire pour que les ennemis d'hier puissent, en se le racontant, construire à nouveau leur identité. Ainsi le pardon ne saurait-il aller sans la justice. Une vraie démarche de non-violence a besoin de l'un et de l'autre, elle sait qu'elle ne saurait échapper au débat entre l'une et l'autre, et que rien ne saurait clore définitivement ce débat.

On doit enfin remarquer que de sa proximité avec l'offrande du don cérémoniel, la demande de pardon semble tenir une même exigence : l'une et l'autre appellent normalement leur insertion dans un espace de solennité, de festivité. Lorsqu'il s'agit de délits ou de crimes ayant concerné ou affecté un groupe social de quelque importance, il en sera souvent de la

1. Comme l'a développé par exemple O. Abel, *Le pardon. Briser la dette et l'oubli*, Paris, Seuil, 1998.

demande de pardon comme de l'espace festif où prend place le don cérémoniel. Entre quelques autres exemples emblématiques, comment oublier le geste du chancelier Brandt s'agenouillant au pied du monument de Varsovie à la mémoire des victimes de la Shoah? Les gestes de demande de pardon appartiennent sans doute à la même famille spirituelle que le festif du don, ainsi que celui qui est appelé à animer bien des rituels célébrant la paix familiale, amicale, sociétale, politique [1], religieuse. Le pardon porte la grâce de faire de la mémoire inquiète une mémoire apaisée, une mémoire heureuse [2]. Sans doute, de tels gestes ne peuvent-ils faire institution, leur vertu est ailleurs : rendre visible la limite des logiques de l'équivalence. Ouvrant par là un espace d'espérance, ils rayonnent une onde de conciliation, de concorde, de reconnaissance mutuelle. Ainsi, de manière symbolique, souvent décalée, rarement manifeste, la demande de pardon, surtout lorsque celui-ci est accordé, contribue-t-elle, comme les autres initiatives de paix, à l'avancée, au cœur de l'histoire, d'une culture de la non-violence.

Nous l'avons dit, dans l'état actuel des expériences en la matière, il n'est pas possible de constituer ne serait-ce qu'une ébauche de liste de ces démarches que nous nommons initiatives de paix, *a fortiori* une esquisse de ce qui pourrait en établir une théorie. Force nous a été de nous en tenir à décrire brièvement quelques-unes d'entre elles, ce qui suffit peut-être à faire saillir ce qui les rend toutes non point semblables, mais quelque peu parentes, autour des traits essentiels que nous avons rassemblés avant de les illustrer par des exemples. Il y a là un chantier de recherches concrètes ouvert à l'initiative de tous – et particulièrement à l'invention imaginative et responsable de tous ceux qui, sous une forme ou une autre, se réclament de la sagesse non-violente. On peut affirmer que les progrès effectués dans la pratique de telles initiatives de paix constituent une mesure éloquente du développement d'une culture de la non-violence.

En conclusion : jetons un bref regard en arrière.

En clôturant ce chapitre, je voudrais inviter le lecteur à revenir sur le parcours effectué au cours de ces pages. Peut-être a-t-il remarqué la rupture

1. Je laisse de côté, comme nécessitant des développements ici hors de propos, l'évocation de diverses sortes de pardons au sein de l'espace politique : la *prescription* des peines, le *droit de grâce* régalien, l'*amnistie* prononcée après une guerre civile, etc. Les considérations précédentes, axées autour de la reconnaissance mutuelle, n'y seraient d'ailleurs pas sans grande portée.

2. P. Ricœur, *La mémoire, l'histoire, l'oubli*, Paris, Seuil, 2000.

que constitue, vis-à-vis des neuf premières sections de ce parcours, la dernière, intitulée « Au-delà de la lutte ». Peut-être même ce lecteur nous aura-t-il reproché, sinon un véritable paradoxe, du moins une réelle inconséquence : cette dernière section – qui représente plus du tiers du chapitre – avait-elle véritablement vocation à figurer dans une réflexion dont l'objet, annoncé par le titre, était de développer le paradigme hégélien de la reconnaissance mutuelle, alors qu'elle s'inscrit, comme on l'a explicitement souligné, dans une rupture manifeste avec la pensée hégélienne[1] ? C'est peut-être cette rupture, précisément, qui constitue l'un des apports essentiels d'une recherche commencée à l'école de Hegel et qui découvre, chemin faisant qu'elle ne peut s'en tenir à l'espace parcouru sous l'égide du maître de Berlin.

Tel est le beau fruit que nous offre le paradigme de la lutte pour la reconnaissance mutuelle. S'efforcer de penser la non-violence en terme de reconnaissance mutuelle, à l'école de Hegel, c'est comprendre d'abord, grâce à l'effort produit par lui pour « relever » la philosophie socio-politique de Hobbes, que la non-violence et la lutte ont partie liée. Toute entreprise de reconnaissance mutuelle exige, de part et d'autre, un véritable travail, un travail sur soi, comme Freud l'a montré pour le travail de deuil et comme Ricœur l'a étendu au travail de mémoire. Elle rencontre des résistances, elle court des risques, elle peine à se préserver des dérives, à surmonter le découragement : c'est une lutte. Dès qu'on la pense sous le paradigme de la reconnaissance mutuelle, la non-violence n'a plus rien à voir avec cette sorte de gentillesse naïve, d'affabilité innocente, de pacifisme peureux avec laquelle on l'a trop longtemps confondue. C'est, pensons-nous, la dure et belle leçon que nous a légué le jeune Hegel dans ses travaux d'Iéna : comme tout vivant, l'être humain est constitué par un *désir d'être*, mais ce qui le fait humain, c'est que ce désir d'être se spécifie en désir d'*être-reconnu* et enveloppe donc, comme sa condition nécessaire, l'urgence de *reconnaître*. Il n'est pas d'humanisation, d'accès à l'humanité qui ne passe par un travail de reconnaissance, et donc par une lutte pour acquérir la reconnaissance. Mais voilà : on ne se confère pas à soi-même la reconnaissance : on la reçoit d'autrui, et le prix à payer est encore la reconnaissance, celle que l'on accorde à autrui. Telle est la mutualité.

Remarque de terminologie : il faudrait sans doute préciser ici que la véritable reconnaissance entre humains ne doit pas être dite seulement *réciproque*, en ce sens qu'elle serait également requise entre les deux partenaires, à la manière d'un échange équivalent ou égal. Elle doit être qualifiée

1. Ainsi que je le soulignais dans la note 2, p. 200-201.

de *mutuelle*, en ce sens que la mutualité dit plus et autre chose que la réciprocité : au-delà de l'équivalence, la mutualité désigne une démarche non seulement d'assurance et de protection, mais d'entraide, qu'on osera dire ici ontologique, la démarche de celui qui ne reçoit son humanité que du geste même qui l'avoue à autrui.

Ainsi la violence est toujours invalide, impuissante, toujours périmée, vaine. Je puis certes contraindre autrui, le forcer, le subjuguer, le dominer, le soumettre, l'asservir : mais il me faut son gré pour être reconnu. C'est pourquoi, sur le chemin de l'homme, la non-violence est inéluctable. Penser la non-violence comme reconnaissance mutuelle, c'est comprendre que la non-violence et la lutte – celle-là – ont partie liée.

Et pourtant ce lien intrinsèque entre non-violence et lutte, aussi indépassable qu'il se montre, n'est cependant pas le dernier mot de la non-violence. Le second bénéfice que nous tirons de notre lecture hégélienne est la nécessité de la quitter, afin de penser quelque chose que Hegel ne nous a pas enseigné. Une chose qu'une philosophie de l'action ne peut omettre sans s'amputer drastiquement, sans détendre le ressort intérieur de l'agissant, sans risquer de lui faire perdre un jour le courage de continuer la lutte, alors que tout semble la montrer vaine, la démontrer inutile, la révéler dérisoire. Telle nous semble représenter la contribution spécifique de l'initiative de paix. Contribution inestimable puisqu'elle donne à voir – fût-ce de manière décalée, provisoire, intempestive – ce cœur de l'action, celui que son développement même cache le plus souvent : le dynamisme de l'espérance. Nous ne pouvons attribuer à ces initiatives plus que le statut de geste fragile. Mais pas de geste insensé : dans ses investigations concernant les pouvoirs de l'homme devant le tribunal de la raison, Kant n'a-t-il pas cherché à légitimer ce que « nous pouvons connaître », puis ce que « nous devons faire », pour terminer en légitimant devant la raison « ce qui ne nous est pas interdit d'espérer » ?

Entre des deux moments de la pensée de la non-violence, il existe une rupture, une discontinuité qui ne peut être comblée, une différence de logique que nulle synthèse théorique ne peut annuler : la logique de la lutte, sous l'égide de Polémos – et une logique de la gratuité, du don qui vivifie l'initiative de paix. Plus encore : une *tension* dont la sauvegarde est indispensable à la réussite de la lutte non-violente. On ne conduit pas une lutte avec les ressources ou les recettes de la fraternisation; on ne propose pas une initiative de paix avec les stratégies et les armes de la lutte. L'une et l'autre visent la même fin, mais leurs procédures sont autres. Toute tentative de réduire l'un des pôles de cette tension au bénéfice de l'autre dénature la non-violence, la rend insensée ou dérisoire.

Sans l'espérance manifestée de la paix dans la justice, la lutte non-violente perd son sens et sa justification : elle est en risque immédiat de violence. Sans la discipline et les contraintes de la lutte, la non-violence n'est plus que pusillanimité et couardise. Sans doute trouvons-nous là l'une des principales raisons pour lesquelles la non-violence demeure si souvent méconnue. Il n'est pas interdit d'espérer que le paradigme hégélien de la lutte non-violente, parce qu'il jette en pleine lumière la tension qui habite et qui soutient la non-violence, soit susceptible d'apporter son aide pour faire reculer cette méconnaissance.

INDEX DES NOMS

TABLE DES MATIÈRES

POUVOIR ET NON-VIOLENCE

NON-VIOLENCE ET RECONNAISSANCE MUTUELLE

Imprimerie de la Manutention à Mayenne (France) – Août 2010 – N° 192-10
Dépôt légal : 3e trimestre 2010